Johann Wolfgang Goethe

Fàust

Erster Teil / Prin Toc
Todèsc-Furlàn

Tradusiòn furlana
di
Ermes Culòs

Lìbris di Ermes Culòs

Poešìis di Goethe
La divina comèdia
Fàustus
Marfisa e le donne omicide
Boccaccio & Chaucer: Fiesta Furlana
Il Vanzeli di Mateo
Cjaminànt cun Lolli
Love's Mysteries
(H)amlet in Furlàn
Don Chisciòt da la Mancja
Sancjo!

ISBN 978-0-557-68790-9
Copyright Ermes Culòs. All rights reserved 2010

Guida a la pronuncja

Vocàls:

Li vocals a vàn pronuncjàdis coma chès dal taliàn. Il acènt vièrt (`) al è ušàt par indicà la sìlaba ca risèif 'l acènt naturàl da la peràula o pur par indicà significàs diferèns da la peràula, coma par ešempli "nòta" e "notà." Par rašòns di semplicitàt a no sòn ušàs altri acèns (coma chèl sieràt o chèl dopli). Coma tal cašu di "nòta" e "notà," la distinsiòn di significàt a è rinduda asaj ben dal acènt vièrt.

Consonàntis:

1. *La i-lùngja (j) a è ušada par indicà il sun da la "j" in peràulis coma "jò" e "cjàša."*
2. *La "z" a è sempri dolsa, coma ta li peràulis "zìn" e "zìmul."*
3. *La "s" a è cuaši sempri dura, coma in ta li peràulis "stala," "strapàs" e "mestri." Ogni tant a ritèn il sun dols, coma tal taliàn; par ešempli "sdrondenà, "sbati," e "slungjà." Cuant che la "s" in mièdi dos vocàls a è dolsa, a vèn indicada cul sen diacrìtic "ˇ", coma in ta scju ešèmplis chì: "cauša," "mulišìn," "Cjašarsa."*
4. *La "c" o la "g" seguida da la i-lùngja a ghi conferìs a la "c" o a la "g" il sun mol coma ta li peràulis "dincj" e "grancj" o pùr "dongja" e "stangja."*
5. *La tradusiòn a no fà distinsiòn fra la "c" dura e la "q."*
6. *"Amòu," "colòu," ecc. Cussì a San Zuan di Cjašarsa.*

Riconosimìnt

Il originàl todèsc al è stàt derivàt da *Project Gutenberg*.

Introdusiòn al *Fàust* di Goethe

Il Fàustus di Marlowe:

... *la materia scolastica'l veva tant onoràt*[1]
che'l tìtul di Dotòr si veva'n puc timp meretàt,
e doventàt'l era'l miej di ogn'altri in tal disputà
li finèsis divìnis da la teologìa
fin che, crodìnt di èsi doventàt cuja sàja sè,
li so àlis di sera masa'n alt si'èrin levàdis,
e, cul disfàlis, il cjel lu veva fàt colà jù
par vèisi 'mbrojàt'n ta pretèšis diaulèscjs,
e pasùt di na cognosensa 'ndorada
a'mplenisi al và di na maladeta neromànsia.
Par luj nuja a è pì dols da la magìa,
cal preferìs pì sinò ogni altra gloria...[2]

Cussì a ni vèn introdušùt da Marlowe, e cussì al è da inisi a fìn. A ghi vèn ufrìt da Mefisto di vej dut chèl cal vòu; e dut chèl cal vòu al riva a otegni prin di rìndisi e di vignì scaraventàt in ta li flàmis dal infièr. Si pensàn a duti li maravèis cal podarès jodi e fà e vej, il Fàustus di Marlowe a si pièrt via in monàdis, coma chè di cjoli in ziru papa e cardinaj. A vàlia la pena—a ni vèn da pensà—di zì a pierdi l'ànima par che sorta di schers e plašèis ca sòn in gamba, sì, par tegni divertìt un studènt, ma ca sòn un puc masa

---

[1] I "scolàstics" medievaj a si puntàvin sul rinfuarsà la fede ušànt la rašòn.

[2] Da la me tradusiòn di *Fàustus* (2007).

superficjaj—clops, po, coma un òuf zùt di mal—par tegni sodisfàt un omp in ta la plenesa da la so umanitàt? Il Fàustus di Marlowe, insoma, al divertìs, ma al resta unidimensionàl, màsima si lu paragonàn al Fàust di Goethe, che, coma ch'i jodarìn fra puc, in tal bièl e'n tal brut e'n tal bon e'n tal trist al riflèt tant miej li contradisiòns dal omp.

E Mefistòfil?

Tant pì dal Mefisto di Marlowe, il Mefistòfil di Goethe a ni fà jodi cualitàs che, se ben ca no màncin di cativèria e malignitàt, a àn alc di umàn, alc cal à cualchi biela sfumadura di nuàltris stes, màsima cuant che (coma in ta stu pìsul scàmbiu di peràulis fra Mefistòfil e il Signòu) di nuàltris stes i sìn bòis da ridi:—

Mefistòfil
No, messèr; la jù, coma sempri, dut a và na vura mal.
I òmis a mi fàn pietàt cu li so lamentèlis;
A no mi vèn nencja voja di tormentaju, chej puòrs diàus.

Il Signòu
I cognòsitu Fàust?

Mefistòfil
Il dotòu?

Il Signòu
Il me servitòu!

Mefistòfil
Ma—a mi pàr ca vi servìs in ta na maniera strana!
Nè cal mangja nè cal bèif—stu semo— roba di sta cjera.
La so mins a bòl sempri par ròbis lontànis.
Li so osesiòns a lu fàn doventà mièspàt.
Dal cjèl al vorès vej li stèlis pì bièlis
e da la cjera i pì grancj' plašèis,

a no restarès nuja di bon par me.

Al taca, alora, Mefistòfil a tentà il nustri Fàust; e il puòr Fàust par un toc al rešìst:

I àtu forsi, tu, mangjà ca nol impasudìs?
Un oru rosastri ca nol stà maj fer,
ma coma 'l arzènt vif a ti scòr via di man?
Na fantasina, cun me 'mbrasada,
che cuj vuj no si stà belzà 'ngrimpànt a un altri?
o 'l onòu che ben amàt daj dìus
com 'na metèora al scomparìs?
Fami jodi 'l frut madùr prin cal vegni vendemàt,
e àrbuj che ogni dì di nòuf s'inverdìsin!

Ma Mefistòfil, cal cognòs ben luj li debulèsis da la zent, a no si rìnt: al tenta il puòr Fàust in ta un momènt cuant che, coma dùcjus nuàltris in ta chej momèns cuant che li ròbis a no ni vàn ben e ch'i si sintìn dismintiàs da la furtuna, a si sìnt jù di moràl, plen di delušiòn, cìnic. A ni è duncja fàsil capì come che cuant che Mefistòfil a ghi promèt che *mit solchen Schätzen kann ich dienen* ("cun tešòrus cussì i pòl ben serviti"), Fàust a nol èšita a compromètisi, coma ch'i si comprometarèsin dùcjus, al di fòu di chej di nuàltris ca sòn sans:

Se da 'nganami ti sòs bon cu li to lušìgnis,
di fà che sodisfàt i sedi di me stes,
si ti sòs bon di partami a godi ogni plašej,
cal sedi chèl par me 'l ùltin dì!

Fàust alora al cola; e la so colada a è tant pì granda par via cal sà ben cal và a distruši na frututa dal dut nocenta; e in ta sti rìghis i jodìn cuant tormentàt cal è dal pensej dal mal cal è par fà e ca nol è bon dal tratègnisi dal fà.

Se eše la beatitùdin dal paradìs in taj so bras?
Se 'n tal so pet i vaj a scjaldami,

e nuja di nuja, o visina o lontana,
a sodisfa i so sintimìns tormentàs.

Il Signòu
Se adès a mi servìs doma'n ta na maniera cunfuša,
fra puc dut i ghi faraj di nòuf jodi clar e lustri.
'L ortolàn al sà ben che cuant che la plantuta a si stà 'nverdìnt,
a flurì e a frutà cul zì dal timp a zarà.

Mefistofil
Sè scometèišu? Encja luj i pierdarèis
si mi concedèis il permès
di menalu par là ch' i vuej jò!

Il Signòu
Fin che'n ta la cjera al vìf,
di fà chistu no ti sarà proibìt:
fin cal prova, 'l omp al sbàlia.

Mefistòfil
Alora i vi ringrasi; che cuj muars
i no mi cjati maj masa benòn.
Pì di dut a mi plàšin li mosèlis frèscjs e tofolònis;
cuj cadàvars i mi sìnt puc di cjaša:
a mi plàs fà coma 'l gjat cu la surìs.

— o cuant ch'i si necuarzìn che Mefistòfil, cun duti li falìscjs da la so furbetàt, al resta a la fin un puòr diau e basta:

... che danada di porcarìa—bèstia e omp—
i no rivi nencja a tocjala:
par tàncjus ch'in d'ai belzà soteràs,
èco ch'i jòt sempri scori sanc nòuf!
S'a para via cussì a si doventa mas!
Da l'aria, da l'aga e da la cjera
miàrs di simìnsis a ti sàltin fòu,
al sut e al ùmit, al cjalt e al frèit!
Si no mi vès riservàt li flàmis,

i no sintaraju pur sempri il so dolòu?
I no soju jò chèl cal scjampa? chèl sensa cjaša?
chel dišumàn di omp sensa rašon e sensa pas?
chèl che coma na cascata al cola da scoj a scoj,
volìnt zì a finila rabiòus in tal abìs?
E ic, in banda, cul so spìrit da frututa,
in ta la so cjašuta e cjampùt in montagna,
indafarada cu li so robùtis di cjaša
ca sòn dut il so mont!
E a mi, 'l odiàt da Diu,
a no mi è bastàt
di cjapà sù li pièris
e fracasàlis:
encja la so 'nocensa i vuej soterà!
I vèvitu, infièr, da vej encja sta nocenta?
Vèn, diau, scùrtimi stu timp tormentàt!
Sè ca à da susedi, ca susedi a colp!
Che 'l so destìn al coli su di me,
e che cun me a zedi 'n tal abìs!

La nocensa pì pura di Greta a vèn sùbit dopo contrastada al cinišin pì sfondràt di Mefistòfil. A šint, ic, alc di brùt, di trist, di pauròus cuant che Mefistòfil a ghi vèn dongja, coma ch'i jodìn in ta stu scàmbius fra ic e Fàust:—

Margarita
Chel omp ch'i ti tèns insièmit cun te,
Oh, i lu odièi cussì tant!
Nisuna roba maj in vita me
a no mi à fàt sinti na lama 'n tal còu
coma la muša schifoša di chel omp.

Fàust
Ah, ninuta, nosta vej poura di luj!

Margarita
La so prešensa a mi fà bulì il sanc.
Di sòlit a mi plàs duta la zent;

ma cun duta che voja ch'i ài di jòditi,
i sìnt na poura mata di chel omp,
e par chèl a mi pàr cal sedi un puc di bon!
Che Diu mi perdoni si ghi faj tuart!

—e fra Mefistòfil e Fàust:

Mefistòfil
O tu puòr spašimànt idealista e sensuàl—
coma ca ti mena inziru na madalenuta!

Fàust
Aburtìt dal fòuc i ti sòs, cragnòus!

Mefistòfil
E cuant ben ca cognòs la me fišonomìa!
Cuant ch'i ghi soj prešìnt a sìnt un no saj sè!
La me mascaruta a ghi rìnt prešìnt alc ca no capìs;
a sìnt ch'i soj na sorta di gènio,
ch'i soj adiritura il diau.—
Alora, sta nòt—?

Fàust
Se ti 'mpuàrtia a ti?

Mefistòfil
Encja jò i vuej divertimi, no?

A basta chistu, insoma, par fani jodi che in tal so *Fàust* Goethe a no ni prešenta buratìns, ma zent, zent vera, encja se Mefistòfil stes al intiva di èsi un ànzul zùt di mal.

Introduzione al *Fàust* di Goethe

Il Fàustus di Marlowe:

... la materia scolastica'l veva tant onoràt³
che'l tìtul di Dotòr si veva'n puc timp meretàt,
e doventàt'l era'l miej di ogn'altri in tal disputà
li finèsis divìnis da la teologìa
fin che, crodìnt di èsi doventàt cuja sàja sè,
li so àlis di sera masa'n alt si'èrin levàdis,
e, cul disfàlis, il cjel lu veva fàt colà jù
par vèisi 'mbrojàt'n ta pretèšis diaulèscjs,
e pasùt di na cognosensa 'ndorada
a'mplenisi al và di na maladeta neromànsia.
Par luj nuja a è pì dols da la magìa,
cal preferìs pì sinò ogni altra gloria...⁴

È così che Fàustus ci viene presentato, ed è così che rimane da inizio a fine. Mefisto gli offre tutto ciò che desidera; e tutto ciò che desidera riesce ad ottenere prima di arrendersi e di venir gettato nelle fiamme dell'inferno. Con tutte le cose meravigliose che avrebbe potuto vedere e fare ed avere, il Fàustus di Marlowe si trastulla nei più banali dei divertimenti, come quello di prendere in giro papa e cardinali. Vale proprio la pena—non si

---

[3] I "scolàstics" medievaj a si puntàvin sul rinfuarsà la fede ušànt la rašòn.

[4] Da la me tradusiòn di *Fàustus* (2007).

può fare a meno di pensare—di perdere la propria anima per quel genere di scherzi e piaceri che certamente divertono uno studente scapestrato, ma che sono un po' troppo superficiali per soddisfare le esigenze di un uomo nella pienezza della sua umanità? Il Fàustus di Marlowe, insomma, diverte, ma rimane unidimensionale, specialmente se lo paragoniamo al Fàust di Goethe, che, come vedremo, nel bello e nel brutto e nel buono e nel cattivo, riflette molto meglio le contraddizioni dell'uomo.

E Mefistofile?

Molto di più del Fàustus di Marlowe, il Mefistofile di Goethe ci dimostra qualità che, anche se non mancano di cattiveria e malignità, hanno lo stesso qualcosa di umano, qualcosa che rispecchia noi stessi, specie in quei momenti quando, come in questa scenetta fra il Signore e Mefistofile, ci dimostriamo capaci di ridere di noi stessi:—

Mefistòfil
No, messèr; la jù, coma sempri, dut a và na vura mal.
I òmis a mi fàn pietàt cu li so lamentèlis;
A no mi vèn nencja voja di tormentaju, chej puòrs diàus.

Il Signòu
I cognòsitu Fàust?

Mefistòfil
Il dotòu?

Il Signòu
Il me servitòu!

Mefistòfil
Ma—a mi pàr ca vi servìs in ta na maniera strana!
Nè cal mangja nè cal bèif—stu semo— roba di sta cjera.
La so mins a bòl sempri par ròbis lontànis.
Li so osesiòns a lu fàn doventà mièss màt.
Dal cjèl al vorès vej li stèlis pì bièlis

e da la cjera i pì grancj' plašèis,
e nuja di nuja, o visina o lontana,
a sodisfa i so sintimìns tormentàs.

Il Signòu
Se adès a mi servìs doma'n ta na maniera cunfuša,
fra puc dut i ghi faraj di nòuf jodi clar e lustri.
'L ortolàn al sà ben che cuant che la plantuta a si stà 'nverdìnt,
a flurì e a frutà cul zì dal timp a zarà.

Mefistofil
Sè scometèišu? Encja luj i pierdarèis
si mi concedèis il permès
di menalu par là ch' i vuej jò!

Il Signòu
Fin che'n ta la cjera al vìf,
di fà chistu no ti sarà proibìt:
fin cal prova, 'l omp al sbàlia.

Mefistòfil
Alora i vi ringrasi; che cuj muars
i no mi cjati maj masa benòn.
Pì di dut a mi plàšin li mosèlis frèscjs e tofolònis;
cuj cadàvars i mi sìnt puc di cjaša:
a mi plàs fà coma'l gjat cu la surìs.

— o quando ci accorgiamo che Mefistofile, nonostante il lampeggiare della sua furbizia, rimane alla fin fine nient'altro che un povero diavolo:

... che danada di porcarìa—bèstia e omp—
i no rivi nencja a tocjala:
par tàncjus ch'in daj belzà soteràs,
èco ch'i jòt sempri scori sanc nòuf!
S'a para via cussì a si doventa mas!
Da l'aria, da l'aga e da la cjera
miàrs di simìnsis a ti sàltin fòu,

al sut e al ùmit, al cjalt e al frèit!
Si no mi vès riservàt li flàmis,
a no restarès nuja di bon par me.

Mefistofile incomincia dunque a tentare il nostro Fàust; e il povero Fàust all'inizio offre un po' di resistenza:

I àtu forsi, tu, mangjà ca nol impasudìs?
Un oru rosastri ca nol stà maj fer,
ma coma 'l arzènt vif a ti scòr via di man?
Na fantasina, cun me 'mbrasada,
che cuj vuj no si stà belzà 'ngrimpànt a un altri?
o 'l onòu che ben amàt daj dius
com'na metèora al scomparìs?
Fami jodi 'l frut madùr prin cal vegni vendemàt,
e àrbuj che ogni dì di nòuf s'inverdìsin!

Ma Mefistofile, che conosce assai bene le debolezze dell'uomo, persiste: tenta il povero Fàust in un momento quando, come ognuno di noi in momenti quando le cose non ci vanno bene e ci sentiamo diseredati dall fortuna, si sente giù di morale, colmo di delusione, cinico. Quando Mefistofile gli promette che *mit solchen Schätzen kann ich dienen* (" con simili tesori ti posso certamente servire") ci è quindi facile capire perchè Fàust non esita a compromettersi, come in realtà tutti ci comprometteremmo, all'infuori dei santi fra di noi:

Se da 'nganami ti sòs bon cu li to lušìgnis,
di fà che sodisfàt i sedi di me stes,
si ti sòs bon di partami a godi ogni plašej,
cal sedi chèl par me 'l ùltin dì!

Fàust allora cade; e il suo crollo è tanto più grande in quanto lui è consapevolissimo che aderendo al suo accordo con Mefistofile finirà col distruggere una fanciulla del tutto innocente; e in questi versi ci è facile vedere quanto lo assillano i pensieri del male che sta per fare e che è incapace di trattenersi dal fare:

Se eše la beatitùdin dal paradìs in taj so bras?
Se'n tal so pet i vaj a scjaldami,
i no sintaraju pur sempri il so dolòu?
I no soju jò chel cal scjampa? chel sensa cjaša?
chel dišumàn di omp sensa rašon e sensa pas?
chèl che coma na cascata al cola da scoj a scoj,
volìnt zì a finila rabiòus in tal abìs?
E ic, in banda, cul so spìrit da frututa,
in ta la so cjašuta e cjampùt in montagna,
indafarada cu li so robùtis di cjaša
ca sòn dut il so mont!
E a mi, 'l odiàt da Diu,
a no mi è bastàt
di cjapà sù li pièris
e fracasàlis:
encja la so inocensa i vuej soterà!
I vèvitu, infièr, da vej encja sta nocenta?
Vèn, diau, scùrtimi stu timp tormentàt!
Sè ca à da susedi, ca susedi a colp!
Che 'l so destìn al coli su di me,
e che cun me a zedi 'n tal abìs!

La innocenza di Greta acquista ancor più purezza quando viene messa fianco a fianco con il più spudorato cinismo di Mefistofile. Sente, lei, qualcosa di brutto, di cattivo—qualcosa che le incute terrore—ogni volta che Mefistofile si avvicina a lei, come vediamo in questo scambio fra lei e Fàust:—

Margarita
Chel omp ch'i ti tèns insièmit cun te,
Oh, i lu odièi cussì tant!
Nisuna roba maj in vita me
a no mi à fàt sinti na lama 'n tal còu
coma la muša schifoša di chel omp.

Fàust
Ah, ninuta, nosta vej poura di luj!

Margarita
La so prešensa a mi fà 'nglasà 'l sanc.
Di sòlit a mi plàs duta la zent;
ma cun duta che voja ch'i ài di jòditi,
i sìnt na poura mata di chel omp,
e par chèl a mi pàr cal sedi un puc di bon!
Che Diu mi perdoni si ghi faj tuart!

—e in quest'altro fra Mefistofile e Fàust:

Mefistòfil
O tu puòr spašimànt idealista e sensuàl—
coma ca ti mena inziru na madalenuta!

Fàust
Aburtìt dal fòuc i ti sòs, cragnòus!

Mefistòfil
E cuant ben ca cognòs la me fišonomìa!
Cuant ch'i ghi soj prešìnt a sìnt un no saj sè!
La me mascaruta a ghi rìnt prešìnt alc ca no capìs;
a sìnt ch'i soj na sorta di gènio,
ch'i soj adiritura il diau.—
Alora, sta nòt—?

Fàust
Se ti 'mpuàrtia a ti?

Mefistòfil
Encja jò i vuej divertimi, no?

Ciò è sufficente, insomma, per dimostrarci che nel suo *Fàust* Goethe non ci presenta dei burattini, ma gente, gente vera, anche se Mefistofile rimane un angelo, ma un povero diavolo di angelo.

Faust
Erster Teil

Zueignung

Ihr naht euch wieder, schwankende Gestalten,
Die früh sich einst dem trüben Blick gezeigt.
Versuch ich wohl, euch diesmal festzuhalten?
Fühl ich mein Herz noch jenem Wahn geneigt?
Ihr drängt euch zu! nun gut, so mögt ihr walten,
Wie ihr aus Dunst und Nebel um mich steigt;
Mein Busen fühlt sich jugendlich erschüttert
Vom Zauberhauch, der euren Zug umwittert.

Ihr bringt mit euch die Bilder froher Tage,
Und manche liebe Schatten steigen auf;
Gleich einer alten, halbverklungnen Sage
Kommt erste Lieb und Freundschaft mit herauf;
Der Schmerz wird neu, es wiederholt die Klage
Des Lebens labyrinthisch irren Lauf,
Und nennt die Guten, die, um schöne Stunden
Vom Glück getäuscht, vor mir hinweggeschwunden.

Sie hören nicht die folgenden Gesänge,
Die Seelen, denen ich die ersten sang;
Zerstoben ist das freundliche Gedränge,
Verklungen, ach! der erste Widerklang.
Mein Lied ertönt der unbekannten Menge,
Ihr Beifall selbst macht meinem Herzen bang,
Und was sich sonst an meinem Lied erfreuet,
Wenn es noch lebt, irrt in der Welt zerstreuet.

Und mich ergreift ein längst entwöhntes Sehnen
Nach jenem stillen, ernsten Geisterreich,
Es schwebet nun in unbestimmten Tönen
Mein lispelnd Lied, der Äolsharfe gleich,
Ein Schauer faßt mich, Träne folgt den Tränen,
Das strenge Herz, es fühlt sich mild und weich;
Was ich besitze, seh ich wie im Weiten,
Und was verschwand, wird mir zu Wirklichkeiten.

Dèdica

Ondulànt, fòrmis, mi vegnèis di nòuf dongja,
ch'jodùt vi vevi'n taj dìs scurs da la me zoventùt.
I rivaràju stavolta a tègnivi 'ncolàdis?
I sintaràju di nòuf che delušiòn tal còu?
Mi stèis dongja! Benòn cussì, ch'i podarèis
dal caligu e vapòu scur vignìmi 'ntòr.
Com'un zovenùt a mi fà di nòuf tremà
che ariuta 'ncjantada ca vi 'nglusa.

I partàis cun vuàltris imàginis di timps pasàs
e tanti òmbris benvolùdis a sàltin fòu.
Com'na legenda mièš dismintiada
jodi si fà'l prin amòu e amicìsia.
A si rinova'l dolòu e a si ripèt il lamìnt
da la corsa cunfuša e labirintina da la vita,
e mi pàr d'jodi che zent buna che'n taj biej timps,
da la furtuna 'mbrojàs, a mi sparivin daj vuj.

A no pòsin sinti li cansòns da vignì
sti ànimis, che par prin a lòu ghi cjantavi;
dut zùt al è'l vaevèn daj compàis,
 e svanida, oh, a è la so prima èco.
Il me lamìnt a ghi và a zent ch'i no cognòs,
che'l so plauši stes al fà'l còu tremà,
mentri che chèl che'l me cjantà'l godeva,
s'encjamò al vìf, al còr pierdùt pal mont.

E di nòuf a mi vèn sù na granda voja
par chel domìnio daj spirs, sèriu e serèn;
adès, coma'l sun da l'arpa æoliana,
a si alsa'l susurà da la me cansòn;
mi sìnt tremà, a mi cola làgrima dopo làgrima,
il me còu 'ndurìt mol di nòuf al doventa ;
dut chèl ch'i ài i lu jòt coma da lontàn,
e chèl che pierdùt i vevi, a si fà di nòuf realtàt.

Vorspiel auf dem Theater

Direktor. Theatherdichter. Lustige Person:

DIREKTOR:
Ihr beiden, die ihr mir so oft,
In Not und Trübsal, beigestanden,
Sagt, was ihr wohl in deutschen Landen
Von unsrer Unternehmung hofft?
Ich wünschte sehr der Menge zu behagen,
Besonders weil sie lebt und leben läßt.
Die Pfosten sind, die Bretter aufgeschlagen,
Und jedermann erwartet sich ein Fest.
Sie sitzen schon mit hohen Augenbrauen
Gelassen da und möchten gern erstaunen.
Ich weiß, wie man den Geist des Volks versöhnt;
Doch so verlegen bin ich nie gewesen:
Zwar sind sie an das Beste nicht gewöhnt,
Allein sie haben schrecklich viel gelesen.
Wie machen wir's, daß alles frisch und neu
Und mit Bedeutung auch gefällig sei?
Denn freilich mag ich gern die Menge sehen,
Wenn sich der Strom nach unsrer Bude drängt,
Und mit gewaltig wiederholten Wehen
Sich durch die enge Gnadenpforte zwängt;
Bei hellem Tage, schon vor vieren,
Mit Stößen sich bis an die Kasse ficht
Und, wie in Hungersnot um Brot an Bäckertüren,
Um ein Billet sich fast die Hälse bricht.
Dies Wunder wirkt auf so verschiedne Leute
Der Dichter nur; mein Freund, o tu es heute!

Preludi in tal teatro

Il diretòu, il poeta da la compagnìa teatràl, il còmic

Diretòu
Vuàltris doj, siòrs, che cussì spes mi sèis stàs
dongja in momèns di necesitàt e'n momèns brus,
dišèimi sè ch'i speràis da la nustra 'mpreša
in ta chista nustra cjera todescja!
I vorès tant dàjghi gust a la zent,
màsima parsè che chè a vìf e a lasa vivi.
Paj e brèis a sòn sù, dut a è 'mpostàt;
e ogni un a si speta na fiesta.
A si sòn belzà sintàs e cuj vuj spalancàs
a si tègnin prons a vignì divertìs.
I saj ben jò sè che la zent sot sot a vòu,
ma i no mi soj maj sintùt cussì malamintri:
par sigùr a no sòn abituàs al miej,
e tanta porcarìa a ti'an par sigùr lešùt.
Coma i finu a fà alc di fresc e novèl,
cal contegni tant il ùtil che il *dulce*?
Parsè che, naturàl, tant mi plàs jodi la marmaja
cuant che chì dal nustri boteghìn
com'un flun a ti riva dut' scalmanada
e a ti pasa streta streta pa la puarta da la Grasia;
in ta na zornada di serèn, prin da li cuatri,
a sun di gumitàdis lì da la casa
a riva coma un muart di fàn davànt di un for,
e par un bilièt cuaši cuaši a si romp il cuel.
Na maravèa, chista, che su zent cussì svariada
doma'l poeta'l pòl fà: e falu vuej alora, compaj me!

DICHTER:
O sprich mir nicht von jener bunten Menge,
Bei deren Anblick uns der Geist entflieht.
Verhülle mir das wogende Gedränge,
Das wider Willen uns zum Strudel zieht.
Nein, führe mich zur stillen Himmelsenge,
Wo nur dem Dichter reine Freude blüht;
Wo Lieb und Freundschaft unsres Herzens Segen
Mit Götterhand erschaffen und erpflegen.

Ach! was in tiefer Brust uns da entsprungen,
Was sich die Lippe schüchtern vorgelallt,
Mißraten jetzt und jetzt vielleicht gelungen,
Verschlingt des wilden Augenblicks Gewalt.
Oft, wenn es erst durch Jahre durchgedrungen,
Erscheint es in vollendeter Gestalt.
Was glänzt, ist für den Augenblick geboren,
Das Echte bleibt der Nachwelt unverloren.

LUSTIGE PERSON:
Wenn ich nur nichts von Nachwelt hören sollte.
Gesetzt, daß ich von Nachwelt reden wollte,
Wer machte denn der Mitwelt Spaß?
Den will sie doch und soll ihn haben.
Die Gegenwart von einem braven Knaben
Ist, dächt ich, immer auch schon was.
Wer sich behaglich mitzuteilen weiß,
Den wird des Volkes Laune nicht erbittern;
Er wünscht sich einen großen Kreis,
Um ihn gewisser zu erschüttern.
Drum seid nur brav und zeigt euch musterhaft,
Laßt Phantasie, mit allen ihren Chören,
Vernunft, Verstand, Empfindung, Leidenschaft,
Doch, merkt euch wohl! nicht ohne Narrheit hören.

Poeta
Oh nosta parlami di che marmaja piturada,
che dom'al jòdila'l spìrit nustri'l scjampa via!
Protèšimi da li ondàdis di che zent,
che sinò a ni tira dentri'n tal so mulinèl!
No; pàrtimi 'nvensi'n ta'un cjantonùt cujèt dal cjel,
'ndà che flurì al posi contènt il poeta,
e'ndà che cun ogni ben al vegni'l còu nustri
benedèt da la man di Diu che dut a rigenerèa!

Oh, chèl cal sgorga fòu dal pì profònt dal còu,
chèl che'n taj làvris timidùs al trema,
che malisiòus al è adès, e adès no pì,
ca ti fà fòu la potensa da l'ocjada salvàdia,
spes, sgobànt da stagjòn a stagjòn,
luminòus al doventa'n ta la so perfesiòn.
Il lušòu al nàs par èsi jodùt;
al resta'l autèntic'n tal mont da vignì.

Il còmic
Se doma i no sintès cjacarà di mont da vignì!
Dišìn ch'i volès cjacarà dal mont da vignì,
cuj alora'l varèsia gust di parlà dal mont cal è?
Chèl a vòlin vej, e chèl a varàn!
Un bravo fantàt cal intiva di èsi chì,
i dìs jò, a nol è miga na roba da nuja?
Chèl cal à la menada justa'n tal contà
a no ghi scurìs la luna a chej ca lu scòltin;
al vòu pì di dut vej un grun di zent
par podej zì a tocjalu in tal vif.
Fèit i bràvos duncja, e dèit un bon ešempli;
dèjghi spàsiu a la fantašìa e a dut il so coru,
a la rašòn, al intelèt, al sintimìnt e a la pasiòn,
ma stèit ben atèns ca no manci la matesa!

DIREKTOR:
Besonders aber laßt genug geschehn!
Man kommt zu schaun, man will am liebsten sehn.
Wird vieles vor den Augen abgesponnen,
So daß die Menge staunend gaffen kann,
Da habt Ihr in der Breite gleich gewonnen,
Ihr seid ein vielgeliebter Mann.
Die Masse könnt Ihr nur durch Masse zwingen,
Ein jeder sucht sich endlich selbst was aus.
Wer vieles bringt, wird manchem etwas bringen;
Und jeder geht zufrieden aus dem Haus.
Gebt Ihr ein Stück, so gebt es gleich in Stücken!
Solch ein Ragout, es muß Euch glücken;
Leicht ist es vorgelegt, so leicht als ausgedacht.
Was hilft's, wenn Ihr ein Ganzes dargebracht?
Das Publikum wird es Euch doch zerpflücken.

DICHTER:
Ihr fühlet nicht, wie schlecht ein solches Handwerk sei!
Wie wenig das dem echten Künstler zieme!
Der saubern Herren Pfuscherei
Ist. merk ich. schon bei Euch Maxime.

DIREKTOR:
Ein solcher Vorwurf läßt mich ungekränkt:
Ein Mann, der recht zu wirken denkt,
Muß auf das beste Werkzeug halten.
Bedenkt, Ihr habet weiches Holz zu spalten,
Und seht nur hin, für wen Ihr schreibt!
Wenn diesen Langeweile treibt,
Kommt jener satt vom übertischten Mahle,
Und, was das Allerschlimmste bleibt,
Gar mancher kommt vom Lesen der Journale.

Diretòu
Pì di dut, però, na vura di asiòn!
La zent a vèn par jodi; chè a vòu—jodi.
A tocja fàjghi scori tanta roba davànt daj vuj,
che la marmaja a ju tegni sempri spalancàs,
cussì che fama par dut i otegnarèis
e da dùcjus i vegnarèis ben amàs.
Dom'cu la marmaja a si vìns la marmaja,
che'n ta chè ognidùn al cjata alc ca ghi và.
Chèl che tant al parta, tant ai àltris al ufrìs,
e dùcjus a tòrnin contèns a cjaša.
Si dèis un toc, dèjlu a tochitìns;
chel lì al è un ragù cal fà contèns dùcjus:
fàsil da servì e fàsil da preparà.
Sè zòvia ufrìlu dut ta'un colp e'nsièmit?
Dut a tochitìns a vi lu smembra'l pùblic.

Poeta
No sèišu bòis da sinti cuant brut cal è stu lavoru,
cuant puc ca si aderìs a'un autèntic poeta?
Li monàdis da la brava zent a sòn,
a mi pàr a mi, la vustra regula magna.

Diretòu
Sta stringhiada a no mi dà nisùn fastidi:
un cal è ostinàt di fà la roba justa,
a bišugna cal savedi ušà'l miej imprèst.
Jodèit ben, i vèis len tìnar da sclapà,
e vuardàit là par cuj ch'i scrivèis!
A vi'n càpita un, chì, plen di stufa,
e n'altri pasùt par vej masa mangjàt;
e àltris—podarèsia èsi pešu?—
a ti càpitin chì dopo vej lešùt il gjornàl.

Man eilt zerstreut zu uns, wie zu den Maskenfesten,
 Und Neugier nur beflügelt jeden Schritt;
Die Damen geben sich und ihren Putz zum besten
 Und spielen ohne Gage mit.
Was träumet Ihr auf Eurer Dichterhöhe?
Was macht ein volles Haus Euch froh?
Beseht die Gönner in der Nähe!
Halb sind sie kalt, halb sind sie roh.
Der, nach dem Schauspiel, hofft ein Kartenspiel,
Der eine wilde Nacht an einer Dirne Busen.
Was plagt ihr armen Toren viel,
Zu solchem Zweck, die holden Musen?
Ich sag Euch, gebt nur mehr und immer, immer mehr,
So könnt Ihr Euch vom Ziele nie verirren
Sucht nur die Menschen zu verwirren,
Sie zu befriedigen, ist schwer--
Was fällt Euch an? Entzückung oder Schmerzen?

DICHTER:
Geh hin und such dir einen andern Knecht!
Der Dichter sollte wohl das höchste Recht,
Das Menschenrecht, das ihm Natur vergönnt,
Um deinetwillen freventlich verscherzen!
Wodurch bewegt er alle Herzen?
Wodurch besiegt er jedes Element?
Ist es der Einklang nicht, der aus dem Busen dringt,
Und in sein Herz die Welt zurücke schlingt?
Wenn die Natur des Fadens ew'ge Länge,
Gleichgültig drehend, auf die Spindel zwingt,
Wenn aller Wesen unharmon'sche Menge
Verdrießlich durcheinander klingt-
Wer teilt die fließend immer gleiche Reihe
Belebend ab, daß sie sich rhythmisch regt?
Wer ruft das Einzelne zur allgemeinen Weihe,
Wo es in herrlichen Akkorden schlägt?

Un, cul cjaf ta li nùlis, al còr chì com'a'un carnevàl,
cu la curiošitàt ca ghi mèt àlis taj piè.
Li siòris, sbieletàdis e ben rincuràdis,
a si ufrìsin sensa paja par fà da compàrsis.
Sè v'insumiàišu dal alt da la poešia?
No vi faja stà contèns na sala plena?
Jodèit i sostenitòus ca si visìnin!
Metàt di lòu a sòn frèis, e metàt volgàrs.
Dopo'l teatro chèl al vòu fasi na partida di cjàrtis,
e chel altri'l vòu vignì cocolàt da na tetona.
E vuàltris puòrs mònas ch'i sèis,
parsè i tormentàišu li Mùšis ninìnis?
I vi dìs chistu: dèit di pì, sempri, sempri di pì,
cussì ch'i no podarèis maj sbalià.
I fèis di dut par cunfundi la zent,
che di sodisfala a è fadìja!
Sè vi vègnia sù—un gust da mat, o un malstà?

Il Poeta
Và'n sercja di n'altri servitòu, và!
Al varèsia'l poeta da dà sù'l pì grant dirìt,
il dirìt dal omp, che la natura ghi'a dàt,
doma par fati plašej a tì?
Coma'l fàja a movi ogni còu?
Coma'l fàja a concuistà ogni elemìnt?
A no eše l'armonìa ca vèn fòu dal grin
ca và a movi il còu dal mont?
Se la natura'l fil lunc al infinìt
Atòr dal fùs ghi zira e zira'ndiferènt,
se na'intoleràbil cunfušiòn a
vèn fòu dal càos da l'umanitàt,
cuj al sopuàrtia'l so scori
par dàjghi un motu sempri regolàr?
Cuj al consàcria'l sìngul al universàl,
cussì cal rivi a un splèndit acordu?

Wer läßt den Sturm zu Leidenschaften wüten?
Das Abendrot im ernsten Sinne glühn?
Wer schüttet alle schönen Frühlingsblüten
Auf der Geliebten Pfade hin?
Wer flicht die unbedeutend grünen Blätter
Zum Ehrenkranz Verdiensten jeder Art?
Wer sichert den Olymp? vereinet Götter?
Des Menschen Kraft, im Dichter offenbart.

LUSTIGE PERSON:
So braucht sie denn, die schönen Kräfte
Und treibt die dichtrischen Geschäfte
Wie man ein Liebesabenteuer treibt.
Zufällig naht man sich, man fühlt, man bleibt
Und nach und nach wird man verflochten;
Es wächst das Glück, dann wird es angefochten
Man ist entzückt, nun kommt der Schmerz heran,
Und eh man sich's versieht, ist's eben ein Roman.
Laßt uns auch so ein Schauspiel geben!
Greift nur hinein ins volle Menschenleben!
Ein jeder lebt's, nicht vielen ist's bekannt,
Und wo ihr's packt, da ist's interessant.
In bunten Bildern wenig Klarheit,
Viel Irrtum und ein Fünkchen Wahrheit,
So wird der beste Trank gebraut,
Der alle Welt erquickt und auferbaut.
Dann sammelt sich der Jugend schönste Blüte
Vor eurem Spiel und lauscht der Offenbarung,
Dann sauget jedes zärtliche Gemüte
Aus eurem Werk sich melanchol'sche Nahrung,
Dann wird bald dies, bald jenes aufgeregt
Ein jeder sieht, was er im Herzen trägt.
Noch sind sie gleich bereit, zu weinen und zu lachen,
Sie ehren noch den Schwung, erfreuen sich am Schein;
Wer fertig ist, dem ist nichts recht zu machen;
Ein Werdender wird immer dankbar sein.

Cuj si làsia zì a pasiòns burascjòšis,
e'l làsia luši'l tramònt in ta na mins sèria?
Cuj'l implenìsia di flòrùs di primavera
il troj dal so baticòu?
Cuj'l saja 'nstresà fueùtis vèrdis
in ta ghirlàndis par ogni ocašiòn?
Cuj'l saja caparà'l Olimpo? Radunà i dèos?
La potensa dal omp, po, par vòus dal poeta!

Il Còmic
Ušàilis alora sti beàdis di potènsis,
e tratàit i afàrs da la poešia
com'che un al trata li aventùris dal murbìn:
par cašu ti ghi vèns dongja, ti sìns, ti stàs lì,
e puc a puc i ti rèstis lì dut inviscjàt;
a crès la contentesa, al taca'l tichignà,
ti sòs in bròut di gjùgjulis, e al taca'l sufrì,
e cussì, tic e tac, al taca'l matià.
Che par nuàltris al sedi cussì encja stu spetàcul!
Ingrimpàit la plenesa da la vita!
Ogni un a la vìf, pus a la cognòsin,
e 'ndulà ch'i ti la pàlpis, ulà a è'nteresànta.
Pucja claresa in cuàdris coloràs,
tanta ilušiòn e na faliscja di veretàt,
a è la riseta justa par na bevanda
che dut il mont a rianimèa.
Al spetàcul t'jòdis cori alora il pì bièl flòu
da la zoventùt, che li so rivelasiòns al scolta,
e daj sintimìns pì delicàs da la comedia
un nutrimìnt melancòlic a ti supa sù,
e prin chistu e dopo chèl al vèn'n tal so font tocjàt:
e ognidùn al jòt sè ca ghi fà bati'l còu.
Tegnùs a vègnin'n tal orli dal planzi e dal ridi,
a riverìsin il scori e a gòdin sè ca jòdin;
chèl stagjonàt no rivàis a cambialu,
un ca si stà formànt al sarà sempri contènt.

DICHTER:
So gib mir auch die Zeiten wieder,
Da ich noch selbst im Werden war,
Da sich ein Quell gedrängter Lieder
Ununterbrochen neu gebar,
Da Nebel mir die Welt verhüllten,
Die Knospe Wunder noch versprach,
Da ich die tausend Blumen brach,
Die alle Täler reichlich füllten.
Ich hatte nichts und doch genug:
Den Drang nach Wahrheit und die Lust am Trug.
Gib ungebändigt jene Triebe,
Das tiefe, schmerzenvolle Glück,
Des Hasses Kraft, die Macht der Liebe,
Gib meine Jugend mir zurück!

LUSTIGE PERSON:
Der Jugend, guter Freund, bedarfst du allenfalls,
Wenn dich in Schlachten Feinde drängen,
Wenn mit Gewalt an deinen Hals
Sich allerliebste Mädchen hängen,
Wenn fern des schnellen Laufes Kranz
Vom schwer erreichten Ziele winket,
Wenn nach dem heft'gen Wirbeltanz
Die Nächte schmausend man vertrinket.
Doch ins bekannte Saitenspiel
Mit Mut und Anmut einzugreifen,
Nach einem selbstgesteckten Ziel
Mit holdem Irren hinzuschweifen,
Das, alte Herrn, ist eure Pflicht,
Und wir verehren euch darum nicht minder.
Das Alter macht nicht kindisch, wie man spricht,
Es findet uns nur noch als wahre Kinder.

Il Poeta
Alora dami'ndavòu chej timps
cuant ch'encja jò i mi stevi formànt,
cuant che li cansòns a sgorgolàvin
fòu di me sensa 'nterusiòn,
cuant che'l caligu al tegneva'l mont velàt,
e i bòcuj a prometèvin maravèis,
cuant ch'i cjapavi sù mil florùs
che duti li valàdis a'mplenìvin plènis!
I no vevi nuja, ma a mi bastava:
il murbìn pa la veretàt e'l gust pa l'ilušiòn!
Dami di nòuf chej impùls naturaj,
che contentesa profonda e dolorоša,
la fuarsa dal òdiu, il podej dal amòu,
tòrnimi 'ndavòu la me zovinesa!

Il Còmic
La zovinesa, compaj me, a ti ocorarà par sigùr
se'l nemìc ti clamarà al macèl
o cu la pì granda violensa atòr dal to cuel
si butaràn li pì bieli ninìnis,
se'l to cori da campiòn da lontàn
al sbircja'l traguardo e'l oràr,
se dopo chej mulinej di balà scalmanàt
godìnt in baldòria ti volaràs li nòs pasà.
Ma'l sunà l'arpa cu la maniera pì dolsa
e delicada, ma no sensa èstri,
e zì vièrs alc di cujsajasè
cul pì bièl e dols torzeonà,
chèl, vècjus, al è dovej vustri,
e i no vi farìn par chèl mancu onòu.
L'etàt a no ni fà doventà frutùs, com'ca dìšin;
a cjata ch' encjamò i sìn dal dut frutùs.

DIREKTOR:
Der Worte sind genug gewechselt,
Laßt mich auch endlich Taten sehn!
Indes ihr Komplimente drechselt,
Kann etwas Nützliches geschehn.
Was hilft es, viel von Stimmung reden?
Dem Zaudernden erscheint sie nie.
Gebt ihr euch einmal für Poeten,
So kommandiert die Poesie.
Euch ist bekannt, was wir bedürfen,
Wir wollen stark Getränke schlürfen;
Nun braut mir unverzüglich dran!
Was heute nicht geschieht, ist morgen nicht getan,
Und keinen Tag soll man verpassen,
Das Mögliche soll der Entschluß
Beherzt sogleich beim Schopfe fassen,
Er will es dann nicht fahren lassen
Und wirket weiter, weil er muß.

Ihr wißt, auf unsern deutschen Bühnen
Probiert ein jeder, was er mag;
Drum schonet mir an diesem Tag
Prospekte nicht und nicht Maschinen.
Gebraucht das groß, und kleine Himmelslicht,
Die Sterne dürfet ihr verschwenden;
An Wasser, Feuer, Felsenwänden,
An Tier und Vögeln fehlt es nicht.
So schreitet in dem engen Bretterhaus
Den ganzen Kreis der Schöpfung aus,
Und wandelt mit bedächt'ger Schnelle
Vom Himmel durch die Welt zur Hölle.

Il Diretòu
Adès basta cu li peràulis,
a è ora ch'i tacàdis a fà alc!
Intànt ch'i si scambiàis cumplimìns,
cualchicjusa di ùtil a si pòl fà.
Sè zòvia tabajà di ispirasiòn?
A chèj ca ešitèjn a no si fà maj jodi.
Si vèis pretèšis di èsi poètas,
alora governàit la poešia!
I savèis ben sè ca ni ocòr:
cualchicjusa di bon da bevucjà;
cunsàimi sù alc a colp!
Chèl ca nol susèit vuej, a nol vèn fàt domàn,
e nisuna zornada a è da butà via.
Il pusìbul al è da cjapalu paj cjaviej
e falu cuant che l'ocašiòn a è 'ncjamò cjalda:
dopo a nol doventa pì alc da fà,
e al para'ndavànt parsè che 'ndavànt ghi tocja zì.

I savèis ben che in taj pàlcos todèscs
a un ghi tocja fà sè cal pòl.
Alora no stèit vuej sparegnami
nè telòns nè montadùris!
Ušàit pur i lampiòns dal cjel,
e ca zèdin sul osti li stèlis:
aga, fòuc, pièris fàlsis,
nemaj e usiej a no vi màncin.
In ta sti puci brèis fèit scori
il sìrcul intej da la creasiòn
e pasàit svels—ma cul cjaf a post—
dal cjel a la cjera al infièr.

Prolog im Himmel

Der Herr. Die himmlischen Heerscharen. Nachher Mephistopheles. Die drei Erzengel treten vor.

RAPHAEL:
Die Sonne tönt, nach alter Weise,
In Brudersphären Wettgesang,
Und ihre vorgeschriebne Reise
Vollendet sie mit Donnergang.
Ihr Anblick gibt den Engeln Stärke,
Wenn keiner Sie ergründen mag;
die unbegreiflich hohen Werke
Sind herrlich wie am ersten Tag.

GABRIEL:
Und schnell und unbegreiflich schnelle
Dreht sich umher der Erde Pracht;
Es wechselt Paradieseshelle
Mit tiefer, schauervoller Nacht.
Es schäumt das Meer in breiten Flüssen
Am tiefen Grund der Felsen auf,
Und Fels und Meer wird fortgerissen
Im ewig schnellem Sphärenlauf.

MICHAEL:
Und Stürme brausen um die Wette
Vom Meer aufs Land, vom Land aufs Meer,
und bilden wütend eine Kette
Der tiefsten Wirkung rings umher.
Da flammt ein blitzendes Verheeren
Dem Pfade vor des Donnerschlags.
Doch deine Boten, Herr, verehren
Das sanfte Wandeln deines Tags.

Preàmbul in tal cjel

Il Signòu, li Schièris Celèstis. Dopo di Mefistòfil a si fàn indavànt I tre Arcànzuj.

Rafaèl
In ta la fraternitàt da li sfèris 'ntonànt
al stà'l soreli la so antica melodia,
e compagnàt dal ton al par via
a fà'l so pas predestinàt.
Il so vuli luminòus còu ghi dà ai ànzuj,
se ben che nisùn di lòu fisalu al pòl.
Li òperis inconcepìbilis dal alt
splèndidis a rèstin coma'n tal prin dì.

Gabrièl
E atorotòr a zira la splendida cjera
cu na rapiditàt inimaginàbil;
il lustri dal paradìs a ghi fà post
al scur pauròus da la nòt;
al spluma'l mar in grandi ondàdis
e'l sbàt in tal pì bas daj scoj;
scaraventàs'n alt, scoj e mar a si unìsin
al motu sfrenàt da li sfèris celèstis.

Michèl
E li buràscjs a slavinà a vàn
da mar a cjera e da cjera a mar,
formànt na cjadena cussì furioša
che dut atòr a ti remena.
Ti jòs il lamp distrutòu saetà,
che da troj ghi fà al rimbombà dal ton.
Lo stes, Siòr, i to sèns onòu ghi fàn
al scori gentìl da li to zornàdis.

ZU DREI:
Der Anblick gibt den Engeln Stärke,
Da keiner dich ergründen mag,
Und alle deine hohen Werke
Sind herrlich wie am ersten Tag.

MEPHISTOPHELES:
Da du, o Herr, dich einmal wieder nahst
Und fragst, wie alles sich bei uns befinde,
Und du mich sonst gewöhnlich gerne sahst,
So siehst du mich auch unter dem Gesinde.
Verzeih, ich kann nicht hohe Worte machen,
Und wenn mich auch der ganze Kreis verhöhnt;
Mein Pathos brächte dich gewiß zum Lachen,
Hättst du dir nicht das Lachen abgewöhnt.
Von Sonn' und Welten weiß ich nichts zu sagen,
Ich sehe nur, wie sich die Menschen plagen.
Der kleine Gott der Welt bleibt stets von gleichem Schlag,
Und ist so wunderlich als wie am ersten Tag.
Ein wenig besser würd er leben,
Hättst du ihm nicht den Schein des Himmelslichts gegeben;
Er nennt's Vernunft und braucht's allein,
Nur tierischer als jedes Tier zu sein.
Er scheint mir, mit Verlaub von euer Gnaden,
Wie eine der langbeinigen Zikaden,
Die immer fliegt und fliegend springt
Und gleich im Gras ihr altes Liedchen singt;
Und läg er nur noch immer in dem Grase!
In jeden Quark begräbt er seine Nase.

DER HERR:
Hast du mir weiter nichts zu sagen?
Kommst du nur immer anzuklagen?
Ist auf der Erde ewig dir nichts recht?

Ducju tre
La to vista i ànzuj a rinfuarsa,
encja se'n tè nisùn'l pòl penetrà
e duti li to grandi òperis
splèndidis a sòn coma'n tal prin dì.

Mefistòfil
Dal momènt che tu, o Siòr, di nòuf ti ni vèns dongja
e ti ni domàndis com'ca và chì jù da nuàltris,
tu, che gust ti vèvis na volta di jòdimi,
uchì alora ti mi jòdis cu la to marmaja.
Scùšimi, i no soj bon da cjacarà a la granda,
encja se'nziru i vèn cjapàt da duta la compagnìa;
la me mišèria a ti farès sens'altri ridi
se di ridi ti fòs encjamò bon.
Dal soreli e di altri mons i no saj se diši;
i jòt doma com'che'l omp a si tormenta.
Stu pìsul diu dal mont al è sempri compaj
e al resta la maravèa dal prin dì.
Al vivarès un puc miej se tu no ti ghi vès dàt
alc dal lušòu da la to lus celestiàl;
A la clama rašòn e a la uša doma
par fasi pì bestia di ogni bestia.
A mi somèa a mi—cun permès da la vustra grasia—
coma na cicala da li gjàmbis lùngis,
ca stà sempri saltusànt, e saltusànt
in ta l'erba a finìs par cjantà la stesa cansòn.
Se doma al stès sempri'n ta che erba
invensi di sgnacà'l nas dapardùt!

Il Signòu
Àtu alc di altri da dìšimi?
Ventu sempri chì par lagnati di alc?
A no eše maj nuja'n tal mont ca ti và ben?

MEPHISTOPHELES:
Nein Herr! ich find es dort, wie immer, herzlich schlecht.
Die Menschen dauern mich in ihren Jammertagen,
Ich mag sogar die armen selbst nicht plagen.

DER HERR:
Kennst du den Faust?

MEPHISTOPHELES:
Den Doktor?

DER HERR:
Meinen Knecht!

MEPHISTOPHELES:
Fürwahr! er dient Euch auf besondre Weise.
Nicht irdisch ist des Toren Trank noch Speise.
Ihn treibt die Gärung in die Ferne,
Er ist sich seiner Tollheit halb bewußt;
Vom Himmel fordert er die schönsten Sterne
Und von der Erde jede höchste Lust,
Und alle Näh und alle Ferne
Befriedigt nicht die tiefbewegte Brust.

DER HERR:
Wenn er mir auch nur verworren dient,
So werd ich ihn bald in die Klarheit führen.
Weiß doch der Gärtner, wenn das Bäumchen grünt,
Das Blüt und Frucht die künft'gen Jahre zieren.

MEPHISTOPHELES:
Was wettet Ihr? den sollt Ihr noch verlieren!
Wenn Ihr mir die Erlaubnis gebt,
Ihn meine Straße sacht zu führen.

Mefistòfil
No, messèr; la jù, coma sempri, dut a và na vura mal.
I òmis a mi fàn pietàt cu li so lamentèlis;
A no mi vèn nencja voja di tormentaju, chej puòrs diàus.

Il Signòu
I cognòsitu Fàust?

Mefistòfil
Il dotòu?

Il Signòu
Il me servitòu!

Mefistòfil
Ma—a mi pàr ca vi servìs in ta na maniera strana!
Nè cal mangja nè cal bèif—stu semo—roba di sta cjera.
La so mins a bòl sempri par ròbis lontànis.
Li so osesiòns a lu fàn doventà mièš màt.
Dal cjèl al vorès vej li stèlis pì bièlis
e da la cjera i pì grancj' plašèis,
e nuja di nuja, o visina o lontana,
a sodisfa i so sintimìns tormentàs.

Il Signòu
Se adès a mi servìs doma'n ta na maniera cunfuša,
fra puc dut i ghi faraj jodi di nòuf clar e lustri.
'L ortolàn al sà ben che cuant che la plantuta a si stà 'nverdìnt,
a flurì e a frutà cul zì dal timp a zarà.

Mefistofil
Sè scometèišu? Encja luj i pierdarèis
si mi concedèis il permès
di menalu par là ch' i vuej jò!

DER HERR:
Solang er auf der Erde lebt,
So lange sei dir's nicht verboten,
Es irrt der Mensch so lang er strebt.

MEPHISTOPHELES:
Da dank ich Euch; denn mit den Toten
Hab ich mich niemals gern befangen.
Am meisten lieb ich mir die vollen, frischen Wangen.
Für einem Leichnam bin ich nicht zu Haus;
Mir geht es wie der Katze mit der Maus.

DER HERR:
Nun gut, es sei dir überlassen!
Zieh diesen Geist von seinem Urquell ab,
Und führ ihn, kannst du ihn erfassen,
Auf deinem Wege mit herab,
Und steh beschämt, wenn du bekennen mußt:
Ein guter Mensch, in seinem dunklen Drange,
Ist sich des rechten Weges wohl bewußt.

MEPHISTOPHELES:
Schon gut! nur dauert es nicht lange.
Mir ist für meine Wette gar nicht bange.
Wenn ich zu meinem Zweck gelange,
Erlaubt Ihr mir Triumph aus voller Brust.
Staub soll er fressen, und mit Lust,
Wie meine Muhme, die berühmte Schlange.

Il Signòu
Fin che'n ta la cjera al vìf,
di fà chistu no ti sarà proibìt:
fin cal prova, 'l omp al sbàlia.

Mefistòfil
Alora i vi ringrasi; che cuj muars
i no mi cjati maj masa benòn.
Pì di dut a mi plàšin li mosèlis frèscjs e tofolònis;
cuj cadàvars i mi sìnt puc di cjaša:
a mi plàs fà coma'l gjat cu la surìs.

Il Signòu
Benòn alora; a ti è concedùt di falu!
Stravièa stu spìrit da li so primi vòis
e mènilu, si ti sòs bon da falu,
jù cun te in ta la to strada;
e tenti pront di vergognati se chistu ti'as di ameti:
in taj momèns pì brus un omp bon
al è cosiènt da la strada justa da cjapà.

Mefistòfil
Splèndit! Ma a no durarà tant.
I no ài nisùn timòu pa la me scomesa.
Cuant ch'i rivi al me dišèn,
permetèimi di trombetà'l me triònf.
Pòlvar al zarà a mangjà, e cun gust,
coma'l barba me[5], il sarpìnt famòus!

---

[5] Il todèsc *Muhme* a si riferìs a na agna. E a è just che Mefistòfil, che chì al parla todèsc, a si riferisi al sarpìnt coma na "agna," par via che in todèsc un madràs o sarpìnt al è feminìl (*die Schlange*) no maschìl coma in tal furlàn. Stu ušu dal feminìl, però, al è comprensìbil doma coma espresiòn gramaticàl. A è fadìja imaginasi che il sarpìnt edènic al sedi stàt fèmina e no mascju—se pì ch'i no volini introduši na relasiòn sesuàl che in ta chej timps a no era encjamò di moda. Ma forsi Goethe, in ta na maniera schersoša, al voleva doma dàjghi valòu dopli a la gèneši feminìl da la tentasiòn: tentada e tentadora a èrin dùtis dos fèminis. Puòr, puòr Adàm.

DER HERR:
Du darfst auch da nur frei erscheinen;
Ich habe deinesgleichen nie gehaßt.
Von allen Geistern, die verneinen,
ist mir der Schalk am wenigsten zur Last.
Des Menschen Tätigkeit kann allzu leicht erschlaffen,
er liebt sich bald die unbedingte Ruh;
Drum geb ich gern ihm den Gesellen zu,
Der reizt und wirkt und muß als Teufel schaffen.
Doch ihr, die echten Göttersöhne,
Erfreut euch der lebendig reichen Schöne!
Das Werdende, das ewig wirkt und lebt,
Umfass euch mit der Liebe holden Schranken,
Und was in schwankender Erscheinung schwebt,
Befestigt mit dauernden Gedanken!

Der Himmel schließt, die Erzengel verteilen sich.

MEPHISTOPHELES (allein):
Von Zeit zu Zeit seh ich den Alten gern,
Und hüte mich, mit ihm zu brechen.
Es ist gar hübsch von einem großen Herrn,
So menschlich mit dem Teufel selbst zu sprechen.

Il Signòu
Encja in chè i ti pòs intromètiti;
chej coma te jò i no ài maj odiàt;
di ducju i spìris ca si ostìnin a negà,
il ludro a mi è il mancu antipàtic.
L'ativitàt dal omp a ghi vòu puc par pleàsi;
a si lasa sùbit zì al ripošu asolùt;
par chèl i ghi daj volentej un compaj
par ca lu tiri a simìnt e cal fedi il bon diau.
Ma vuàltris, fioj vèros di Diu,
godèit la granda bielesa da la vustra vita!
Che'l èsi, che'n eterno'l doventa e'l vìf,,
a vi tegni sempri'mbrasàt cun un amòu sincèr,
e fisàit sempri in tal vustri pensej
il potent ondulà da li aparènsis.

Il cjel a si siera, i arcànzuj a si separin.

Mefistòfil (besòu)
Di tant in tant i ài gust di jodi'l Vecju,
e i staj atènt di no cjatà da diši cun luj.
Al è na vura figòt, par un sioròn cussì grant,
di degnasi di cjacarà cun un puòr diau coma me.

Der Tragödie

Nacht.

In einem hochgewölbten, engen gotischen Zimmer Faust, unruhig auf seinem Sessel am Pulte.

FAUST:
Habe nun, ach! Philosophie,
Juristerei und Medizin,
Und leider auch Theologie
Durchaus studiert, mit heißem Bemühn.
Da steh ich nun, ich armer Tor!
Und bin so klug als wie zuvor;
Heiße Magister, heiße Doktor gar
Und ziehe schon an die zehen Jahr
Herauf, herab und quer und krumm
Meine Schüler an der Nase herum-
Und sehe, daß wir nichts wissen können!
Das will mir schier das Herz verbrennen.
Zwar bin ich gescheiter als all die Laffen,
Doktoren, Magister, Schreiber und Pfaffen;
Mich plagen keine Skrupel noch Zweifel,
Fürchte mich weder vor Hölle noch Teufel-
Dafür ist mir auch alle Freud entrissen,
Bilde mir nicht ein, was Rechts zu wissen,
Bilde mir nicht ein, ich könnte was lehren,
Die Menschen zu bessern und zu bekehren.
Auch hab ich weder Gut noch Geld,
Noch Ehr und Herrlichkeit der Welt;
Es möchte kein Hund so länger leben!
Drum hab ich mich der Magie ergeben,
Ob mir durch Geistes Kraft und Mund
Nicht manch Geheimnis würde kund;
Daß ich nicht mehr mit saurem Schweiß
Zu sagen brauche, was ich nicht weiß;
Daß ich erkenne, was die Welt

La Tragèdia

A è nòt

In ta na cjamara streta cul sufìt di na arcada gòtica,
Fàust al è lì sintàt, preocupàt, davànt di un letorìn

Fàust
I no ài fàt altri, oh, che studià filošofìa,
gjurisprudensa e midišina
e, purtròp, teologìa,
cun tanta pasiòn e diligensa.
Èco chì, alora, puòr mona ch'i soj,
nè pì ne mancu inteligènt che prima!
Magìster a mi clàmin, e dotòr pur,
e a è belzà da un dèis àis che'n sù
e'n jù e a la scjavasa'nziru i vaj
menànt pal nas i me studèns—
e, jòt chì, a no è nuja ch'i podìni 'mparà!
Il còu par chistu a mi bruša dentri.
I saj ben jò di savej tant di pì di ducju i gagàs,
par magìsters, dotòrs, scrivàns o prèdis ca sèdin.
I no soj tormentàt nè da scrùpul e da dùbit;
e nè diau nè infièr no mi fà nisuna poura—
e par chèl ogni contentesa mi'e stada cjolta,
i no saj pì sè ca sarès just savej,
i no saj pì sè ch'i podarès insegnàighi
a la zent par ca doventi miej, par ca si convertisi.
A me nòn i no ài nè bès nè nuja,
e nencja nisùn onòu nè glòria in tal mont:
nencja un cjan al vorès vej sta vita!
Par chèl mi soj butàt a la magìa,
par jodi se par man o bocja daj spìris
cualchi segrèt a mi saltàs fòu,
che pì no mi ocorarès, sudànt amàr,
contà di chèl ch'i no cognòs,
cussì che di rivà a savej i podès

Im Innersten zusammenhält,
  Schau alle Wirkenskraft und Samen,
  Und tu nicht mehr in Worten kramen.

  O sähst du, voller Mondenschein,
  Zum letztenmal auf meine Pein,
  Den ich so manche Mitternacht
  An diesem Pult herangewacht:
  Dann über Büchern und Papier,
  Trübsel'ger Freund, erschienst du mir!
  Ach! könnt ich doch auf Bergeshöhn
  In deinem lieben Lichte gehn,
  Um Bergeshöhle mit Geistern schweben,
  Auf Wiesen in deinem Dämmer weben,
  Von allem Wissensqualm entladen,
  In deinem Tau gesund mich baden!

  Weh! steck ich in dem Kerker noch?
  Verfluchtes dumpfes Mauerloch,
  Wo selbst das liebe Himmelslicht
  Trüb durch gemalte Scheiben bricht!
  Beschränkt mit diesem Bücherhauf,
  den Würme nagen, Staub bedeckt,
  Den bis ans hohe Gewölb hinauf
  Ein angeraucht Papier umsteckt;
  Mit Gläsern, Büchsen rings umstellt,
  Mit Instrumenten vollgepfropft,
  Urväter Hausrat drein gestopft-
  Das ist deine Welt! das heißt eine Welt!

  Und fragst du noch, warum dein Herz
  Sich bang in deinem Busen klemmt?
  Warum ein unerklärter Schmerz
  Dir alle Lebensregung hemmt?
  Statt der lebendigen Natur,
  Da Gott die Menschen schuf hinein,
  Umgibt in Rauch und Moder nur
  Dich Tiergeripp und Totenbein.

sè che sot sot al tèn il mont leàt,
li simìnsis da li potènsis dal mont,
sensa pì zì a sgarfà'n ta li peràulis.

Oh, i jòt tu, lušòu di luna plena,
par l'ultima volta il me sufrì,
tu che par te cussì tanti vòltis
spetàt i vevi da stu letarìn;
e'nfin sui me lìbris e sui me sfuèis
ti mi lušèvis cun malinconìa!
Oh se doma i podès jodi di nòuf
il to lušòn'n tal alt da li montàgnis,
zì cuj spirs in ta li cavèrnis,
e al lustri to zì sù e jù'n taj pras,
sclarimi dal caligu dal savej
e bagnami'n ta la to rušada!

Ahi! I soju 'ncjamò chì in prešòn?
Maladeta tana 'nmufida'n ta sti macèris,
indulà che la biela lus stesa dal cjèl
a si fà jodi fra li làstris coloràdis!
Scjafojàt da sta tasa di lìbris
rošeàs daj viers, cujerzùs di pòlvar,
cun cjàrtis cjalinòšis dut atòr
ca rìvin fin in tal alt dal sufìt;
circondàt da ampòlis e 'lambìcs,
intaponàt da strumìns
e tramàis lasàs 'ndavòu daj antenàs—
stu chì al è'l to mont, sì, il to mont!

E i ti ti domàndis parsè ch'i ti sìns
chisti strètis di còu in tal pet?
Parsè che stu no saj sè di malstà
a ti roba dut il gust dal vivi?
Invensi dal vibrà da la natura,
che'n ta chè Diu al à'l omp creàt,
circondàt ti sòs dut atòr da fun e fangu
e vuès di bèstis e schèletros umàns!

Flieh! auf! hinaus ins weite Land!
Und dies geheimnisvolle Buch,
Von Nostradamus' eigner Hand,
Ist dir es nicht Geleit genug?
Erkennest dann der Sterne Lauf,
Und wenn Natur dich Unterweist,
Dann geht die Seelenkraft dir auf,
Wie spricht ein Geist zum andren Geist.
Umsonst, daß trocknes Sinnen hier
Die heil'gen Zeichen dir erklärt:
Ihr schwebt, ihr Geister, neben mir;
Antwortet mir, wenn ihr mich hört!
(Er schlägt das Buch auf und erblickt das Zeichen des Makrokosmus.)

Ha! welche Wonne fließt in diesem Blick
Auf einmal mir durch alle meine Sinnen!
Ich fühle junges, heil'ges Lebensglück
Neuglühend mir durch Nerv' und Adern rinnen.
War es ein Gott, der diese Zeichen schrieb,
Die mir das innre Toben stillen,
Das arme Herz mit Freude füllen,
Und mit geheimnisvollem Trieb
Die Kräfte der Natur rings um mich her enthüllen?
Bin ich ein Gott? Mir wird so licht!
Ich schau in diesen reinen Zügen
Die wirkende Natur vor meiner Seele liegen.
Jetzt erst erkenn ich, was der Weise spricht:
"Die Geisterwelt ist nicht verschlossen;
Dein Sinn ist zu, dein Herz ist tot!
Auf, bade, Schüler, unverdrossen
Die ird'sche Brust im Morgenrot!"
(er beschaut das Zeichen.)

Wie alles sich zum Ganzen webt,
Eins in dem andern wirkt und lebt!
Wie Himmelskräfte auf und nieder steigen
Und sich die goldnen Eimer reichen!

Scjampa, sù! Còr in ta'un mont pì larc!
E stu libri plen di mistèris,
scrìt da Nostradàmus stes,
a no ti bàstia vej chistu?
Ti cognosaràs alora'l viavaj da li stèlis
e chèl che 'nsegnati a pòl la natura,
e la fuarsa da l'anima to a rivarà
a capì'l tabajà di spirt cun spirt.
A pol ben provà na mins secjada
a luminati i sens sàcris!
I mi sèis chì atòr, o spirs, i saj ben jò:
rispundèit, si mi sintèis!
Al spalanca il libri e al jòt il sen dal Macrocòsm.

Ah, cuanta beatitùdin ca scòr
in taj me sintimìns al jodi chistu!
Coma un zovenùt i sìnt il sacri gust dal vivi
scòrimi in taj sgnerfs e'n ta li vènis.
Al eše stàt un diu a fà scju sens
ca cujètin il brušòu ch'i sintevi dentri,
ca 'mplenìsin di contentesa'l me còu,
e'n tal mòut pì misteriòus a mi svèlin
dut atòr li fuàrsis da la natura?
I soju un Diu jò? Dut a mi sarà clar!
Par via di chiscju sens purs i jòt
il spleasi da la natura in ta la me stesa ànima.
I rivi adès a capì sè che'l sàviu al diševa:
"Il mont daj spìris a nol è sieràt:
la to mins a è, il to còu al è muart!
Leva sù, studiòus, e purifichèa
il pet da la cjera in tal tacà di stu nòuf dì!"
Al studièa a lunc il sen.

Com'che ogni roba sul dut a s'intresa,
ognuna su l'altra a òpera e vìf,
e coma ogni fuarsa dal cjèl sù e jù a và
e l'una a l'altra i sèlis d'oru si pàsin!

Mit segenduftenden Schwingen
Vom Himmel durch die Erde dringen,
Harmonisch all das All durchklingen!

Welch Schauspiel! Aber ach! ein Schauspiel nur!
Wo fass ich dich, unendliche Natur?
Euch Brüste, wo? Ihr Quellen alles Lebens,
An denen Himmel und Erde hängt,
Dahin die welke Brust sich drängt-
Ihr quellt, ihr tränkt, und schmacht ich so vergebens?
(er schlägt unwillig das Buch um und erblickt das Zeichen des Erdgeistes.)

Wie anders wirkt dies Zeichen auf mich ein!
Du, Geist der Erde, bist mir näher;
Schon fühl ich meine Kräfte höher,
Schon glüh ich wie von neuem Wein.
Ich fühle Mut, mich in die Welt zu wagen,
Der Erde Weh, der Erde Glück zu tragen,
Mit Stürmen mich herumzuschlagen
Und in des Schiffbruchs Knirschen nicht zu zagen.
Es wölkt sich über mir-
Der Mond verbirgt sein Licht-
Die Lampe schwindet!
Es dampft! Es zucken rote Strahlen
Mir um das Haupt- Es weht
Ein Schauer vom Gewölb herab
Und faßt mich an!
Ich fühl's, du schwebst um mich, erflehter Geist
Enthülle dich!
Ha! wie's in meinem Herzen reißt!
Zu neuen Gefühlen
All meine Sinnen sich erwühlen!
Ich fühle ganz mein Herz dir hingegeben!
Du mußt! du mußt! und kostet es mein Leben!
(Er faßt das Buch und spricht das Zeichen des Geistes geheimnisvoll aus. Es zuckt eine rötliche Flamme, der Geist erscheint in der Flamme.)

Cun àlis benedètis e profumàdis
a fàn sinti dal cjel a la cjera
il sun da l'armonìa universàl!

Se spetàcul! Ah, ma al è doma un spetàcul!
Indà i vaju a brincati, natura sensa fin?
E vualtri tètis, indulà? Fontànis di dut il vivi,
che da chès cjèl e cjera a dipìndin,
E che a chès a si ufrìs stu sen 'nflapìt—
i bevèis e i bevèis,e jò i resti chì dismintiàt.
Malvolentej al sfuèa'l libri e al jòt il sen dal Spìrit da la Cjera.

Se efièt diferènt cal à sù di me stu sen!
Tu Spìrit da la Cjera ti mi sòs pì visìn;
belzà i mi sìnt cresi di fuarsa,
belzà i mi sìnt scjaldà coma da un vin novèl.
I mi sìnt plen di coragju par frontà il mont,
par partà li pènis e li contentèsis da la cjera,
par combati li tampièstis,
e par no tremà al naufragasi di na naf!
Imparzora di me a si stà nulànt—
la luna a plata la so lus—
il lampiòn al dindulèa—
a è caligu—ràis ros a mi zìrin
atòr dal cjaf—dal alt
i sìnt na ploja ca vèn jù
e ca mi fà 'ingrisulà!
I lu sìnt, ti zìris atòr di me, o spirt ch'i'ai'mploràt:
Svèliti!
Ah se streta di còu!
A novi sensasiòns
a còrin ducju i me sintimìns!
I mi sìnt di dati dut il me còu!
A ti tocja! A ti tocja! Encja s'a à da costami la vita!
Al cjapa sù il libri e al pronuncja il sen dal Spìrit in maniera misterioša. A si jòt lampà na flama rosa, e 'n ta la flama a si fà jodi il Spìrit.

GEIST:
Wer ruft mir?

FAUST (abgewendet):
Schreckliches Gesicht!

GEIST:
Du hast mich mächtig angezogen,
An meiner Sphäre lang gesogen,
Und nun-

FAUST:
Weh! ich ertrag dich nicht!

GEIST:
Du flehst, eratmend mich zu schauen,
Meine Stimme zu hören, mein Antlitz zu sehn;
Mich neigt dein mächtig Seelenflehn,
Da bin ich!- Welch erbärmlich Grauen
Faßt Übermenschen dich! Wo ist der Seele Ruf?
Wo ist die Brust, die eine Welt in sich erschuf
Und trug und hegte, die mit Freudebeben
Erschwoll, sich uns, den Geistern, gleich zu heben?
Wo bist du, Faust, des Stimme mir erklang,
Der sich an mich mit allen Kräften drang?
Bist du es, der, von meinem Hauch umwittert,
In allen Lebenslagen zittert,
Ein furchtsam weggekrümmter Wurm?

FAUST:
Soll ich dir, Flammenbildung, weichen?
Ich bin's, bin Faust, bin deinesgleichen!

GEIST:
In Lebensfluten, im Tatensturm
Wall ich auf und ab,

Il Spìrit
Cuj mi clàmia?

Fàust, vuardànt in banda
Se muša da poura!

Il Spìrit
A è un toc ch'i ti zìris atòr da la me sfera
e ch'i ti mi stàs clamànt cun violensa,
e adès...

Fàust
Ah, i no pòl jòditi!

Il Spìrit
Cu la lenga di fòu ti stàs implorànt
di sinti la me vòus e di jodi la me muša;
i m'inclini al preà dal to spìrit:
èco chì ch'i soj! Sè poura terìbil a t'ingrìmpia
adès, superòmp! Indulà al eše'l sigà da la to ànima?
Indulà al eše'l pet cal creava un mont dentri di sè stes
e a lu partava e nudriva, ca si sglonfava contènt
al pensej di doventà spìrit coma nu?
Indulà i sotu, Fàust, che la to vòus i sintevi
risunà, e ch'i ti tentàvis di vegnìmi dongja?
Sotu tu chèl che dal me flat 'nglusàt
al trema adès fin ta li medòlis,
un vièr ca si strisina via plen di poura?

Fàust
E'i varèsiu, forma flameànt, da pleàmi davànt di te?
I soj jò, Fàust; un coma te i soj!

Il Spìrit
In ta li òndis da la vita, in ta la burascja dal susedi,
i mi mòuf jò'n sù e'n jù,

Wehe hin und her!
 Geburt und Grab,
 Ein ewiges Meer,
 Ein wechselndes Wehen,
 Ein glühend Leben,
 So schaff ich am laufenden Webstuhl der Zeit
 Und wirke der Gottheit lebendiges Kleid.

FAUST:
Der du die weite Welt umschweifst,
Geschäftiger Geist, wie nah fühl ich mich dir!

GEIST:
Du gleichst dem Geist, den du begreifst,
Nicht mir!
(verschwindet)

FAUST (zusammenstürzend):
Nicht dir?
Wem denn?
Ich Ebenbild der Gottheit!
Und nicht einmal dir!
(es klopft)

O Tod! ich kenn's- das ist mein Famulus-
Es wird mein schönstes Glück zunichte!
Daß diese Fülle der Gesichte
Der trockne Schleicher stören muß!
 (Wagner im Schlafrock und der Nachtmütze, eine Lampe in der Hand.
 Faust wendet sich unwillig.)

WAGNER:
Verzeiht! ich hör euch deklamieren;
Ihr last gewiß ein griechisch Trauerspiel?
In dieser Kunst möcht ich was profitieren,
 Denn heutzutage wirkt das viel.

i ondulej cà e là!
Dal nasi al murì,
un mar sensa fin,
un tesi di tràmis,
na vita rovana:
i mi 'ntrighi cussì in tal telàr dal timp
e par Diu i tès sù la stofa dal vivi.

Fàust
Tu, Spìrit, che cul to dafà ti 'mbràsis
dut stu grant mont, cuant visìn di te ch'i mi sìnt!

Il Spìrit
Ti ghi somèis al spirt ca ti pàr a tì,
No a mì! *Al sparìs.*

Fàust scumbusulàt
No a tì?
A cuj alora?
Jò, imàgin di Diu,
a ti i no ti somej!
A bàt

O muart! I saj cuj cal è…il me servitòu!
La me miej speransa dut 'nnujada!
Èco che via a mi và la plenesa di sta višiòn
par cauša di stu scrusignòt di omp!

Wagner in vestàja e capucjo da nòt, cun un lampiòn in man.
Fàust a si volta invelenàt.

Wagner
Perdonàimi. I vi ài sintùt declamà;
par sigùr i stèvis lešìnt na tragèdia greca?
In ta chist'art i vorès encja jò fami 'ndavànt;
parsè ca è pròpit na roba dal dì di vuej.

Ich hab es öfters rühmen hören,
Ein Komödiant könnt einen Pfarrer lehren.

FAUST:
Ja, wenn der Pfarrer ein Komödiant ist;
Wie das denn wohl zuzeiten kommen mag.

WAGNER:
Ach! wenn man so in sein Museum gebannt ist,
Und sieht die Welt kaum einen Feiertag,
Kaum durch ein Fernglas, nur von weitem,
Wie soll man sie durch Überredung leiten?

FAUST:
Wenn ihr's nicht fühlt, ihr werdet's nicht erjagen,
Wenn es nicht aus der Seele dringt
Und mit urkräftigem Behagen
Die Herzen aller Hörer zwingt.
Sitzt ihr nur immer! leimt zusammen,
Braut ein Ragout von andrer Schmaus
Und blast die kümmerlichen Flammen
Aus eurem Aschenhäufchen 'raus!
Bewunderung von Kindern und Affen,
Wenn euch darnach der Gaumen steht-
Doch werdet ihr nie Herz zu Herzen schaffen,
Wenn es euch nicht von Herzen geht.

WAGNER:
Allein der Vortrag macht des Redners Glück;
Ich fühl es wohl, noch bin ich weit zurück.

FAUST:
Such Er den redlichen Gewinn!
Sei Er kein schellenlauter Tor!
Es trägt Verstand und rechter Sinn
Mit wenig Kunst sich selber vor!

I à sintùt tanti vòltis proclamà
che un comediànt al pòl 'nsegnàjghi a un predi.

Fàust
Sigùr, basta che'l predi al sedi un comediànt;
roba ca pòl ben susedi.

Wagner
Ah! Ma se un a si ešilièa in tal so mušèo
e a nol jòt il mont nencja il dì di fiesta,
nencja da un canocjàl, da lontàn,
com'al fàja un a cunvìnsilu e guidalu?

Fàust
I no lu otegnarèis si no lu sintèis,
s'a no vi vèn fòu dret da l'ànima
e cu na fuarsa elementàl
al'ngrimpa'l còu di ogni un cal scolta.
Stèit lì sintàs, tegnèisi pur 'ncolàs,
fèit sù un ragù cu li vansadìsis daj àltris
e zèit a soflà fòu cualchi puora flamuta
dal vustri grun di siniša.
Na maravèa paj fioj e simiòs i sarèis
s'a vi basta doma comedavi la bocja;
i no rivarèis maj a unì còu e còu
se chèl ch'i disèis no vi vèn dal còu.

Wagner
A basta la rècita par fà la furtuna dal oratòu;
i saj ben chèl, jò, encja si soj un bel puc indavòu.

Fàust
Chèl ca ghi và davòu dal profit dal onèst,
a nol sglinghinèa e basta coma un mona!
Il bonsèns e'l intelèt a si ràngin besoj;
a ghi ocòr pucja furbìsia.

Und wenn's euch Ernst ist, was zu sagen,
Ist's nötig, Worten nachzujagen?
Ja, eure Reden, die so blinkend sind,
In denen ihr der Menschheit Schnitzel kräuselt,
Sind unerquicklich wie der Nebelwind,
Der herbstlich durch die dürren Blätter säuselt!

WAGNER:
Ach Gott! die Kunst ist lang;
Und kurz ist unser Leben.
Mir wird, bei meinem kritischen Bestreben,
Doch oft um Kopf und Busen bang.
Wie schwer sind nicht die Mittel zu erwerben,
Durch die man zu den Quellen steigt!
Und eh man nur den halben Weg erreicht,
Muß wohl ein armer Teufel sterben.

FAUST:
Das Pergament, ist das der heil'ge Bronnen,
Woraus ein Trunk den Durst auf ewig stillt?
Erquickung hast du nicht gewonnen,
Wenn sie dir nicht aus eigner Seele quillt.

WAGNER:
Verzeiht! es ist ein groß Ergetzen,
Sich in den Geist der Zeiten zu versetzen;
Zu schauen, wie vor uns ein weiser Mann gedacht,
Und wie wir's dann zuletzt so herrlich weit gebracht.

FAUST:
O ja, bis an die Sterne weit!
Mein Freund, die Zeiten der Vergangenheit
Sind uns ein Buch mit sieben Siegeln.
Was ihr den Geist der Zeiten heißt,
Das ist im Grund der Herren eigner Geist,
In dem die Zeiten sich bespiegeln.
Da ist's denn wahrlich oft ein Jammer!

E si vèis alc di sèriu da diši,
parsè zì tant in sercja di peràulis?
I vustri discòrs, cussì plens di lušòu,
che a gragnej coloràs ghi dèis a la zent,
doma fastidi a dàn, coma un vint cal parta caligu
e che strac al mòuf li fuèis sècis dal autùn!

Wagner
Ah, Diu! l'art a è lungja,
ma curta a è la nustra vita.
E spes i me sfuars analìtics
a mi fàn vignì mal di cjaf e di còu.
Cuant difisil ca è di otegni i imprèscj'
par zì fin la sù'n ta la font dal savej!
E prin di rivà a metàt strada
èco che'l puòr diau al crepa.

Fàust
La pergamena—a eše chè la font sacra
che cun un glutàr a ti copa'n eterno la sèit?
Fin ca no ti sgorga fòu da l'ànima,
il to rinovamìnt no ti lu varàs maj cjatàt.

Wagner
Perdonàimi, ma al è un grant dilèt
chèl di penetrà'n tal spìrit daj timps,
 jodi com'che prin di nu a vèvin i sàvius pensàt
 e cual grant pas indavànt ch'i vìn fàt.

Fàust
Oh, sì, lontàn fin ta li stèlis!
Compaj me, i timps pasàs
a sòn un libri sièt vòltis sigilàt.
Chèl che vuàltris i clamàis il spìrit dal timp
al è'n realtàt il spìrit stes daj òmis,
che'n lòu i timps a si rispièlin.
E chistu al è spes duta na lamentela!

Man läuft euch bei dem ersten Blick davon.
Ein Kehrichtfaß und eine Rumpelkammer
Und höchstens eine Haupt- und Staatsaktion
Mit trefflichen pragmatischen Maximen,
Wie sie den Puppen wohl im Munde ziemen!

WAGNER:
Allein die Welt! des Menschen Herz und Geist!
Möcht jeglicher doch was davon erkennen.

FAUST:
Ja, was man so erkennen heißt!
Wer darf das Kind beim Namen nennen?
Die wenigen, die was davon erkannt,
Die töricht g'nug ihr volles Herz nicht wahrten,
Dem Pöbel ihr Gefühl, ihr Schauen offenbarten,
Hat man von je gekreuzigt und verbrannt.
Ich bitt Euch, Freund, es ist tief in der Nacht,
Wir müssen's diesmal unterbrechen.

WAGNER:
Ich hätte gern nur immer fortgewacht,
Um so gelehrt mit Euch mich zu besprechen.
Doch morgen, als am ersten Ostertage,
Erlaubt mir ein' und andre Frage.
Mit Eifer hab' ich mich der Studien beflissen;
Zwar weiß ich viel, doch möcht' ich alles wissen.
(Ab.)

FAUST (allein):
Wie nur dem Kopf nicht alle Hoffnung schwindet,
Der immerfort an schalem Zeuge klebt,
Mit gier'ger Hand nach Schätzen gräbt,
Und froh ist, wenn er Regenwürmer findet!
Darf eine solche Menschenstimme hier,
Wo Geisterfülle mich umgab, ertönen?

A la prima ocjada, e via ca ti và:
doma un sgabusìn plen di porcarìa
o al pì na tragèdia grandona e sbosa,
plena doma di chistu e chel provèrbiu
cal suna ben doma'n bocja di buratìns.

Wagner
Ma'l mont, il còu e'l spìrit dal omp!
Di chèl ognidùn al vorè savej alc.

Fàust
Sì, chèl cal pasa par savej!
Cuj'l àusia dàjghi al fì'l so nòn?
I pus, che di chèl alc a savèvin,
che, puòrs mònas, cul còu sglonf platàt
no ghi tegnèvin a la zinìa višiòns e sintimìns;
e par chèl'n cròus metùs a vegnèvin, o brušàs.
Compaj me, a è nòt fonda; par adès,
i vi prej, lasàn stà stu discòrs.

Wagner
I sarès stàt sù volentej par sempri
a discori cun vu di ròbis cussì struìdis.
Ma domàn, cal è'l dì stes di Pasca,
permetèimi di favi altri domàndis!
Jò i'ai tant studiàt cu la voja pì buna;
e tant i saj belzà, ma i vorès savej dut.
Al và fòu.

Fàust besòu
Com'che un a nol pièrt maj la speransa
che davòu ghi stà dom'a ròbis da nuja,
cun cupidità al scava par un tešoru,
e al è dut contènt cuant che un vièr al cjata!
A pòsia propit na vòus coma chista risunà uchì
indà che 'nglusàt i eri da na plenesa di spìris?

Doch ach! für diesmal dank ich dir,
Dem ärmlichsten von allen Erdensöhnen.
Du rissest mich von der Verzweiflung los,
Die mir die Sinne schon zerstören wollte.
Ach! die Erscheinung war so riesengroß,
Daß ich mich recht als Zwerg empfinden sollte.

Ich, Ebenbild der Gottheit, das sich schon
Ganz nah gedünkt dem Spiegel ew'ger Wahrheit,
Sein selbst genoß in Himmelsglanz und Klarheit,
Und abgestreift den Erdensohn;
Ich, mehr als Cherub, dessen freie Kraft
Schon durch die Adern der Natur zu fließen
Und, schaffend, Götterleben zu genießen
Sich ahnungsvoll vermaß, wie muß ich's büßen!
Ein Donnerwort hat mich hinweggerafft.

Nicht darf ich dir zu gleichen mich vermessen;
Hab ich die Kraft dich anzuziehn besessen,
So hatt ich dich zu halten keine Kraft.
In jenem sel'gen Augenblicke
Ich fühlte mich so klein, so groß;
Du stießest grausam mich zurücke,
Ins ungewisse Menschenlos.
Wer lehret mich? was soll ich meiden?
Soll ich gehorchen jenem Drang?
Ach! unsre Taten selbst, so gut als unsre Leiden,
Sie hemmen unsres Lebens Gang.

Dem Herrlichsten, was auch der Geist empfangen,
Drängt immer fremd und fremder Stoff sich an;
Wenn wir zum Guten dieser Welt gelangen,
Dann heißt das Beßre Trug und Wahn.
Die uns das Leben gaben, herrliche Gefühle
Erstarren in dem irdischen Gewühle.

Lo stes—ah!—a mi tocja ringrasiati,
Jò, il fì pì meschìn da la cjera.
ti mi às tiràt via da la disperasiòn
ca steva par cunfùndimi i sintimìns.
Ah! La visiòn a era cussì gigantesca
che jò'n paragòn un nano mi sintevi.

Jò, imàgin dal Divìn, che sigùr i eri
d'jodi belzà'n tal spieli da l'eterna veretàt,
che belzà i godevi dal so raj e claresa,
e che belzà disglusàt mi vevi dal fangu terestri,
jò, che pì di un Cherubìn i eri lìbar
di scori in ta li vènis da la natura,
e, creànt, di godi di un vivi divìn,
cuant patì ca mi tocjarà pa la me prešunsiòn!
Na tonada a mi'a sconcuasàt.

I no pòl jò pretindi di someàti!
Se di clamati la fuarsa i ài vùt,
mancjàt mi'a la fuarsa di tègniti.
In ta chel beàt di momènt
cussì pìsul mi sintevi, cussì grant.
Tu pocàt indavòu ti mi vèvis
in ta n'umanitàt plena d'incertesa.
Cuj m'insègnia? Di sè i'àju da stà atènt?
I àju da scoltà chel impùls?
Ah! li nustri asiòns tant ben coma'l nustri sufrì
a frènin il scori da la nustra vita.

Encja'n tal pì bièl che'l spìrit al concepìs,
alc di stran a và sempri a'ntromètisi.
Cuant che i bens di stu mont i otegnìn,
chej miej a sòn doma ingàn e ilušiòn.
I miej sintimìns ca ni ufrìs il vivi
a s'incròstin in ta la cunfušiòn di sta cjera.

Wenn Phantasie sich sonst mit kühnem Flug
Und hoffnungsvoll zum Ewigen erweitert,
So ist ein kleiner Raum ihr nun genug,
Wenn Glück auf Glück im Zeitenstrudel scheitert.
Die Sorge nistet gleich im tiefen Herzen,
Dort wirket sie geheime Schmerzen,
Unruhig wiegt sie sich und störet Lust und Ruh;
Sie deckt sich stets mit neuen Masken zu,
Sie mag als Haus und Hof, als Weib und Kind erscheinen,
Als Feuer, Wasser, Dolch und Gift;
Du bebst vor allem, was nicht trifft,
Und was du nie verlierst, das mußt du stets beweinen.

Den Göttern gleich ich nicht! zu tief ist es gefühlt;
Dem Wurme gleich ich, der den Staub durchwühlt,
Den, wie er sich im Staube nährend lebt,
Des Wandrers Tritt vernichtet und begräbt.

Ist es nicht Staub, was diese hohe Wand
Aus hundert Fächern mit verenget?
Der Trödel, der mit tausendfachem Tand
In dieser Mottenwelt mich dränget?
Hier soll ich finden, was mir fehlt?
Soll ich vielleicht in tausend Büchern lesen,
Daß überall die Menschen sich gequält,
Daß hie und da ein Glücklicher gewesen?-
Was grinsest du mir, hohler Schädel, her?
Als daß dein Hirn, wie meines, einst verwirret
Den leichten Tag gesucht und in der Dämmrung schwer,
Mit Lust nach Wahrheit, jämmerlich geirret.
Ihr Instrumente freilich spottet mein,
Mit Rad und Kämmen, Walz und Bügel:
Ich stand am Tor, ihr solltet Schlüssel sein;
Zwar euer Bart ist kraus, doch hebt ihr nicht die Riegel.
Geheimnisvoll am lichten Tag
Läßt sich Natur des Schleiers nicht berauben,
Und was sie deinem Geist nicht offenbaren mag,
Das zwingst du ihr nicht ab mit Hebeln und mit Schrauben.

A ti và ic, la fantašìa, cul so 'ntrèpit
svualà e speransa'n ta l'eternitàt,
se ben che na friguja di spàsiu a ghi basta cuant che
la contentesa so a si 'ntorgolèa'n tal mulinèl dal timp.
La poura a si 'nnida in tal font dal còu,
indulà che platàt al nàs il sufrì,
e turbàs a vègnin plašej e serenitàt.
A si cujèrs invensi cun màscaris nòvis,
e jodi a si fà coma cjaša e cjampùt, coma fèmina e frùt,
coma fòuc, aga, pugnàl e velèn;
ti trèmis par dut chèl ch'i no ti cognòs,
e planzi a ti tocja par dut chèl ch'i no ti'as maj pierdùt.

Ai dìus i no ghi somej! I lu sìnt masa in tal font!
Pì al vièr i ghi somej, cal sgarfa in tal pòlvar,
e che'n tal pòlvar, indulà ca si nudrìs,
dal pas dal viandànt innujàt al vèn, e soteràt.

A nol eše pòlvar chel di chej sent scafaj
che scjafojàt mi tègnin nenfra di scju murs,
o sti pesòtis che cun altri mil monàdis
sieràt mi tègnin in ta stu mont di pavèis?
I cjataraju chì chèl ca mi mancja?
I àju forsi da leši in ta mil lìbris
che i òmis par dut a si tormèntin,
e che doma un cà e là al è contènt?
Parsè mi sghignàsitu, sbòsul di crànio!
Parsè che'l to sarvièl, coma'l me dut cunfùs,
di dì in sercja'l zeva, e'n tal scur da la sera,
cu na voja mata di cjatà la veretàt?
Vuàltris strumìns si la godèis a cjòimi'nziru
cun roda e zontadura, cun cilindro e spina:
i stevi, jò, 'n ta la puarta; i èris vuàltris la claf;
ma i anej stuars a tègnin il cjadenàs sieràt.
Misterioša encja'n tal plen dal dì,
a no si lasa la natura deprivà dal so vel,
e chèl che jodi no ghi fà al to spirt,
no ti ghi lu sfuàrsis fòu cun lèvis o cun vìs.

Du alt Geräte, das ich nicht gebraucht,
  Du stehst nur hier, weil dich mein Vater brauchte.
Du alte Rolle, du wirst angeraucht,
  Solang an diesem Pult die trübe Lampe schmauchte.
Weit besser hätt ich doch mein Weniges verpraßt,
  Als mit dem Wenigen belastet hier zu schwitzen!
Was du ererbt von deinen Vätern hast,
  Erwirb es, um es zu besitzen.
Was man nicht nützt, ist eine schwere Last,
  Nur was der Augenblick erschafft, das kann er nützen.

Doch warum heftet sich mein Blick auf jene Stelle?
Ist jenes Fläschchen dort den Augen ein Magnet?
Warum wird mir auf einmal lieblich helle,
Als wenn im nächt'gen Wald uns Mondenglanz umweht?

Ich grüße dich, du einzige Phiole,
Die ich mit Andacht nun herunterhole!
In dir verehr ich Menschenwitz und Kunst.
Du Inbegriff der holden Schlummersäfte,
Du Auszug aller tödlich feinen Kräfte,
Erweise deinem Meister deine Gunst!
Ich sehe dich, es wird der Schmerz gelindert,
Ich fasse dich, das Streben wird gemindert,
Des Geistes Flutstrom ebbet nach und nach.
Ins hohe Meer werd ich hinausgewiesen,
Die Spiegelflut erglänzt zu meinen Füßen,
Zu neuen Ufern lockt ein neuer Tag.

Ein Feuerwagen schwebt, auf leichten Schwingen,
An mich heran! Ich fühle mich bereit,
Auf neuer Bahn den Äther zu durchdringen,
Zu neuen Sphären reiner Tätigkeit.
Dies hohe Leben, diese Götterwonne!
Du, erst noch Wurm, und die verdienest du?
Ja, kehre nur der holden Erdensonne
Entschlossen deinen Rücken zu!

Tu arnèis vecju, ch'i no ài maj ušàt,
ti sòs uchì doma parsè che ušàt ti veva me pari.
In ta stu banc tu, ròdul antìc, fumintàt ti sòs stàt
dal brušà fumòus da la flama di stu lampiòn.
Tant miej i varès fàt a spindi chel puc ch'i ài
invensi che sot di chel puc parà via a sudà!
Chèl ch'ereditàt ti às daj to pàris,
par cal sedi to ti'as da guadagnalu!
Chèl che un a nol uša, al è un cargu pešànt;
doma chèl che'l momènt al crèa al pòl zovà.

Ma parsè a si pùntia'l me vuli in ta chel post?
Al eše tiràt da che ampuluta là?
Parsè a mi dovèntia dut lustri cussì a colp,
com'che di nòt 'nglusàs i vegnìn dal lustri di luna?

Ti saludi, te, fiala ùnica,
te, che adès cun devosiòn ti tiri jù!
In te i onori'l inzèn a l'art dal omp.
Esensa di chèl che pì a ni fà 'nsumià,
distilàt di dut chèl che murì a ni fà cun soavitàt,
mòstrighi'l to plašej al to paròn!
I ti jòt: al calmarà'l dolòu,
i ti cjoj sù: al cala'l scalmanasi,
la marèa dal spìrit a cola, puc a puc.
Lontàn in tal mar i vèn clamàt,
il spieli da li òndis al lùs ai me piè,
il nòuf dì a n'invida a rìvis nòvis.

Un cjar di fòuc al vèn plan plan svualànt
vièrs di me! Par na strada nova
i mi sìnt pront di penetrà'n tal ètar
e'n ta l'ativitàt pura di sfèris nòvis.
Sta vita elevada, sta beatitùdin dai dìus!
Tu, ch'i ti èris vièr, i lu mèritu, tu?
Sì, basta ch'i ti ghi vòltis li spàlis
al bièl soreli da la cjera!

Vermesse dich, die Pforten aufzureißen,
Vor denen jeder gern vorüberschleicht!
Hier ist es Zeit, durch Taten zu beweisen,
Das Manneswürde nicht der Götterhöhe weicht,
Vor jener dunkeln Höhle nicht zu beben,
In der sich Phantasie zu eigner Qual verdammt,
Nach jenem Durchgang hinzustreben,
Um dessen engen Mund die ganze Hölle flammt;
Zu diesem Schritt sich heiter zu entschließen,
Und wär es mit Gefahr, ins Nichts dahin zu fließen.

Nun komm herab, kristallne reine Schale!
Hervor aus deinem alten Futterale,
An die ich viele Jahre nicht gedacht!
Du glänzetst bei der Väter Freudenfeste,
Erheitertest die ernsten Gäste,
Wenn einer dich dem andern zugebracht.
Der vielen Bilder künstlich reiche Pracht,
Des Trinkers Pflicht, sie reimweis zu erklären,
Auf einen Zug die Höhlung auszuleeren,
Erinnert mich an manche Jugendnacht.
Ich werde jetzt dich keinem Nachbar reichen,
Ich werde meinen Witz an deiner Kunst nicht zeigen.
Hier ist ein Saft, der eilig trunken macht;
Mit brauner Flut erfüllt er deine Höhle.
Den ich bereit, den ich wähle,
"Der letzte Trunk sei nun, mit ganzer Seele,
Als festlich hoher Gruß, dem Morgen zugebracht!
(Er setzt die Schale an den Mund.)
Glockenklang und Chorgesang.

CHOR DER ENGEL:
Christ ist erstanden!
Freude dem Sterblichen,
Den die verderblichen,
Schleichenden, erblichen
Mängel unwanden.

Cjata'l coragju di spalancà li puàrtis
che da chès ognidùn'l vorès svignàsila!
A è ora, chì, di provà cul fà che la dignitàt
dal omp a no si sbasa davànt da la divin 'maestàt:
di no tremà davànt di ogni bušaròt scur,
indà che la fantašia a sufrìs il so stes turmìnt,
sintìnt l'atrasiòn di ogni pasagju
cu la so bocja streta 'nglusada da li flàmis dal infièr,
di fà stu pas serèn e contènt,
encja riscjànt di pièrdisi in tal nuja.

Vèn jù adès, copa di cristàl pur!
Vèn jù da la to scjàtula,
che da tancju àis no ti mi vèns in tal pensej!
Sempri ti lušèvis'n ta li fièstis daj pàris,
e'n legrìa i 'nvidàs ti tegnèvis
cuant che da na man a l'altra ti pasàvis.
I tancju cuàdris di splendòu artìstic,
'l òbligu di chej ca bevèvin d' interpretà in rima
e di svueitati in ta na 'nglutida e basta,
di nòuf mi pàrtin in ta li nòs da la me zoventùt.
Stavolta i no ti pasaraj al me visìn,
e'i no metaraj'n mostra'l me inzèn cu la to art:
al è un licòu, chì, cal incjoca sùbit,
e ca t'implenìs cu la so onda scura.
Chèl jò i prepari, e chèl jò i sièls.
Ca sedi, chista, l'ùltima me bevuda di còu
ch'i faj par celebrà'l vignì di stu nòuf dì.
Al mèt la copa'n bocja. A si sìnt il sunà di cjampànis e il cjantà di un coru.

Coru daj ànzuj
Crist al è risòrt!
Contentesa daj mortaj,
ca si strisìnin davòu
 ristretèsis ereditàris
e danòsiš.

FAUST:
Welch tiefes Summen, welch heller Ton
Zieht mit Gewalt das Glas von meinem Munde?
Verkündigt ihr dumpfen Glocken schon
Des Osterfestes erste Feierstunde?
Ihr Chöre, singt ihr schon den tröstlichen Gesang,
Der einst, um Grabes Nacht, von Engelslippen klang,
Gewißheit einem neuen Bunde?

CHOR DER WEIBER:
Mit Spezereien
Hatten wir ihn gepflegt,
Wir seine Treuen
Hatten ihn hingelegt;
Tücher und Binden
Reinlich unwanden wir,
Ach! und wir finden
Christ nicht mehr hier.

CHOR DER ENGEL:
Christ ist erstanden!
Selig der Liebende,
Der die betrübende,
Heilsam und übende
Prüfung bestanden.

FAUST:
Was sucht ihr, mächtig und gelind,
Ihr Himmelstöne, mich am Staube?
Klingt dort umher, wo weiche Menschen sind.
Die Botschaft hör ich wohl, allein mir fehlt der Glaube;
Das Wunder ist des Glaubens liebstes Kind.
Zu jenen Sphären wag ich nicht zu streben,
Woher die holde Nachricht tönt;
Und doch, an diesen Klang von Jugend auf gewöhnt,
Ruft er auch jetzt zurück mich in das Leben.
Sonst stürzte sich der Himmelsliebe Kuß
Auf mich herab in ernster Sabbatstille;

Fàust
Cual sbušighès, cuala vòus clara
a mi tìria via'l got da la bocja?
I sunàišu belzà, cjampànis clòpis,
la prima ora di devosiòn da la Pasca?
Còrus, belzà i cjantàišu'l cjantà consolatori
che'n ta la nòt daj muars cjantàt a vèvin i ànzuj,
prometìnt la siguresa di na nova uniòn?

Coru da li fèminis
Cun spèsiis e balsàms
tindùt i lu vèvin,
nu, li so fedèlis,
ben fasàt i lu vèvin
atorotòr
cuj nisoj pì blancs,
ma—ah!—Crist
i no lu cjatàn pì uchì.

Coru daj ànzuj
Crist al è risòrt!
Beàt chèl che amànt
sufrìt al veva
li plàis ca pàrtin
a la salùt!

Fàust
Parsè mi clamàišu, vòus angèlichis,
potèntis e soàvis, uchì'n tal pòlvar?
Risunàit là, ulà ca sòn i debulùs!
I vi sìnt ben, jò; doma'l crodi a mi mancja;
il miràcul al è'l frut pì benvolùt da la fede.
I no àusi zì in ta che sfèris
da'ndulà ca risuna la buna nova.
Lo stes chel sun, imparàt in taj me prins dìs,
encja'dès a mi clama di nòuf a vivi.
Al vegneva 'ncovolta a tocjami in tal sidìn
dal sabo il busòn dal amòu celestiàl.

Da klang so ahnungsvoll des Glockentones Fülle,
Und ein Gebet war brünstiger Genuß;
Ein unbegreiflich holdes Sehnen
Trieb mich, durch Wald und Wiesen hinzugehn,
Und unter tausend heißen Tränen
Fühlt ich mir eine Welt entstehn.
Dies Lied verkündete der Jugend muntre Spiele,
Der Frühlingsfeier freies Glück;
Erinnrung hält mich nun, mit kindlichem Gefühle,
Vom letzten, ernsten Schritt zurück.
O tönet fort, ihr süßen Himmelslieder!
Die Träne quillt, die Erde hat mich wieder!

CHOR DER JÜNGER:
Hat der Begrabene
Schon sich nach oben,
Lebend Erhabene,
Herrlich erhoben;
Ist er in Werdeluft
Schaffender Freude nah:
Ach! an der Erde Brust
Sind wir zum Leide da.
Ließ er die Seinen
Schmachtend uns hier zurück;
Ach! wir beweinen,
Meister, dein Glück!

CHOR DER ENGEL:
Christ ist erstanden,
Aus der Verwesung Schoß.
Reißet von Banden
Freudig euch los!
Tätig ihn preisenden,
Liebe beweisenden,
Brüderlich speisenden,
Predigend reisenden,
Wonne verheißenden
Euch ist der Meister nah, euch ist er da!

A sunàvin li cjampànis scùris scùris,
e'l preà al deva un plašej ovàn;
un sintimìnt dols ch'i no capivi
a mi compagnava'n tal bosc e'n taj pras,
e cu la muša bagnada di làgrimis
i sintevi un mont nàsimi dentri.
Al era chèl il cjantà dal zujà spensieràt da la zoventùt,
da la contentesa pura da la primavera.
Sta memoria daj me prins sintimìns
indavòu mi tèn da fà stu pas scur.
O paràit via a cjantà, vòus dal Alt!
Li làgrimis a mi còlin jù, la cjera a mi à di nòuf!

Coru daj disèpuj
Se'l soteràt al è belzà
levàt sù'n alt,
vif e sublìm,
partàt a la gloria,
in tal gust dal doventà,
visìn da la beatitùdin dal Creatòu;
ah, nuàltris par sufrì uchì
i restàn in tal grin da la cjera!
Lasàt al à i sos
ca patìsin chì jù.
Ah, Mestri, i planzìn
nuàltris la to contentesa!

Coru daj ànzuj
Crist al è risòrt
dal grin da la putritùdin!
Encja vuàltris, contèns,
tiràisi fòu daj vìncuj!
Onoràilu cul fà,
cul amòu dimostràilu,
godèilu cuj fràdis,
prometìnt beatitùdin.
Par vuàltris il Mestri al è visìn,
par vuàltris al è uchì!

Vor dem Tor

Spaziergänger aller Art ziehen hinaus.

EINIGE HANDWERKSBURSCHE:
Warum denn dort hinaus?

ANDRE:
Wir gehn hinaus aufs Jägerhaus.

DIE ERSTEN:
Wir aber wollen nach der Mühle wandern.

EIN HANDWERKSBURSCH:
Ich rat euch, nach dem Wasserhof zu gehn.

ZWEITER:
Der Weg dahin ist gar nicht schön.

DIE ZWEITEN:
Was tust denn du?

EIN DRITTER:
Ich gehe mit den andern.

VIERTER:
Nach Burgdorf kommt herauf, gewiß dort findet ihr
Die schönsten Mädchen und das beste Bier,
Und Händel von der ersten Sorte.

FÜNFTER:
Du überlustiger Gesell,
Juckt dich zum drittenmal das Fell?
Ich mag nicht hin, mir graut es vor dem Orte.

DIENSTMÄDCHEN:
Nein, nein! ich gehe nach der Stadt zurück.

Fòu dal puartòn

Zent di ogni sorta a stà zìnt a spas

Un pu' di aprendìscj'
Ma parsè ulà?

Àltris
I zìn là da la capana da la cjasa.

I prins
Nuàltris i volìn zì par là dal mulìn.

Un aprendista
Vi consiliej di zì là dal lavadòu.

Un secònt
Par là la strada a no è biela.

Chej àltris
E tu sè fatu?

Un ters
Jò i vaj cun chej àltris.

Un cuart
Vegnèit lasù'n tal paìs, indulà ch'i cjatarèis
li miej fantàtis e la bira pì buna,
e tacabrìghis da la miej sorta!

Un cuint
Ejlà, caporiòn,
A ti spìsia la pièl pa la tersa volta?
I no vaj pì 'ndavànt. Chel post là a mi fà 'ngrìsul.

Na servuta
No, no—jò i torni 'ndavòu in sitàt!

ANDRE:
Wir finden ihn gewiß bei jenen Pappeln stehen.

ERSTE:
Das ist für mich kein großes Glück;
Er wird an deiner Seite gehen,
Mit dir nur tanzt er auf dem Plan.
Was gehn mich deine Freuden an!

ANDRE:
Heut ist er sicher nicht allein,
Der Krauskopf, sagt er, würde bei ihm sein.

SCHÜLER:
Blitz, wie die wackern Dirnen schreiten!
Herr Bruder, komm! wir müssen sie begleiten.
Ein starkes Bier, ein beizender Toback,
Und eine Magd im Putz, das ist nun mein Geschmack.

BÜRGERMÄDCHEN:
Da sieh mir nur die schönen Knaben!
Es ist wahrhaftig eine Schmach:
Gesellschaft könnten sie die allerbeste haben,
Und laufen diesen Mägden nach!

ZWEITER SCHÜLER (zum ersten):
Nicht so geschwind! dort hinten kommen zwei,
Sie sind gar niedlich angezogen,
's ist meine Nachbarin dabei;
Ich bin dem Mädchen sehr gewogen.
Sie gehen ihren stillen Schritt
Und nehmen uns doch auch am Ende mit.

ERSTER:
Herr Bruder, nein! Ich bin nicht gern geniert.
Geschwind! daß wir das Wildbret nicht verlieren.
Die Hand, die samstags ihren Besen führt
Wird sonntags dich am besten karessieren.

N'altra
I lu cjatàn par sigùr là di chej pòi.

La prima
Ma che sfurtuna par me!
A si metarà a cjaminati'n banda,
e al balarà cun tè in plasa!
Se gust ghi cjàpiu, jò, dal to plašej?

L'altra
Vuej a nol è besòu par sigùr:
al à dita che encja'l risòt al sarès cun luj.

Un studènt
Sacrabòlt, coma ca ti tròtin sti figòtis!
Sù, fradi, còr, ch'i zìn a compagnàlis!
Na buna bira, un tabàc picànt
e na biela cotuluta—pì di cussì!

Na sitadinuta
Jòt là chej biej fantàs!
A nol eše un pecjàt
ca podarèsin vej la miej compagnìa,
e'nvensi a ghi còrin davòu di che masarùtis lì!

Secònt studènt (al prin)
Cala, cala! Jòt che dos davòu di nu,
vistìdis a pinèl.
Una a è la me visina
ch'i no la jòt miga mal!
A pàrin via cussì, a la buna,
ma i scomèt ca vegnaràn cun nuàltris.

Il prin
Eh, no, fradi me, a no mi plàs sìntimi 'mbarasàt!
Fin svels, sinò i zìn a pierdi laui nustri cervùtis!
La man che di sabo a mena la scova
a è buna da caresati miej di domènia.

BÜRGER:
Nein, er gefällt mir nicht, der neue Burgemeister!
Nun, da er's ist, wird er nur täglich dreister.
Und für die Stadt was tut denn er?
Wird es nicht alle Tage schlimmer?
Gehorchen soll man mehr als immer,
Und zahlen mehr als je vorher.

BETTLER (singt):
    Ihr guten Herrn, ihr schönen Frauen,
    So wohlgeputzt und backenrot,
    Belieb es euch, mich anzuschauen,
    Und seht und mildert meine Not!
    Laßt hier mich nicht vergebens leiern!
    Nur der ist froh, der geben mag.
    Ein Tag, den alle Menschen feiern,
    Er sei für mich ein Erntetag.

ANDRER BÜRGER:
Nichts Bessers weiß ich mir an Sonn- und Feiertagen
Als ein Gespräch von Krieg und Kriegsgeschrei,
Wenn hinten, weit, in der Türkei,
Die Völker aufeinander schlagen.
Man steht am Fenster, trinkt sein Gläschen aus
Und sieht den Fluß hinab die bunten Schiffe gleiten;
Dann kehrt man abends froh nach Haus,
Und segnet Fried und Friedenszeiten.

DRITTER BÜRGER:
Herr Nachbar, ja! so laß ich's auch geschehn:
Sie mögen sich die Köpfe spalten,
Mag alles durcheinander gehn;
Doch nur zu Hause bleib's beim alten.
ALTE (zu den Bürgermädchen):
Ei! wie geputzt! das schöne junge Blut!
Wer soll sich nicht in euch vergaffen?-
Nur nicht so stolz! es ist schon gut!
Und was ihr wünscht, das wüßt ich wohl zu schaffen.

Sitadìn
No, il sìndic nòuf a no mi plàs par nuja!
Ogni dì cal pasa al doventa sempri rogànt.
E pa la sitàt sè'l fàja?
A no stàja doventàt dut pešu di dì in dì?
A un a ghi tocja ubidì sempri di pì,
e sempri di pì a ghi tocja sborsà fòu.

Un sìngar (cjantànt)
      Oh siòrs bòis e siorùtis bièlis,
      rosùtis di siera e ben vistìdis,
      degnàivi di vuardami
      e di judami in ta la me mišèria!
      No stèit lasà ch'i cjanti par nuja!
      Doma chèl al è contènt cal dà.
      In ta na dì cuant che dùcjus a fàn fiesta,
      lasàit ch' encja jò i vedi alc da godi.

N'altri sitadìn
A no è nuja di miej in taj dìs di fiesta
che tabajà di guera e di stòris di guera,
cuant che là jù, lontàn, in Turchìa,
la zent a si li stà menànt, un cuntra'l altri.
Ti stàs lì in tal barcòn, cul to got in man,
e la jù'n tal flun ti jòs ca pàsin li nafs coloràdis;
e a la sera ti tòrnis dut contènt a cjaša,
benedišìnt la pas e'l timp di pas.

Un ters sitadìn
A è vera, siòr visìn, encja jò i lasi fà!
Ca si ròmpin pur il cjaf,
e ca zedi dut sul sacramènt,
basta che chì a cjaša me dut a resti compaj!
Na vecjuta (a li sitadinùtis)
Sè ninìnis ch'i sèis, zovenùtis!
Com'al fàja un a no 'namorasi di vuàltris?
Ma no tanti àriis, eh, ca no ocòr!
I saj ben jò coma favi vej chèl ch'i volèis.

BÜRGERMÄDCHEN:
  Agathe, fort! ich nehme mich in acht,
  Mit solchen Hexen öffentlich zu gehen;
  Sie ließ mich zwar in Sankt Andreas' Nacht
  Den künft'gen Liebsten leiblich sehen-

DIE ANDRE:
  Mir zeigte sie ihn im Kristall,
  Soldatenhaft, mit mehreren Verwegnen;
  Ich seh mich um, ich such ihn überall,
  Allein mir will er nicht begegnen.

SOLDATEN:

  Burgen mit hohen
  Mauern und Zinnen,
  Mädchen mit stolzen
  Höhnenden Sinnen
  Möcht ich gewinnen!
  Kühn ist das Mühen,
  Herrlich der Lohn!

  Und die Trompete
  Lassen wir werben,
  Wie zu der Freude,
  So zum Verderben.
  Das ist ein Stürmen!
  Das ist ein Leben!

Mädchen und Burgen
  Müssen sich geben.
  Kühn ist das Mühen,
  Herrlich der Lohn!
  Und die Soldaten
  Ziehen davon.

Una da li sitadinùtis
Zìn via, Agata. I staj na vura atenta, satu,
di no fami jodi cun strèis coma chista!
In ta la nòt di San Drea a mi veva fin
fàt jodi il zòvin che na dì a si 'namorarà di me.

Che altra
E a mi a mi lu'a fà jodi'n ta na sfera di cristàl,
un militàr, cun tancju àltris, ognidùn intrèpit.
Par luj i vuardi atorotòr e dapardùt,
Ma doma me a nol vòu vignì a cjatami.

Soldàs

    Cjascjej cuj murs
    als e torètis;
    fantasìnis
    ca tìrin il cul 'ndavòu—
    chès i vorès pleà!
    Grant al è'l sfuars,
    ma splèndit il prèmiu!

    E i lasàn che li tròmbis
    a ni clàmin
    o a la legrìa
    o a la muart.
    Stu chì sì cal è un asàlt!
    Sta chì sì ca è na vita!

    A fantàtis e cjascjej
    rìndisi a ghi tocja.
    Grant al è'l sfuars,
    ma splèndit il prèmiu!
    E via che i soldàs
    a pàrin indavànt.

Faust und Wagner.

FAUST:
Vom Eise befreit sind Strom und Bäche
Durch des Frühlings holden, belebenden Blick;
Im Tale grünet Hoffnungsglück;
Der alte Winter, in seiner Schwäche,
Zog sich in rauhe Berge zurück.
Von dorther sendet er, fliehend, nur
Ohnmächtige Schauer kornigen Eises
In Streifen über die grünende Flur;
Aber die Sonne duldet kein Weißes,
Überall regt sich Bildung und Streben,
Alles will sie mit Farben beleben;
Doch an Blumen fehlt's im Revier
Sie nimmt geputzte Menschen dafür.
Kehre dich um, von diesen Höhen
Nach der Stadt zurückzusehen.
Aus dem hohlen finstern Tor
Dringt ein buntes Gewimmel hervor.
Jeder sonnt sich heute so gern.
Sie feiern die Auferstehung des Herrn,
Denn sie sind selber auferstanden,
Aus niedriger Häuser dumpfen Gemächern,
Aus Handwerks- und Gewerbesbanden,
Aus dem Druck von Giebeln und Dächern,
Aus der Straßen quetschender Enge,
Aus der Kirchen ehrwürdiger Nacht
Sind sie alle ans Licht gebracht.
Sieh nur, sieh! wie behend sich die Menge
Durch die Gärten und Felder zerschlägt,
Wie der Fluß, in Breit und Länge
So manchen lustigen Nachen bewegt,
Und bis zum Sinken überladen
Entfernt sich dieser letzte Kahn.

Fàust e Wagner

Fàust
Liberàs dal glas, a scòrin flun e rojuta
sot il vuli dols da la primavera, che dut
a rinova e che la val a'nverdìs di speransa.
Il unvièr, vecjòn e strac, indavòu
si'a tiràt in ta ruspidi montàgnis.
Da là, scjampànt, al manda doma
cualchi 'mpotenta butada di tampiesta
in taj pras ca si stàn inverdìnt;
ma'l soreli nol vòu pì savèini dal blanc:
par dut al stà sveànt fòrmis e vòis,
e dut, dut, al vòu implenì di colòu;
e se i flòus a màncin in ta cualchi post,
a lu'mplenìs cun zent vistida di fiesta.
Vòltiti 'ndavòu, e da chì sù, dal alt,
jòt sè ca stà susedìnt in ta la sitàt!
Da l'entrada cavernoša e scura
fòu s'jòt vignì zent di ogni colòu.
Ogni un al vòu mètisi al soreli.
a celebrèjn la risuresiòn dal Signòu,
e lòu stes a si sìntin rinasùs:
da capanùtis bàsis e ùmidis,
daj impègnus dal lavoru e dal mistej,
da l'opresiòn da li nàpis e da li tetòis,
dal fracja e poca da li stradèlis,
da la solenitàt scura da li glìšis
èco che dùcjus a vègnin fòu a la lus.
Jòt! Jòt cuant svelta che la marmaja
a si buta a cori fra òrs e cjàmps,
com'che'l flun al tira cà e là, lontàn,
tanti bieli navùtis in fiesta,
e, cargada fin a'nfondasi,
a si lontana sta ùltima barcja.

Selbst von des Berges fernen Pfaden
  Blinken uns farbige Kleider an.
  Ich höre schon des Dorfs Getümmel,
  Hier ist des Volkes wahrer Himmel,
  Zufrieden jauchzet groß und klein:
  Hier bin ich Mensch, hier darf ich's sein!

WAGNER:
Mit Euch, Herr Doktor, zu spazieren
Ist ehrenvoll und ist Gewinn;
Doch würd ich nicht allein mich her verlieren,
Weil ich ein Feind von allem Rohen bin.
Das Fiedeln, Schreien, Kegelschieben
Ist mir ein gar verhaßter Klang;
Sie toben wie vom bösen Geist getrieben
Und nennen's Freude. nennen's Gesang.

  Bauern unter der Linde. Tanz und Gesang.

Der Schäfer putzte sich zum Tanz,
Mit bunter Jacke, Band und Kranz,
Schmuck war er angezogen.
Schon um die Linde war es voll,
Und alles tanzte schon wie toll.
Juchhe! Juchhe!
Juchheisa! Heisa! He!
So ging der Fiedelbogen.

Er drückte hastig sich heran,
Da stieß er an ein Mädchen an
Mit seinem Ellenbogen;
Die frische Dirne kehrt, sich um
Und sagte: Nun, das find ich dumm!

Encja daj tròjs lontàns da li montàgnis
i jodìn il luši coloràt daj vistìs di fiesta.
I sìnt belzà la cunfušiòn dal paìs.
Uchì al è il paradìs dal pòpul—uchì.
Contènt al ešulta, grant e pìsul:
Jò i soj chì, e chì i pòl èsi omp.

Wagner
Zì a spas cun vu, sior Dotòr,
al è un onòu e un profìt;
ma i no vegnarès uchì doma par pièrdimi,
che jò nemìc i soj di ogni basesa.
Il sunà daj violìns, il sighès, e'l zujà
di balòn a mi sòn insopuartàbils;
A ti scalmanèjn da diàus,
 e a lu clàmin plašej, a lu clàmin cjantà.

Contadìns sot dal tèi. A bàlin e a cjàntin.

Il pastòu a si vistìs di fiesta par balà,
cun un gilèt sfarsòus, nastro e corona:
dut decoràt al era, roba da jodi.
In puc timp dut plen di zent a era sot dal tèi,
e dùcjus a ti balàvin da mas.
Ejlà! Ejlà! Èj!
Ejlì! Ejlà! Èjlilalà!
E via cussì a sun di violìn.

A si fà 'ndavànt stu ostregàt,
e na fantasuta al pocà
cuj so comedòns.
Infastidida la ninuta a si zira
e ghi dìs: "Ma se stùpit ch'i ti sòs!"

Juchhe! Juchhe!
Juchheisa! Heisa! He!
Seid nicht so ungezogen!

Doch hurtig in dem Kreise ging's,
Sie tanzten rechts, sie tanzten links,
Und alle Röcke flogen.
Sie wurden rot, sie wurden warm
Und ruhten atmend Arm in Arm,
Juchhe! Juchhe!
Juchheisa! Heisa! He!
Und Hüft an Ellenbogen.

Und tu mir doch nicht so vertraut!
Wie mancher hat nicht seine Braut
Belogen und betrogen!
Er schmeichelte sie doch bei Seit,
Und von der Linde scholl es weit:
Juchhe! Juchhe!
Juchheisa! Heisa! He!
Geschrei und Fiedelbogen.

ALTER BAUER:
Herr Doktor, das ist schön von Euch,
Daß Ihr uns heute nicht verschmäht,
Und unter dieses Volksgedräng,
Als ein so Hochgelahrter, geht.
So nehmet auch den schönsten Krug,
Den wir mit frischem Trunk gefüllt,
Ich bring ihn zu und wünsche laut,
Daß er nicht nur den Durst Euch stillt:
Die Zahl der Tropfen, die er hegt,
Sei Euren Tagen zugelegt.

Ejlà! Ejlà! Èj!
Ejlì! Ejlà! Èjlilalà!
"Nosta èsi maleducàt!"

Ma'n tal sìrcul a è dut un zira e volta,
a ti saltusèin par cà e a ti saltusèin par là,
e a è dut un svualasà di còtulis.
Ros di muša e scjaldusàs
a si càlmin un puc, man in man—
Ejlà! Ejlà! Èj!
Ejlì! Ejlà! Èjlilalà!
e comedòns taj flancs.

"E tu no fami tanti cunfidènsis
com'che tàncjus ghi fàn a la maroša,
contànt bušiis e tramànt ingàns!"
Ma luj in banda a ti la cocolèa
e lontàn dal tèi a ti la mena.
Ejlà! Ejlà! Èj!
Ejlì! Ejlà! Èjlilalà!
E via cul sigà e sunà di violìns.

Un contadìn vecju
I sèis in gamba, siòr Dotòr,
a èsi chì cun nuàltris vuej,
e da omp tant struìt
vignì a miscjavi cun duta sta marmaja.
Cjapàit chì, alora, sta biela copa,
plena da la bevanda pì frescja!
I vi la daj cul pì grant auguri
ca no zedi doma a copavi la sèit,
ma che'l nùmar da li gòtis ch'i trincàis
al sedi grant coma chèl daj dìs ch'i vivarèis!

FAUST:
Ich nehme den Erquickungstrank
Erwidr' euch allen Heil und Dank.
(Das Volk sammelt sich im Kreis umher.)

ALTER BAUER:
Fürwahr, es ist sehr wohl getan,
Daß Ihr am frohen Tag erscheint;
Habt Ihr es vormals doch mit uns
An bösen Tagen gut gemeint!
Gar mancher steht lebendig hier
Den Euer Vater noch zuletzt
Der heißen Fieberwut entriß,
Als er der Seuche Ziel gesetzt.
Auch damals Ihr, ein junger Mann,
Ihr gingt in jedes Krankenhaus,
Gar manche Leiche trug man fort,
Ihr aber kamt gesund heraus,
Bestandet manche harte Proben;
Dem Helfer half der Helfer droben.

ALLE:
Gesundheit dem bewährten Mann,
Daß er noch lange helfen kann!

FAUST:
Vor jenem droben steht gebückt,
Der helfen lehrt und Hülfe schickt.
(Er geht mit Wagnern weiter.)

WAGNER:
Welch ein Gefühl mußt du, o großer Mann,
Bei der Verehrung dieser Menge haben!
O glücklich, wer von seinen Gaben
Solch einen Vorteil ziehen kann!
Der Vater zeigt dich seinem Knaben,
Ein jeder fragt und drängt und eilt,
Die Fiedel stockt, der Tänzer weilt.

Fàust
I bèif alora stu got cal ristora,
e'i vi ringrasi e'i contracambi'l auguri!
La zent a forma un sìrcul atòr di luj

Il contadìn vecju
I vèis fàt ben sul sèriu
a favi jodi in ta un dì cussì bièl,
vu, che'n ta timps brus
i sèis stàt tant bon cun nuàltris!
An d'è tàncjus ch'e'ncjamò
a vìvin, chì, che vustri pari al veva
 tiràt fòu da la fievra rabioša,
finìnt cussì la pestilensa.
Encja incovolta vu, da zòvin,
i èris zùt in ta la cjaša di ogni malàt;
tancju cadàvars a partàvin fòu,
ma vu i ritegnèvis la salùt,
e'i vegnèvis metùt a na dura prova:
chel cal juda al vèn dal alt judàt.

Dùcjus
Tanta salùt a stu omp ben provàt,
cal posi parà via a judani!

Fàust
Sbasàit il cjaf davànt di chèl lasù,
Cal juda e cal insegna a judà!
A si lontana cun Wagner

Wagner
Se sintimìnt ch'i ti'as da provà, o grant'Omp,
da la venerasiòn di duta sta zent!
Beàt chèl che daj so stes mèris
al pòl vej cussì tant profìt!
Il pari a ti fà jodi al so frut,
Ognidùn al domanda, al insìst, al poca,
il violìn al smèt di sunà, il balarìn al speta.

Du gehst, in Reihen stehen sie,
  Die Mützen fliegen in die Höh;
  Und wenig fehlt, so beugten sich die Knie,
  Als käm das Venerabile.

FAUST:
Nur wenig Schritte noch hinauf zu jenem Stein,
Hier wollen wir von unsrer Wandrung rasten.
Hier saß ich oft gedankenvoll allein
Und quälte mich mit Beten und mit Fasten.
An Hoffnung reich, im Glauben fest,
Mit Tränen, Seufzen, Händeringen
Dacht ich das Ende jener Pest
Vom Herrn des Himmels zu erzwingen.
Der Menge Beifall tönt mir nun wie Hohn.
O könntest du in meinem Innern lesen,
Wie wenig Vater und Sohn
Solch eines Ruhmes wert gewesen!
Mein Vater war ein dunkler Ehrenmann,
Der über die Natur und ihre heil'gen Kreise
In Redlichkeit, jedoch auf seine Weise,
Mit grillenhafter Mühe sann;
Der, in Gesellschaft von Adepten,
Sich in die schwarze Küche schloß,
Und, nach unendlichen Rezepten,
Das Widrige zusammengoß.
Da ward ein roter Leu, ein kühner Freier,
Im lauen Bad der Lilie vermählt,
Und beide dann mit offnem Flammenfeuer
Aus einem Brautgemach ins andere gequält.
Erschien darauf mit bunten Farben
Die junge Königin im Glas,
Hier war die Arzenei, die Patienten starben,
Und niemand fragte: wer genas?

Ti cjamìnis, e la zent a si mèt in fila,
li barètis a svuàlin imparària,
e puc a mancja ca si 'nzenoglèjn
coma davànt da l'Òstia consacrada.

Fàust
Encjamo cualchi pas fin a che piera là:
uchì i ripošarìn dal nustri torzeonà.
Uchì i mi soj spes sintàt besòu sorapensej,
dut tormentàt dal preà e dal dišunà.
Plen di speransa e fer in tal me crodi,
planzìnt, suspirànt e stuarzìnt li mans
i pensavi di podej custrinzi il Signòu
dal Cjel di liberani da la peste.
Il plaudi di sta zent a mi'e adès com'un schers.
O si ti podès leši i me sintimìns
t'jodarès cuant puc dègnus
di sta fama ca èrin pari e fi!
Me pari al era na sorta di galantòmp
cal investigava la natura e li so sfèris
cun onestàt, encja se'n ta la so maniera,
ma cu na pasiòn mata.
Insièmit cun altri compàis
a si sierava in ta la cušina
e a ti cumbinava sù na 'nfinitàt
 di elemìns contràris.
E ulà al maridava un leòn ros, cortegjatòu
intrèpit, cul gìlio in ta un bagnu tièpit,
e ducju doj in ta na flama viva al tormentava
dopo da na cjamara di nòsis a n'altra.[6]
Cuant che dopo a saltava fòu'n tal veri,
in colòus vifs, la zòvina regina,
èco la midišina: i malàs a morèvin,
e nisùn a domandava cuj ca vuariva!

---

[6] Li espresiòns che Goethe al uša in ta chisti rìghis a derìvin dal vocabulari da la alchemìa.

So haben wir mit höllischen Latwergen
In diesen Tälern, diesen Bergen
Weit schlimmer als die Pest getobt.
Ich habe selbst den Gift an Tausende gegeben:
Sie welkten hin, ich muß erleben,
Daß man die frechen Mörder lobt.

WAGNER:
Wie könnt Ihr Euch darum betrüben!
Tut nicht ein braver Mann genug,
Die Kunst, die man ihm übertrug,
Gewissenhaft und pünktlich auszuüben?
Wenn du als Jüngling deinen Vater ehrst,
So wirst du gern von ihm empfangen;
Wenn du als Mann die Wissenschaft vermehrst,
So kann dein Sohn zu höhrem Ziel gelangen.

FAUST:
O glücklich, wer noch hoffen kann,
Aus diesem Meer des Irrtums aufzutauchen!
Was man nicht weiß, das eben brauchte man,
Und was man weiß, kann man nicht brauchen.
Doch laß uns dieser Stunde schönes Gut
Durch solchen Trübsinn nicht verkümmern!
Betrachte, wie in Abendsonne-Glut
Die grünumgebnen Hütten schimmern.
Sie rückt und weicht, der Tag ist überlebt,
Dort eilt sie hin und fördert neues Leben.
O daß kein Flügel mich vom Boden hebt
Ihr nach und immer nach zu streben!
Ich säh im ewigen Abendstrahl
Die stille Welt zu meinen Füßen,
Entzündet alle Höhn beruhigt jedes Tal,
Den Silberbach in goldne Ströme fließen.
Nicht hemmte dann den göttergleichen Lauf
Der wilde Berg mit allen seinen Schluchten;
Schon tut das Meer sich mit erwärmten Buchten
Vor den erstaunten Augen auf.

I vìn cussì, cun scju mesedès infernaj,
cunsàt sù alc di tant pešu da la moraria
in ta chisti valàdis e montàgnis.
Jò stes i ghi'ai dàt a miàrs il velèn:
lòu a si secjàvin, e jò i vevi da sinti
laudà i sasìns pì insolèns!

Wagner
Ma parsè vi tormentàišu cussì?
A nol fàja bastansa un omp onèst
a praticà miej cal pòl e cun cosiensa
l'art ca ghi è stada tramandada?
Se tu da zòvin ti onòris to pari,
da luj i ti risèifs e impàris volentej;
se da omp progredì ti fàs la siensa,
to fì al podarà rivà a alc di encjamò pì alt.

Fàust
O beàt chèl cal pòl parà via a sperà
di restà a gala in ta stu mar di sbàlius!
Sè ch'i no savìn i podarèsin ušà,
e sè ch'i savìn a no ni ocòr.
Ma no stìn scurì'l tešoru dal momènt
cun dut stu pensà 'nnulàt!
Jòt! Jòt com'che la lus dal tramònt
a fà risplindi chej rifùgjos là'n tal vert!
Sempri mancu a lùs, il dì al stà murìnt,
e la jù al stà corìnt e stusigànt n'altra vita.
O nisun'ala a mi cjoj sù da sta cjera
par zighi davòu e scombati cun ic!
I jodarès in tal raj eterno da la sera
dut il mont sidìn ai me piè,
ogni pica 'mpijada, cujeta ogni val,
e n'aguta'ndorada cori jù'n ta na roja d'arzènt.
La me corsa divina a no vegnarès alòr frenada
nencja da un mont salvadi cun ducju i so buròns;
e belzà ai vuj strabiliàs a si fà jodi
il mar cun duti li so bàis scjaldàdis.

Doch scheint die Göttin endlich wegzusinken;
Allein der neue Trieb erwacht,
Ich eile fort, ihr ew'ges Licht zu trinken,
Vor mir den Tag und hinter mir die Nacht,
Den Himmel über mir und unter mir die Wellen.
Ein schöner Traum, indessen sie entweicht.
Ach! zu des Geistes Flügeln wird so leicht
Kein körperlicher Flügel sich gesellen.
Doch ist es jedem eingeboren
Daß sein Gefühl hinauf und vorwärts dringt,
Wenn über uns, im blauen Raum verloren,
Ihr schmetternd Lied die Lerche singt;
Wenn über schroffen Fichtenhöhen
Der Adler ausgebreitet schwebt,
Und über Flächen, über Seen
Der Kranich nach der Heimat strebt.

WAGNER:
Ich hatte selbst oft grillenhafte Stunden,
Doch solchen Trieb hab ich noch nie empfunden.
Man sieht sich leicht an Wald und Feldern satt;
Des Vogels Fittich werd ich nie beneiden.
Wie anders tragen uns die Geistesfreuden
Von Buch zu Buch, von Blatt zu Blatt!
Da werden Winternächte hold und schön
Ein selig Leben wärmet alle Glieder,
Und ach! entrollst du gar ein würdig Pergamen,
So steigt der ganze Himmel zu dir nieder.

FAUST:
Du bist dir nur des einen Triebs bewußt,
O lerne nie den andern kennen!
Zwei Seelen wohnen, ach! in meiner Brust,
Die eine will sich von der andern trennen;
Die eine hält, in derber Liebeslust,
Sich an die Welt mit klammernden Organen;
Die andre hebt gewaltsam sich vom Dust
Zu den Gefilden hoher Ahnen.

A somèa adès che'l diu al zedi a sprofondasi,
ma un impùls nòuf a si stà sveànt:
i pari 'ndavànt a bevi da la to lus eterna,
cul dì davànt di me e la nòt davòu,
cul cjel imparzora e l'onda par di sot.
Un bièl sun, mentri cal tramonta.
Ah, li àlis dal spìrit no ghi permètin
al nustri puòr cuarp di svualà!
Epùr ogni un al à alc dentri
—un sintimìnt—ca lu poca'n alt e'ndavànt,
coma cuant che'mparzora di nuàltris, pierduda'n tal blu,
saetànt'n sù la lòdula a cjanta la so cansòn,
o coma cuant che pì'n alt daj avedìns
l'àcuila sempri pì'n sù a zira,
e cuant che sora mar e pianura
la gru a lota par tornà'n tal so nit.

Wagner
Encja a mi a mi vèn il mat ogni tant,
ma chel impùls lì i no lu ài maj sintùt.
Puc a sodisfa jodi forèstis e cjamps
e maj no'nvidiaraj li àlis daj usiej.
A è altri ca ni parta la contentesa dal spìrit,
da libri a libri, da pàgina a pàgina!
Cussì a dovèntin bièlis li nòs dal unvièr,
na vita beàda ti riscjalda ogni part dal cuarp
e, oh, si ti srodolèis na pergamena presioša,
alora dut il cjèl da lasù a ti vèn dongja!

Fàust
Insuriàt ti sòs da un impùls e basta;
oh, che maj no ti cognòsis chel altri!
In tal me pet a vìvin—ah!—do ànimis,
e una a vòu separasi da che altra:
una inflamada dal amòu
a s'ingrimpa pì ca pòl al mont;
che altra a si alsa prepotenta dal pòlvar
par stàjghi dongja ai so grancj' antenàs.

O gibt es Geister in der Luft,
  Die zwischen Erd und Himmel herrschend weben
So steiget nieder aus dem goldnen Duft
Und führt mich weg zu neuem, buntem Leben!
Ja, wäre nur ein Zaubermantel mein,
  Und trüg er mich in fremde Länder!
  Mir sollt er um die köstlichsten Gewänder,
Nicht feil um einen Königsmantel sein.

WAGNER:
Berufe nicht die wohlbekannte Schar,
Die strömend sich im Dunstkreis überbreitet,
Dem Menschen tausendfältige Gefahr,
Von allen Enden her, bereitet.
Von Norden dringt der scharfe Geisterzahn
Auf dich herbei, mit pfeilgespitzten Zungen;
Von Morgen ziehn, vertrocknend, sie heran,
Und nähren sich von deinen Lungen;
Wenn sie der Mittag aus der Wüste schickt,
Die Glut auf Glut um deinen Scheitel häufen
So bringt der West den Schwarm, der erst erquickt,
Um dich und Feld und Aue zu ersäufen.
Sie hören gern, zum Schaden froh gewandt,
Gehorchen gern, weil sie uns gern betrügen;
Sie stellen wie vom Himmel sich gesandt,
Und lispeln englisch, wenn sie lügen.
Doch gehen wir! Ergraut ist schon die Welt,
Die Luft gekühlt, der Nebel fällt!
Am Abend schätzt man erst das Haus.-
Was stehst du so und blickst erstaunt hinaus?
Was kann dich in der Dämmrung so ergreifen?

FAUST:
Siehst du den schwarzen Hund durch Saat und Stoppel streifen?

WAGNER:
Ich sah ihn lange schon, nicht wichtig schien er mir.

Oh s'an d'è spìris in ta l'aria
ca comàndin il spàsiu fra cjera e cjèl,
cà vègnin jù da la so aria 'ndorada
e ca mi mènin via 'n ta na vita nova e svariada!
Oh se doma i vès na mantelina màgica
ca mi partàs in ta cjèris scognosùdis,
a sarès par me il pì presiòus daj vistìs,
pì presioša da la mantelina di un re.

Wagner
No stèit invocà il famòus grè
che mulinànt al stà cun chej vapòus lasù
che cun mil perìcuj a pòsin
colàjghi 'ntòr da la zent!
Cuj so dincj 'ngusàs a ti rìvin dal nord,
lènghis coma frècis spuntìdis;
coma un vint sec a si fàn dongja dal orient
e a si 'mpasudìsin daj to polmòns.
Se 'l sud dal dešèrt a li manda,
e a ondàdis di cjalt a ti bàtin in tal cjaf,
cussì il ponènt, che prin a ti ristora,
al vèn dopo a inondati cjamp e prat.
A ni scòltin ben, disposcj' di fani sufrì,
a ni ubidìsin volentej, e volentej a n'ingànin;
a si fàn jodi coma mandàs dal cjèl
e cun vòus da ànzuj a ni còntin il fals.
Ma zìn! Il mont a si stà scurìnt,
l'aria a si stà rinfrescjànt e al cola 'l caligu!
Di sera un a si sìnt ben a cjaša.
Parsè ti fèrmitu e 'i vuàrditu 'mbacuchìt?
Se ti stàja capitànt in tal imbrunì?

Fàust
No jòitu chel cjàn neri là in taj spisòs dal cjamp?

Wagner
A è da un toc ch'i lu jòt, ma sensa fàighi cašu.

FAUST:
Betracht ihn recht! für was hältst du das Tier?

WAGNER:
Für einen Pudel, der auf seine Weise
Sich auf der Spur des Herren plagt.

FAUST:
Bemerkst du, wie in weitem Schneckenkreise
Er um uns her und immer näher jagt?
Und irr ich nicht, so zieht ein Feuerstrudel
Auf seinen Pfaden hinterdrein.

WAGNER:
Ich sehe nichts als einen schwarzen Pudel;
Es mag bei Euch wohl Augentäuschung sein.

FAUST:
Mir scheint es, daß er magisch leise Schlingen
Zu künft'gem Band um unsre Füße zieht.

WAGNER:
Ich seh ihn ungewiß und furchtsam uns umspringen,
Weil er, statt seines Herrn, zwei Unbekannte sieht.

FAUST:
Der Kreis wird eng, schon ist er nah!

WAGNER:
Du siehst! ein Hund, und kein Gespenst ist da.
Er knurrt und zweifelt, legt sich auf den Bauch,
Er wedelt. Alles Hundebrauch.

FAUST:
Geselle dich zu uns! Komm hier!

WAGNER:
Es ist ein pudelnärrisch Tier.

Fàust
Vuàrdilu benòn! Se ti pària cal sedi?

Wagner
Un cjàn barbìn, che coma ca fàn i cjàns
al còr cà e là par cjatà fòu il troj dal so paròn.

Fàust
Jòitu coma cal còr atorotòr
e a ni vèn sempri pì visìn?
E i sbàliu o'i jòdiu davòu di luj
un mulinèl di flàmis?

Wagner
Jò i no jòt altri che un barbìn neri.
A pòl dasi ch'i vi stèdis inganànt.

Fàust
A mi pàr a mi cal stedi fašìnt sìrcuj màgics
par podej 'ntrapulani cul zì 'ndavànt.

Wagner
Jò i jòt invensi ca ni còr atòr ešitànt e pauròus
parsè cal jòt doj siòrs ca nol cognòs.

Fàust
Il sìrcul a si stà stretànt! A ni è visìn!

Wagner
Ti stàs jodìnt un cjàn. A no è nisùn spìrit lì!
Al cainèa, al ešita, a si poja jù'n ta la pansa,
al mena la coda—dut sè cal fà un cjàn.

Fàust
Vèn a fani compagnìa, sù; vèn chì!

Wagner
Al è un stupidùt di barbìn.

Du stehest still, er wartet auf;
  Du sprichst ihn an, er strebt an dir hinauf;
  Verliere was, er wird es bringen,
  Nach deinem Stock ins Wasser springen.

FAUST:
Du hast wohl recht; ich finde nicht die Spur
Von einem Geist, und alles ist Dressur.

WAGNER:
Dem Hunde, wenn er gut gezogen,
  Wird selbst ein weiser Mann gewogen.
  Ja, deine Gunst verdient er ganz und gar,
  Er, der Studenten trefflicher Skolar.

(Sie gehen in das Stadttor.)

Studierzimmer

  Faust mit dem Pudel hereintretend.

  Verlassen hab ich Feld und Auen,
  Die eine tiefe Nacht bedeckt,
  Mit ahnungsvollem, heil'gem Grauen
  In uns die beßre Seele weckt.
  Entschlafen sind nun wilde Triebe
  Mit jedem ungestümen Tun;
  Es reget sich die Menschenliebe,
  Die Liebe Gottes regt sich nun.
Sei ruhig, Pudel! renne nicht hin und wider!
  An der Schwelle was schnoperst du hier?
  Lege dich hinter den Ofen nieder,
  Mein bestes Kissen geb ich dir.

Si ti stàs fer, al stà fer encja luj;
si ti ghi dìs alc, a ti vèn dongja.
Si ti pièrs alc, a ti lu parta 'ndavòu,
e pal to bastòn al saltarès in ta l'aga.

Fàust
Ti às rašòn: i no jòt nisùn sèn
di magìa; al è stàt struìt cussì e basta.

Wagner
A un cjàn cal è stàt ben educàt
al pòl afesionasi encja un omp ben struìt.
Al mèrita la to atensiòn, po,
stu ešempli di studènt in gamba.

A èntrin in ta la sitàt.

Il Stùdiu

Fàust, entrànt cul barbìn

> Lasàt fòu i'ai cjàmps e pras,
> cujerzùs da un scur profònt.
> Un prešentimìnt i sìnt, un timòu sacri
> che sveànt al stà il miej ch'i vìn dentri.
> Indurmidìt al è ogn'impùls salvadi
> e ogni asiòn bruta e violenta;
> a si mòuf il spìrit di caritàt,
> a si svèa adès il amòu par Diu.

Stà fer, barbìn! Finìs di cori sù e jù!
Sè statu našànt lì'n ta l'entrada?
Pòjti jù davòu da la stùa:
i ti daj il me miej cusinùt.

Wie du draußen auf dem bergigen Wege
  Durch Rennen und Springen ergetzt uns hast,
  So nimm nun auch von mir die Pflege,
  Als ein willkommner stiller Gast.

Ach wenn in unsrer engen Zelle
  Die Lampe freundlich wieder brennt,
  Dann wird's in unserm Busen helle,
  Im Herzen, das sich selber kennt.
  Vernunft fängt wieder an zu sprechen,
  Und Hoffnung wieder an zu blühn,
  Man sehnt sich nach des Lebens Bächen,
  Ach! nach des Lebens Quelle hin.

Knurre nicht, Pudel! Zu den heiligen Tönen,
  Die jetzt meine ganze Seel umfassen,
  Will der tierische Laut nicht passen.
  Wir sind gewohnt, daß die Menschen verhöhnen,
  Was sie nicht verstehn,
  Daß sie vor dem Guten und Schönen,
  Das ihnen oft beschwerlich ist, murren;
  Will es der Hund, wie sie, beknurren?

Aber ach! schon fühl ich, bei dem besten Willen,
  Befriedigung nicht mehr aus dem Busen quillen.
  Aber warum muß der Strom so bald versiegen,
  Und wir wieder im Durste liegen?
  Davon hab ich so viel Erfahrung.
  Doch dieser Mangel läßt sich ersetzen,
  Wir lernen das Überirdische schätzen,
  Wir sehnen uns nach Offenbarung,
  Die nirgends würd'ger und schöner brennt
  Als in dem Neuen Testament.
  Mich drängt's, den Grundtext aufzuschlagen,
  Mit redlichem Gefühl einmal
  Das heilige Original
  In mein geliebtes Deutsch zu übertragen,
  (Er schlägt ein Volum auf und schickt sich an.)

Com'che là di fòu'n tal troj di montagna
ti ni vèvis divertìt cul to cori e saltusà,
vuarda adès di stà cujèt e di ubidimi
coma cal fà un bravo invidàt.

      Ah, cuant che'n ta la nustra celuta
      di nòuf a àrt la nustra buna làmpada,
      alora dut clar a doventa encja dentri di me,
      in tal me còu, che cognòsisi al posi.
      La rašòn a taca di nòuf il so discòrs,
      e a flurì di nòuf a taca pur la speransa;
      a si sìnt un atiràt daj rìvui dal vivi,
      oh, da la surgiva stesa da la vita.

Nosta cainà, barbìn! I suns sans
ca'nglùsin adès dut il me spìrit
d'acordu a no vàn cul rugnà di na bestia.
I sìn abituàs a sinti i òmis
cjoli inziru sè ca no capìsin,
che lòu davànt dal bon e dal bièl
che spes ghi dàn fastidi, a bruntulèjn:
statu fašìnt coma lòu, cjàn?

Ma,oh, par cuant ben ch'i provi,
i no sìnt la contentesa sgorgolami fòu dal pet.
Ma parsè a si sècija sù sùbit la curìnt
e a ni làsia di nòuf plens di sèit?
Cuant ben ch'i saj chistu!
Ma alc a si pòl fà par stu difièt:
i imparàn a apresà il soranaturàl,
i sintìn il dešideri da la rivelasiòn
ca no si fà maj jodi cussì luminoša
coma in tal Testamìnt Nòuf.
A mi vèn chè di vierzi il prin scrit
e movùt da un sintimìnt onèst
di voltà 'l originàl sacri
in tal me bièl todesc.
[*Al vièrs un libri e al taca a lavorà.*]

Geschrieben steht: "Im Anfang war das Wort!"
Hier stock ich schon! Wer hilft mir weiter fort?
Ich kann das Wort so hoch unmöglich schätzen,
Ich muß es anders übersetzen,
Wenn ich vom Geiste recht erleuchtet bin.
Geschrieben steht: Im Anfang war der Sinn.
Bedenke wohl die erste Zeile,
Daß deine Feder sich nicht übereile!
Ist es der Sinn, der alles wirkt und schafft?
Es sollte stehn: Im Anfang war die Kraft!
Doch, auch indem ich dieses niederschreibe,
Schon warnt mich was, daß ich dabei nicht bleibe.
Mir hilft der Geist! Auf einmal seh ich Rat
Und schreibe getrost: Im Anfang war die Tat!

Soll ich mit dir das Zimmer teilen,
Pudel, so laß das Heulen,
So laß das Bellen!
Solch einen störenden Gesellen
Mag ich nicht in der Nähe leiden.
Einer von uns beiden
Muß die Zelle meiden.
Ungern heb ich das Gastrecht auf,
Die Tür ist offen, hast freien Lauf.
Aber was muß ich sehen!
Kann das natürlich geschehen?
Ist es Schatten? ist's Wirklichkeit?
Wie wird mein Pudel lang und breit!
Er hebt sich mit Gewalt,
Das ist nicht eines Hundes Gestalt!
Welch ein Gespenst bracht ich ins Haus!
Schon sieht er wie ein Nilpferd aus,
Mit feurigen Augen, schrecklichem Gebiß.
Oh! du bist mir gewiß!
Für solche halbe Höllenbrut
Ist Salomonis Schlüssel gut.

A è scrìt: "In prinsìpit a era la peràula!"
Èco che belzà'i m'intràuli! Cuj mi jùdia a zì'ndavànt?
I no pòl meti la peràula cussì tant in alt;
i vuej traduši in ta n'altra maniera
se'l spìrit a mi dà l'ispirasiòn justa.
A è scrìt: In prinsìpit al era'l pensej.
Pènsighi ben a sta prima riga,
che la to pena a no cori masa svelta!
Al eše'l pensej che dut al fà e al crèa?
A varès da èsi: In prinsìpit a era la potensa!
Ma mentri che chistu i staj scrivìnt,
alc a mi dìs che nencja chè a no và.
A mi juda'l spìrit! A colp i jòt ben
e i scrìf sigùr di me: In prinsìpit a era l'asiòn!

Si ti vòus spartì sta cjamara cun me,
barbìn, finìsila da cainà,
finìsila da bajà!
I no vuej vej dongja
un trapèl di compaj cussì.
A un di nuàltris doj a ghi tocja
partì da sta cela.
I romp malvolentej la me ospitalitàt:
la puarta a è vierta, ti sòs lìbar di zì.
Ma se mi tòcija jodi!
A eše chista na roba di stu mont?
A eše ilušiòn o realtàt?
Com'ca si stà slungjànt e slargjànt il me barbìn!
A si alsa prepotènt:
sta chì a no è la forma di un cjan!
Sè spìrit mi sòju maj partàt in cjaša!
Jòt—al somèa un ipopòtamo,
cuj vuj di fòuc e cuj dincj' spaventòus.
O, ma adès ti sòs me!
Par sta sorta di creatura'nfernàl
a tocja uša la claf di Salomòn.[7]

---

[7] Na referensa a *Clavicula Salomonis*, un libri di magìa.

GEISTER (auf dem Gange):
  Drinnen gefangen ist einer!
  Bleibet haußen, folg ihm keiner!
  Wie im Eisen der Fuchs,
  Zagt ein alter Höllenluchs.
  Aber gebt acht!
  Schwebet hin, schwebet wider,
  Auf und nieder,
  Und er hat sich losgemacht.
  Könnt ihr ihm nützen,
  Laßt ihn nicht sitzen!
  Denn er tat uns allen
  Schon viel zu Gefallen.

FAUST:
  Erst zu begegnen dem Tiere,
  Brauch ich den Spruch der Viere:
Salamander soll glühen,
  Undene sich winden,
  Sylphe verschwinden,
  Kobold sich mühen.
Wer sie nicht kennte
  Die Elemente,
  Ihre Kraft
  Und Eigenschaft,
  Wäre kein Meister
  Über die Geister.
Verschwind in Flammen,
  Salamander!
  Rauschend fließe zusammen,
  Undene!
  Leucht in Meteoren-Schöne,
  Sylphe!
  Bring häusliche Hülfe,
  Incubus! Incubus!
  Tritt hervor und mache den Schluß!
Keines der Viere
  Steckt in dem Tiere.

Spìris in ta l'entrada
          Un al è prešonej chì dentri!
          Stèit là di fòu! Che nisùn ghi zedi davòu!
          Coma na volp'n ta na tràpula
          chì a si remena na vecja lince'nfernàl.
          Ma stèit atèns!
          Svualasàit par chì, svualasàit par lì,
          svualasàit sù e jù,
          e luj a si molarà.
          Si podèis judalu
          no stèit lasalu fer,
          ca ni à dàt rašòn
          di divertisi un mont!

Fàust
Prin, par confrontà sta bèstia
a mi ocòr il tetrastriamìnt:
          Ca luši la Salamandra,
          ca si remeni l'Ondina,
          ca sparisi la Sìlfide
          cal sgobi'l Cobòlt!
Chel ca nol cognòs
i elemìns,
la so potensa
e la so virtùt
a nol pòl comandà
i spìris.
          Sparìs in ta li flàmis,
          Salamandra!
          Còr via soflànt,
          Ondina!
          Risplìnt coma na meteora,
          Sìlfide!
          Dà na man di cjaša,
          Incubus! Incubus!
          Fati jodi e fala finida!
Nisùn daj cuatri
al è'n ta la bèstia.

Es liegt ganz ruhig und grinst mich an;
  Ich hab ihm noch nicht weh getan.
  Du sollst mich hören
  Stärker beschwören.
Bist du, Geselle
  Ein Flüchtling der Hölle?
So sieh dies Zeichen
  Dem sie sich beugen,
  Die schwarzen Scharen!
Schon schwillt es auf mit borstigen Haaren.
  Verworfnes Wesen!
  Kannst du ihn lesen?
  Den nie Entsproßnen,
  Unausgesprochnen,
  Durch alle Himmel Gegoßnen,
  Freventlich Durchstochnen?
Hinter den Ofen gebannt,
  Schwillt es wie ein Elefant
  Den ganzen Raum füllt es an,
  Es will zum Nebel zerfließen.
  Steige nicht zur Decke hinan!
  Lege dich zu des Meisters Füßen!
  Du siehst, daß ich nicht vergebens drohe.
  Ich versenge dich mit heiliger Lohe!
  Erwarte nicht
  Das dreimal glühende Licht!
  Erwarte nicht
  Die stärkste von meinen Künsten!
  (Mephistopheles tritt, indem der Nebel fällt, gekleidet wie ein
  fahrender Scholastikus, hinter dem Ofen hervor.)

MEPHISTOPHELES:
Wozu der Lärm? was steht dem Herrn zu Diensten?

FAUST:
Das also war des Pudels Kern!
  Ein fahrender Skolast?
Der Kasus macht mich lachen.

A stà sidina e a mi sghignasèa;
i no ghi'ai'ncjamò fàt nisùn mal.
Ti mi sintaràs
sconzurà tant di pì.
    Sotu tu, amigo,
    saltàt fòu dal infièr?
    Jòt alora stu sìmbul
    che sot di chèl a si plèjn
    i spirs da la nòt!
A si sglonfa adès cul pel ca s'indresa coma un sborf.
    Èsi schifòus!
    Lu jòditu?
    Chel ingeneràt,
    chel inespresìbil,
    spandùt in ta dut il cjèl,
    e'nforcjàt dal mal?
Condanàt a stà davòu da la stùa,
a si sglonfa coma un lefànt,
al implenìs il spàsiu,
al vòu dišòlvisi in tal caligu.
Nosta zì sù'n tal sufit.
Pòiti jù aj piè dal to paròn!
I ti sà che jò i no minaci invàn:
i ti brustulej cu na flama santa!
Nosta spetà
pa la lus dal trìplic ardi!
Nosta spetà
pa la me art pì potenta!

*Mefistòfil al vèn fòu di davòu da la stùa mentri cal cola il caligu,
vistìt da studiòus itineràtn*
Sè cal è stu fracàs? Coma i pòsiu servivi?

Fàust
Chista duncja a era la sepa dal cjan!
Un studiòus vagànt?
Il cašu a mi fà ridi!

MEPHISTOPHELES:
Ich salutiere den gelehrten Herrn!
Ihr habt mich weidlich schwitzen machen.

FAUST:
Wie nennst du dich?

MEPHISTOPHELES:
Die Frage scheint mir klein Für einen,
der das Wort so sehr verachtet,
Der, weit entfernt von allem Schein,
Nur in der Wesen Tiefe trachtet.

FAUST:
Bei euch, ihr Herrn, kann man das Wesen
Gewöhnlich aus dem Namen lesen,
Wo es sich allzu deutlich weist,
Wenn man euch Fliegengott, Verderber, Lügner heißt.
Nun gut, wer bist du denn?

MEPHISTOPHELES:
Ein Teil von jener Kraft,
Die stets das Böse will und stets das Gute schafft.

FAUST:
Was ist mit diesem Rätselwort gemeint?

MEPHISTOPHELES:
Ich bin der Geist, der stets verneint!
Und das mit Recht; denn alles, was entsteht,
Ist wert, daß es zugrunde geht;
Drum besser wär's, daß nichts entstünde.
So ist denn alles, was ihr Sünde,
Zerstörung, kurz, das Böse nennt,
Mein eigentliches Element.

FAUST:
Du nennst dich einen Teil, und stehst doch ganz vor mir?

Mefistòfil
Un salùt a stu omp sàviu!
I mi vèis fàt sudà a plen.

Fàust
Se ti clàmitu?

Mefistòfil
La domanda a mi par striminzida
par un cal à tant disprès pa la peràula
e, lontàn da li aparènsis,
a gh'impuarta doma dal còu da li ròbis.

Fàust
In vuàltris, Siòrs, un al pòl di sòlit
leši l'esensa in taj nòns,
coma che cussì clara a si fà jodi
cuant che'l diu da li mòscjs, corutòu, imbrojòn a vi clama.
Ma basta; alora cuj sotu?

Mefistòfil
Part di che fuarsa
ca vòu sempri'l mal, e sempri'l ben a prodùs.

Fàust
Se'l vòlia diši stu 'nduvinèl?

Mefistòfil
Jò i soj'l spìrit che sempri al nega!
E cun rašòn, par via che dut se ca è
a mèrita di vignì innujàt.
A sarès miej che maj nuja a vegnès generàt.
Dut chel che vuàltris i clamàis pecjàt,
distrusiòn—il mal insoma—
al è il me elemìnt singulàr.

Fàust
I ti ti clàmis na part, e i sotu dut chì davànt di me?

MEPHISTOPHELES:
Bescheidne Wahrheit sprech ich dir.
Wenn sich der Mensch, die kleine Narrenwelt
Gewöhnlich für ein Ganzes hält-
Ich bin ein Teil des Teils, der anfangs alles war
Ein Teil der Finsternis, die sich das Licht gebar
Das stolze Licht, das nun der Mutter Nacht
Den alten Rang, den Raum ihr streitig macht,
Und doch gelingt's ihm nicht, da es, so viel es strebt,
Verhaftet an den Körpern klebt.
Von Körpern strömt's, die Körper macht es schön,
Ein Körper hemmt's auf seinem Gange;
So, hoff ich, dauert es nicht lange,
Und mit den Körpern wird's zugrunde gehn.

FAUST:
Nun kenn ich deine würd'gen Pflichten!
Du kannst im Großen nichts vernichten
Und fängst es nun im Kleinen an.

MEPHISTOPHELES:
Und freilich ist nicht viel damit getan.
Was sich dem Nichts entgegenstellt,
Das Etwas, diese plumpe Welt
So viel als ich schon unternommen
Ich wußte nicht ihr beizukommen
Mit Wellen, Stürmen, Schütteln, Brand-
Geruhig bleibt am Ende Meer und Land!
Und dem verdammten Zeug, der Tier- und Menschenbrut,
Dem ist nun gar nichts anzuhaben:
Wie viele hab ich schon begraben!
Und immer zirkuliert ein neues, frisches Blut.
So geht es fort, man möchte rasend werden!
Der Luft, dem Wasser wie der Erden
Entwinden tausend Keime sich,
Im Trocknen, Feuchten, Warmen, Kalten!
Hätt ich mir nicht die Flamme vorbehalten,
Ich hätte nichts Aparts für mich.

Mefistòfil
Ti conti na pìsula veretàt.
Se 'l omp, na nulitàt dal microcòsm,
a si proclama un dut,
alora jò i soj na part di che part che al inisi a era dut,
na part di chel scur cal veva parturìt la lus,
che lus plena di orgòliu che adès a è la mari Nòt
che'l so spàsiu a vòu, e'l rango antìc.
Ma no'mpuarta cuant ca prova, a otègnilu no riva,
incolada comas ca è in taj cuarps:
daj cuarps a radièa, e i cuarps a rint bièj,
e un cuarp a gh'impedìs di cjaminà;
i speri alora ca no ghi voli tant timp
prin che cuj cuarps a zedi a finila.

Fàust
Adès sì ch'i saj la to buna 'ntensiòn!
I no ti sòs bon da distruši a la granda,
e i ti tàchis cussi cul pìsul.

Mefistòfil
A è vera, po, che tant cussì no si pòl fà.
Chel ca ghi dà cuntra al nuja,
al cualchicjusa, stu mona di mont,
par cuàntis ch'i ghi'n vedi belzà cumbinàdis,
bon i no soj stàt di cjatàjghi'l mani,
nè cun l'onda o'ncendio, o tampiesta e taramòt:
a la fin cjera e mar a rèstin compàis!
E che danada di porcarìa—bèstia e omp—
i no rivi nencja a tocjala:
par tàncjus ch'in d'ai belzà soteràs,
èco ch'i jòt sempri scori sanc nòuf!
S'a para via cussì a si doventa mas!
Da l'aria, da l'aga e da la cjera
miàrs di simìnsis a ti sàltin fòu,
al sut e al ùmit, al cjalt e al frèit!
Si no mi vès riservàt li flàmis,
a no restarès nuja di bon par me.

FAUST:
So setzest du der ewig regen,
Der heilsam schaffenden Gewalt
Die kalte Teufelsfaust entgegen,
Die sich vergebens tückisch ballt!
Was anders suche zu beginnen
Des Chaos wunderlicher Sohn!

MEPHISTOPHELES:
Wir wollen wirklich uns besinnen,
Die nächsten Male mehr davon!
Dürft ich wohl diesmal mich entfernen?

FAUST:
Ich sehe nicht, warum du fragst.
Ich habe jetzt dich kennen lernen
Besuche nun mich, wie du magst.
Hier ist das Fenster, hier die Türe,
Ein Rauchfang ist dir auch gewiß.

MEPHISTOPHELES:
Gesteh ich's nur! daß ich hinausspaziere,
Verbietet mir ein kleines Hindernis,
Der Drudenfuß auf Eurer Schwelle-

FAUST:
Das Pentagramma macht dir Pein?
Ei sage mir, du Sohn der Hölle,
Wenn das dich bannt, wie kamst du denn herein?
Wie ward ein solcher Geist betrogen?

MEPHISTOPHELES:
Beschaut es recht! es ist nicht gut gezogen:
Der eine Winkel, der nach außen zu,
Ist, wie du siehst, ein wenig offen.

Fàust
Tu duncja ti ti mès cuntra'l scori eterno
da la potensa ca crèa il bon e'l bièl
il puj frèit dal demòni
ca si strèns plen di malìsia!
Và'n sercja di altri da fà, tu,
stramba creatura dal càos!

Mefistòfil
Su di chistu i volìn zì a rifleti
di pì un'altra volta!
Par stavolta i pòsiu lontanami?

Fàust
I no jòt parsè ch'i ti lu domàndis.
Adès ch'i ti ài cognosùt,
vèn pur a cjatami cuant ch'i ti vòus.
Chì cal è un barcòn, e chì na puarta,
e si ti vòus il camìn dal fogolàr.

Mefistòfil
Ma jòt tu! Un pìsul intric
a m'impedìs di zì a spas:
un dialùt al è lì'n ta la vustra entrada.

Fàust
Il pèntagram a ti dà fastidi?
Alora dìšimi, tu, fì dal infièr,
se chistu a ti tèn indavòu, coma i sotu entràt?
Com'atu fàt a'nganà un spirt coma chistu?

Mefistòfil
Jodèit ben! A nol è dut a post:
chel cjantòn là, cal dà pardifòu,
al è vièrt na sfeša, com'ch'i jodèis.

FAUST:
Das hat der Zufall gut getroffen!
Und mein Gefangner wärst denn du?
Das ist von ungefähr gelungen!

MEPHISTOPHELES:
Der Pudel merkte nichts, als er hereingesprungen,
Die Sache sieht jetzt anders aus:
Der Teufel kann nicht aus dem Haus.

FAUST:
Doch warum gehst du nicht durchs Fenster?

MEPHISTOPHELES:
's ist ein Gesetz der Teufel und Gespenster:
Wo sie hereingeschlüpft, da müssen sie hinaus.
Das erste steht uns frei, beim zweiten sind wir Knechte.

FAUST:
Die Hölle selbst hat ihre Rechte?
Das find ich gut, da ließe sich ein Pakt,
Und sicher wohl, mit euch, ihr Herren, schließen?

MEPHISTOPHELES:
Was man verspricht, das sollst du rein genießen,
Dir wird davon nichts abgezwackt.
Doch das ist nicht so kurz zu fassen,
Und wir besprechen das zunächst
Doch jetzo bitt ich, hoch und höchst,
Für dieses Mal mich zu entlassen.

FAUST:
So bleibe doch noch einen Augenblick,
Um mir erst gute Mär zu sagen.

MEPHISTOPHELES:
Jetzt laß mich los! ich komme bald zurück;
Dann magst du nach Belieben fragen.

Fàust
Il cašu al à zovàt!
E ti sòs adès prešonej me?
Jòt tu s'a no zova fà a stimp!

Mefistòfil
Il barbìn a no lu veva jodùt cuant cal era saltàt dentri!
La roba a somèa dut diferenta adès:
il diau adès a nol pòl zì fòu di cjaša.

Fàust
Parsè alora no vatu fòu par un barcòn?

Mefistòfil
Ai diàus e ai spirs ghi tocja ubidì na les:
par indà ca sòn entràs a varèsin da svignàsila;
i sìn lìbars di vignì dentri, ma sclafs in tal zì fòu.

Fàust
Encja'l infièr al à li so règulis?
Benòn, vuarda tu; ma a sarèsia pusìbul, siòrs mès,
di concludi un bon pat cun vuàltris?

Mefistòfil
Sè ca ti è prometùt i ti zaràs a godi,
i no ti vegnaràs imbrojàt di nuja.
Chistu a no si pòl capilu in ta un tic e tac;
i tabajarìn di nòuf n'altra volta;
ma i vuej preàti adès
di lasami zì par stavolta.

Fàust
Resta, resta 'ncjamò un momentùt,
e còntimi cualchi storiuta!

Mefistòfil
Làsimi adès! I tornaraj fra puc:
ti podaràs dopo domandami sè ch'i ti vòus.

FAUST:
Ich habe dir nicht nachgestellt,
Bist du doch selbst ins Garn gegangen.
Den Teufel halte, wer ihn hält!
Er wird ihn nicht so bald zum zweiten Male fangen.

MEPHISTOPHELES:
Wenn dir's beliebt, so bin ich auch bereit,
Dir zur Gesellschaft hier zu bleiben;
Doch mit Bedingnis, dir die Zeit
Durch meine Künste würdig zu vertreiben.

FAUST:
Ich seh es gern, das steht dir frei;
Nur daß die Kunst gefällig sei!

MEPHISTOPHELES:
Du wirst, mein Freund, für deine Sinnen
In dieser Stunde mehr gewinnen
Als in des Jahres Einerlei.
Was dir die zarten Geister singen,
Die schönen Bilder, die sie bringen,
Sind nicht ein leeres Zauberspiel.
Auch dein Geruch wird sich ergetzen,
Dann wirst du deinen Gaumen letzen,
Und dann entzückt sich dein Gefühl.
Bereitung braucht es nicht voran,
Beisammen sind wir, fanget an!

GEISTER:
Schwindet, ihr dunkeln
Wölbungen droben!
Reizender schaue
Freundlich der blaue
Äther herein!
Wären die dunkeln
Wolken zerronnen!

Fàust
No ti ài miga fàt vignì chì jò:
ti sòs vegnùt tu stes a'ntrapulati.
Cal tegni dur il diau, chèl ca lu à!
A no ghi sarà fàsil cjapalu na seconda volta.

Mefistòfil
Contènt tu, i soj pront encja jò
di restà chì a fati compagnìa;
a condisiòn ch'i ušani il timp
cul divertiti cun la me art.

Fàust
Và ben ti sòs lìbar di falu,
basta che l'àrt a mi dedi gust!

Mefistòfil
I to sens, compaj me, a godaràn
di pì in ta chist'ora
che maj prima di adès.
Sè che i spirs a ti cjantaràn,
li biel'imàginis ca ti mostraràn,
a saràn doma un pìsul zòuc màgic.
Encja il to našà al cjaparà gust,
e cun chèl il to palàt,
e dut ti tocjaràs cul pì grant plašej.
A n'ocòr nisuna preparasiòn;
i sìn dùcjus chì, insièmit—tacàit!

I spìris
      Sparìt da lasù, vuàltris,
      arcàdis scùris!
      Ca si fedi almancu
      jodi il blu dal cjèl serèn
      e plen di maravèa!
      Se doma a sparìsin
      che nùlis nèris!

Sternelein funkeln,
Mildere Sonnen
Scheinen darein.
Himmlischer Söhne
Geistige Schöne,
Schwankende Beugung
Schwebet vorüber.
Sehnende Neigung
Folget hinüber;
Und der Gewänder
Flatternde Bänder
Decken die Länder,
Decken die Laube,
Wo sich fürs Leben,
Tief in Gedanken,
Liebende geben.
Laube bei Laube!
Sprossende Ranken!
Lastende Traube
Stürzt ins Behälter
Drängender Kelter,
Stürzen in Bächen
Schäumende Weine,
Rieseln durch reine,
Edle Gesteine,
Lassen die Höhen
Hinter sich liegen,
Breiten zu Seen
Sich ums Genüge
Grünender Hügel.
Und das Geflügel
Schlürfet sich Wonne,
Flieget der Sonne,
Flieget den hellen
Inseln entgegen,
Die sich auf Wellen
Gauklend bewegen;

A brìlin li stèlis,
e pì dols a lùšin
i sorèlis.
Fì dal cjèl,
spìris beàs,
insima
a ti svualasèjn,
e 'mparzora ti 'u jòdis
fà i so inchìns.
A svintulèjn i nastros
daj so vistìs
e i cjamps a cujèrzin
e il fueàn
indulà che sidìns
e penseròus.
a marošèjn i amàns.
Ramasa su ramasa!
Menàdis in flòu!
Rap dopo rap
di ùa al implenìs
il storcju;
e'n rojùtis al scòr jù
il vin splumànt,
sclapisànt in ta
nòbili brentùtis, e
bandonàt il alt da li rìvis,
ulì al resta,
formànt lagùs
che gust ghi dàn
al vert da li culìnis.
E`l usielàn
a ti bèif beàt,
e a ti svuala vièrs
il soreli e cuntra
ìšulis luminòšis
che li òndis schersòšis
a fàn zì sù e jù,

Wo wir in Chören
Jauchzende hören,
Über den Auen
Tanzende schauen,
Die sich im Freien
Alle zerstreuen.
Einige klimmen
Über die Höhen,
Andere schwimmen
Über die Seen,
Andere schweben;
Alle zum Leben,
Alle zur Ferne
Liebender Sterne,
Seliger Huld.

MEPHISTOPHELES:
Er schläft! So recht, ihr luft'gen zarten Jungen!
Ihr habt ihn treulich eingesungen!
Für dies Konzert bin ich in eurer Schuld.
Du bist noch nicht der Mann, den Teufel festzuhalten!
Umgaukelt ihn mit süßen Traumgestalten,
Versenkt ihn in ein Meer des Wahns;
Doch dieser Schwelle Zauber zu zerspalten,
Bedarf ich eines Rattenzahns.
Nicht lange brauch ich zu beschwören,
Schon raschelt eine hier und wird sogleich mich hören.

Der Herr der Ratten und der Mäuse,
Der Fliegen, Frösche, Wanzen, Läuse
Befiehlt dir, dich hervor zu wagen
Und diese Schwelle zu benagen,
So wie er sie mit Öl betupft-
Da kommst du schon hervorgehupft!
Nur frisch ans Werk! Die Spitze, die mich bannte,
Sie sitzt ganz vornen an der Kante.
Noch einen Biß, so ist's geschehn.-
Nun, Fauste, träume fort, bis wir uns wiedersehn.

indulà ch'i sintìn
il ešultà daj còrus,
indulà che
sparpajada 'n taj pras
i jodìn zent
ca stà balànt.
Di chej an d'è
ca si rimpìnin in alt,
e àltris ca ti nòdin
in taj lagùs,
e àltris ca svualasèjn,
dùcjus votàs al vivi
par grasia benedeta,
sot da li lontani
stèlis beàdis.

Mefistòfil
Al durmìs! A và ben cussì, i me bòis spirs da l'aria!
Cuant ben nisulàt ch'i lu vèis cul vustri cjantà!
I vi soj tant indebitàt par stu vustri concèrt.
No ti sòs encjamò omp da tegni fer il diau!
Implenìt il so durmì cuj suns pì dols,
infondàilu in ta un mar di ilušiòns!
Ma par rompi sta magìa in tal entrà
a mi servirès un dint di pantiana.
A no mi ocòr sconzuralu tant:
un a mi vèn zà dongja dispòst a scoltami.

Il siòr da li pantiànis e da li surìs,
da li mòscjs, rànis, sìmis e pedoj
a ti comanda di fati indavànt
e di mètiti a rošeà sta entrada
mentri che luj a la stà onzìnt—
ma èco chì ch'i ti rìvis saltusànt!
A l'opera, sù. Il puntìn ca mi lu 'mpedìs
al è lì davànt, in tal cjantòn.
Encjamò na muarduda, dut lì.—
Adès insumièiti pur, Fàust, fin ch'i si riodarìn!

FAUST (erwachend):
Bin ich denn abermals betrogen?
Verschwindet so der geisterreiche Drang
Daß mir ein Traum den Teufel vorgelogen,
Und daß ein Pudel mir entsprang?

Studierzimmer

Faust. Mephistopheles.

FAUST:
Es klopft? Herein! Wer will mich wieder plagen?

MEPHISTOPHELES:
Ich bin's.

FAUST:
Herein!

MEPHISTOPHELES:
Du mußt es dreimal sagen.

FAUST:
Herein denn!

MEPHISTOPHELES:
So gefällst du mir.
Wir werden, hoff ich, uns vertragen;
Denn dir die Grillen zu verjagen,
Bin ich als edler Junker hier,
In rotem, goldverbrämtem Kleide,
Das Mäntelchen von starrer Seide,
Die Hahnenfeder auf dem Hut,
Mit einem langen, spitzen Degen,
Und rate nun dir, kurz und gut,
Dergleichen gleichfalls anzulegen;
Damit du, losgebunden, frei,
Erfahrest, was das Leben sei.

Fàust (ca si svèa di nòuf)
I soju alora stàt di nòuf inganàt?
A sparìsia cussì la plena dai spirs
che doma in ta'un sun jodut i'ai il diau
e che un barbìn a mi è scjampàt?

Il stùdiu

Fàust e Mefistòfil

Fàust
A bàtini? Fèisi'ndavànt! Ma cuj mi ròmpia...

Mefistòfil
I soj jò.

Fàust
    Vèn dentri!

Mefistòfil
        Ti'as da dìšilu tre vòltis.

Fàust
Vèn, alora, vèn!

Mefistòfil
        Cussì ti mi plàs!
I speri ch'i si metarìn d'acordu;
par scorsati via li to lùnis
i soj chì da nobil scudièr:
cul vistìt ros, ricamàt in oru,
mantelina di seda dura,
pluma di gjal in tal cjapièl,
cul florèt lunc e ben ingusàt
e i ti consej adès, tic e tac,
di fà la stesa roba,
cussì che tu, sensa òbligus e lìbar,
ti pòsis sperimentà cu la vita.

FAUST:
In jedem Kleide werd ich wohl die Pein
Des engen Erdelebens fühlen.
Ich bin zu alt, um nur zu spielen,
Zu jung, um ohne Wunsch zu sein.
Was kann die Welt mir wohl gewähren?
Entbehren sollst du! sollst entbehren!
Das ist der ewige Gesang,
Der jedem an die Ohren klingt,
Den, unser ganzes Leben lang,
Uns heiser jede Stunde singt.
Nur mit Entsetzen wach ich morgens auf,
Ich möchte bittre Tränen weinen,
Den Tag zu sehn, der mir in seinem Lauf
Nicht einen Wunsch erfüllen wird, nicht einen,
Der selbst die Ahnung jeder Lust
Mit eigensinnigem Krittel mindert,
Die Schöpfung meiner regen Brust
Mit tausend Lebensfratzen hindert.
Auch muß ich, wenn die Nacht sich niedersenkt,
Mich ängstlich auf das Lager strecken;
Auch da wird keine Rast geschenkt,
Mich werden wilde Träume schrecken.
Der Gott, der mir im Busen wohnt,
Kann tief mein Innerstes erregen;
Der über allen meinen Kräften thront,
Er kann nach außen nichts bewegen;
Und so ist mir das Dasein eine Last,
Der Tod erwünscht, das Leben mir verhaßt.

MEPHISTOPHELES:
Und doch ist nie der Tod ein ganz willkommner Gast.

FAUST:
O selig der, dem er im Siegesglanze
Die blut'gen Lorbeern um die Schläfe windet,
Den er, nach rasch durchrastem Tanze,
In eines Mädchens Armen findet!

Fàust
No'mpuarta sè ch'i vistìs i zaraj a sinti
'l dolòu di vivi'n ta sta cjera.
I soj masa vecju par mètimi a zujà,
e masa zovin par èsi sensa vòis.
Se'l pòsia maj ufrimi il mont?
Rinuncjà a mi tocja—rinuncjà!
Chista a è la cansòn eterna
che ogni un al sìnt in ta l'orela,
che duràint duta la nustra vita
i sintìn ogni ora cjantà cun vous ràuca.
Ogni matina cu la pì granda poura i mi svej
e i vorès spandi làgrimis amàris
al jodi il dì che'n ta la so corsa
nencja na voja me nol vòu sodisfà, nencj'una;
che fin il prešentimìnt stes dal plašej
copàt mi vèn da chel testardu di pignòu,
e che cun mil bocjàtis a gh'impedìs
di creà al me còu incujèt.
Al calà da la nòt a mi tocja pur
pojàmi'n tal me jèt dut sorapensej.
Nencja là no mi è pusìbul ripošà,
ma sufrì invensi i pì salvàdis di suns.
Il diu cal vìf in tal me pet, mòvimi
al pòl in tal pì font dal spìrit me;
luj, che su dut me al regna,
nuja nol pòl movi al di fòu di me:
il me èsi al è duncja un cargu
che dešiderà mi fà la muart, e odià la vita.

Mefistòfil
Lo stes la muart a no è maj benvoluda.

Fàust
Benedèt chèl che'n tal lušòu da la vitoria
incoronada a ghi vèn cul oràr insanganàt,
chèl che dopo un balà sfrenàt
a la cjata in taj bras di na ninina!

O wär ich vor des hohen Geistes Kraft
Entzückt, entseelt dahin gesunken!

MEPHISTOPHELES:
Und doch hat jemand einen braunen Saft,
In jener Nacht, nicht ausgetrunken.

FAUST:
Das Spionieren, scheint's, ist deine Lust.

MEPHISTOPHELES:
Allwissend bin ich nicht; doch viel ist mir bewußt.

FAUST:
Wenn aus dem schrecklichen Gewühle
Ein süß bekannter Ton mich zog,
Den Rest von kindlichem Gefühle
Mit Anklang froher Zeit betrog,
So fluch ich allem, was die Seele
Mit Lock- und Gaukelwerk umspannt,
Und sie in diese Trauerhöhle
Mit Blend- und Schmeichelkräften bannt!
Verflucht voraus die hohe Meinung
Womit der Geist sich selbst umfängt!
Verflucht das Blenden der Erscheinung,
Die sich an unsre Sinne drängt!
Verflucht, was uns in Träumen heuchelt
Des Ruhms, der Namensdauer Trug!
Verflucht, was als Besitz uns schmeichelt,
Als Weib und Kind, als Knecht und Pflug!
Verflucht sei Mammon, wenn mit Schätzen
Er uns zu kühnen Taten regt,
Wenn er zu müßigem Ergetzen
Die Polster uns zurechte legt!
Fluch sei dem Balsamsaft der Trauben!
Fluch jener höchsten Liebeshuld!
Fluch sei der Hoffnung! Fluch dem Glauben,
Und Fluch vor allen der Geduld!

Oh se doma davànt dal spìrit pì alt
la me vita i vès da lasà, estašiàt!

Mefistòfil
E pur che nòt là cualchidùn
a nol à bevùt che bevanda scura.

Fàust
A somèa ch'i ti vèdis gust di spià.

Mefistòfil
I no soj onisiènt, ma i saj na vura.

Fàust
Se un sun dols ch'i cognòs ben mi vès
fòu tiràt da che cunfušiòn terìbil,
il rest daj sintimìns da frut
ca risùnin di biej timps pierdùs
i maledirès, dut, dut chèl che l'ànima
al inglusa di ilušiòns e gjùgjulis
e che chì, in ta stu buròn di soferènsis
ešiliàdis a vègnin cu li dòlsis e fàlsis promèsis!
Che maledèt al sedi'l alt propòšit
che cun chèl il spìrit a s'inglusa!
Maladèt il lušòu da li aparènsis
cal imbarlumìs i nustri sens!
Maladès i suns imbrojòns,
la gloria, la fama daj nustri nòns!
Maladèt sè ch'i vìn, ca ni tira a simìnt,
coma fèmina e frut, serf e vuàrzina!
Maladèt Mamòn, che cuj so tešorus
a ni tenta a imprèšis riscjòšis,
o a ni comeda i cusìns par fani
godi na supefluitàt di plašèis!
Maladèt il balsàmic most da l'ùa!
Maladeta la grasia pì alta dal amòu!
Maladeta la speransa! Maladeta la fede,
e maladeta pi di dut la pasiensa!

GEISTERCHOR (unsichtbar):
  Weh! weh!
  Du hast sie zerstört
  Die schöne Welt,
  Mit mächtiger Faust;
  Sie stürzt, sie zerfällt!
  Ein Halbgott hat sie zerschlagen!
  Wir tragen
  Die Trümmern ins Nichts hinüber,
  Und klagen
  Über die verlorne Schöne.
  Mächtiger
  Der Erdensöhne,
  Prächtiger
  Baue sie wieder,
  In deinem Busen baue sie auf!
  Neuen Lebenslauf
  Beginne,
  Mit hellem Sinne,
  Und neue Lieder
  Tönen darauf!

MEPHISTOPHELES:
Dies sind die Kleinen
Von den Meinen.
Höre, wie zu Lust und Taten
Altklug sie raten!
In die Welt weit,
Aus der Einsamkeit
Wo Sinnen und Säfte stocken,
Wollen sie dich locken.

Hör auf, mit deinem Gram zu spielen,
  Der, wie ein Geier, dir am Leben frißt;
  Die schlechteste Gesellschaft läßt dich fühlen,
  Daß du ein Mensch mit Menschen bist.
  Doch so ist's nicht gemeint
  Dich unter das Pack zu stoßen.

Coru di spìris, invišìbils
          Ah guài, guài!
          Ti às distrušùt
          il biel mont
          cun un puj potènt.
          Al cola, a si stà disfânt!
          Un semidiu a lu à sconcuasàt!
          I partàn
          li so macèris in tal Nuja
          e i si lamentàn
          da la so bielesa pierduda.
          Cun pì potensa
          daj fioj da la cjera,
          pì splèndit
          falu sù di nòuf,
          rifalu sù in tal to pet!
          Na vita nova
          a scuminsa
          cu na mins serena,
          e a si sintaràn
          cansòns nòvis!

Mefistòfil
          Chìscjus a sòn
          i me picinìns.
          Sìnt coma che da sàvius vecjùs
          a consilièjn di fà e godi!
          In ta stu mont grant
          a vòlin partati
          via da la solitùdin
          indà che sintimìns e umòus a si ristàgnin.

Finìsila di matià cu li to làgnis,
ca ti divòrin coma na pujana.
Fin la pešu compagnìa
a ti fà sinti un omp fra i òmis.
Ma chistu a nol vòu diši
pocati in ta la marmaja.

Ich bin keiner von den Großen;
  Doch willst du, mit mir vereint,
  Deine Schritte durchs Leben nehmen,
  So will ich mich gern bequemen,
  Dein zu sein, auf der Stelle.
  Ich bin dein Geselle,
  Und mach ich dir's recht,
  Bin ich dein Diener, bin dein Knecht!

FAUST:
Und was soll ich dagegen dir erfüllen?

MEPHISTOPHELES:
Dazu hast du noch eine lange Frist.

FAUST:
Nein, nein! der Teufel ist ein Egoist
Und tut nicht leicht um Gottes willen,
Was einem andern nützlich ist.
Sprich die Bedingung deutlich aus;
Ein solcher Diener bringt Gefahr ins Haus.

MEPHISTOPHELES:
Ich will mich hier zu deinem Dienst verbinden,
Auf deinen Wink nicht rasten und nicht ruhn;
Wenn wir uns drüben wiederfinden,
So sollst du mir das gleiche tun.

FAUST:
Das Drüben kann mich wenig kümmern;
Schlägst du erst diese Welt zu Trümmern,
Die andre mag darnach entstehn.
Aus dieser Erde quillen meine Freuden,
Und diese Sonne scheinet meinen Leiden;
Kann ich mich erst von ihnen scheiden,
Dann mag, was will und kann, geschehn.
Davon will ich nichts weiter hören,
Ob man auch künftig haßt und liebt,

Jò i no soj un daj grancj';
lo stes, si ti sòs dispòst
di cjaminà cun me'n ta la vita,
jò i mi comodaraj volentej
a èsi to, chì, a colp.
I saraj il to compaj,
e s'a ti và ben cussì,
i saraj il to serf, il to sclaf!

Fàust
E'n cambiu se varaju da fà par te?

Mefistòfil
Par chistu ti varàs tant timp.

Fàust
No, no—il diau al è un egoista,
a nol farà mai alc ca ghi sedi ùtil
a un'altri par fàighi plašej a Diu.
La condisiòn—dìs sù, clar e net!
Un serf cussì al è un riscju in cjaša.

Mefistòfil
I mi impegni di serviti uchì,
pront par ogni to clamada, sensa sosta.
Cuant che dopo i si cjatàn di là,
la stesa roba i ti faràs par me.

Fàust
Dal aldilà a m'impuarta amondi puc.
Manda prin stu mont in ruvina;
chel altri al pòl dopo vignì cuant cal vòu.
Da sta cjera a vèn fòu dut chèl ch'i gòt,
e stu soreli al lùs su duti li me pènis:
se doma da lòu i pòl separami,
ca susedi dopo sè ca vòu e ca pòl.
Di chèl i no vuej pì sinti nuja,
se'n tal mont da vignì un al òdia o al ama,

Und ob es auch in jenen Sphären
Ein Oben oder Unten gibt.

MEPHISTOPHELES:
In diesem Sinne kannst du's wagen.
Verbinde dich; du sollst, in diesen Tagen,
Mit Freuden meine Künste sehn,
Ich gebe dir, was noch kein Mensch gesehn.

FAUST:
Was willst du armer Teufel geben?
Ward eines Menschen Geist, in seinem hohen Streben,
Von deinesgleichen je gefaßt?
Doch hast du Speise, die nicht sättigt, hast
Du rotes Gold, das ohne Rast,
Quecksilber gleich, dir in der Hand zerrinnt,
Ein Spiel, bei dem man nie gewinnt,
Ein Mädchen, das an meiner Brust
Mit Äugeln schon dem Nachbar sich verbindet,
Der Ehre schöne Götterlust,
Die, wie ein Meteor, verschwindet?
Zeig mir die Frucht, die fault, eh man sie bricht,
Und Bäume, die sich täglich neu begrünen!

MEPHISTOPHELES:
Ein solcher Auftrag schreckt mich nicht,
Mit solchen Schätzen kann ich dienen.
Doch, guter Freund, die Zeit kommt auch heran,
Wo wir was Guts in Ruhe schmausen mögen.

FAUST:
Werd ich beruhigt je mich auf ein Faulbett legen,
So sei es gleich um mich getan!
Kannst du mich schmeichelnd je belügen,
Daß ich mir selbst gefallen mag,
Kannst du mich mit Genuß betrügen-
Das sei für mich der letzte Tag!
Die Wette biet ich!

o se'n ta che sfèris là
a pararà via a èsi un alt e un bas.

Mefistòfil
Si ti la pènsis cussì, i ti pòs ben riscjà.
Impègniti! E'n ta scju dìs chì
i ti podaràs godi da la me art:
ti daraj chèl che nisùn omp al à maj jodùt!

Fàust
Ma se vutu dà tu, puòr diau!
Al eše'l spìrit dal omp, in tal so volej zì
sempri pì'n sù, stàt maj da vuàltris capìt?
I àtu forsi, tu, mangjà ca nol impasudìs?
Un oru rosastri ca nol stà maj fer,
ma coma'l arzènt vif a ti scòr via di man?
Na fantasina, cun me'mbrasada,
che cuj vuj no si stà belzà'ngrimpànt a un altri?
o'l onòu che ben amàt daj dìus
com'na metèora al scomparìs?
Fami jodi'l frut madùr prin cal vegni vendemàt,
e àrbuj che ogni dì di nòuf s'inverdìsin!

Mefistòfil
 Un còmpit cussì no mi fà nisuna poura,
e tešòrus cussì i pòl ben servìtiu.
Ma dopo, il me bravo compaj, al riva pur'l momènt
di podej godi in pas li nustri robùtis.

Fàust
Se maj i vès da pojami in ta un jèt di pigrìsia,
ca mi càpiti pur a mi la stesa roba!
Se da'nganami ti sòs bon cu li to lušìgnis,
di fà che sodisfàt i sedi di me stes,
si ti sòs bon di partami a godi ogni plašej,
cal sedi chèl par me'l ùltin dì!
Chèl i ti scomèt!

MEPHISTOPHELES:
Topp!

FAUST:
Und Schlag auf Schlag! Werd ich zum Augenblicke sagen:
Verweile doch! du bist so schön!
Dann magst du mich in Fesseln schlagen,
Dann will ich gern zugrunde gehn!
Dann mag die Totenglocke schallen,
Dann bist du deines Dienstes frei,
Die Uhr mag stehn, der Zeiger fallen,
Es sei die Zeit für mich vorbei!

MEPHISTOPHELES:
Bedenk es wohl, wir werden's nicht vergessen.
FAUST:
Dazu hast du ein volles Recht;
Ich habe mich nicht freventlich vermessen.
Wie ich beharre, bin ich Knecht,
Ob dein, was frag ich, oder wessen.

MEPHISTOPHELES:
Ich werde heute gleich, beim Doktorschmaus,
Als Diener meine Pflicht erfüllen.
Nur eins!- Um Lebens oder Sterbens willen
Bitt ich mir ein paar Zeilen aus.

FAUST:
Auch was Geschriebnes forderst du Pedant?
Hast du noch keinen Mann, nicht Manneswort gekannt?
Ist's nicht genug, daß mein gesprochnes Wort
Auf ewig soll mit meinen Tagen schalten?
Rast nicht die Welt in allen Strömen fort,
Und mich soll ein Versprechen halten?
Doch dieser Wahn ist uns ins Herz gelegt,
Wer mag sich gern davon befreien?
Beglückt, wer Treue rein im Busen trägt,
Kein Opfer wird ihn je gereuen!

Mefistòfil
Scomesa acetada!

Fàust
Alora bàt chì la man! Se al istànt i dišaraj,
"Resta pur chì, ch'i ti sos cussì bièl!"
ti podaràs alora mètimi'n cjadènis,
i podaraj alora crepà contènt!
Ca suni pur alora la cjampana da muart,
ti saràs alora lìbar di no servimi pì,
ca si fermi 'l orloj, ca ghi coli pur la manuta,
che alora i la varaj finida cul timp!

Mefistòfil
Pènsighi ben, ch'i no lu dismintiarìn!
Fàust
I ti às la pì perfeta rašòn!
I no mi 'nsumiej nencja di schersà:
chèl ch'i tachi, di chèl i saraj sclaf,
o to o di n'altri—i no mi frej di cuj!

Mefistòfil
Al banchèt daj leteràs i faraj
vuej stes il me dovej di servivi.
Na roba e basta!—Par vita o par muart,
vi prej di firmami un par di rìghis.

Fàust
Encja alc di scrit i vutu tu, pedànt?
No atu maj alora cognosùt un omp di peraula?
A no ti bàstia che la peraula ch'i'ai dàt
a sestarà par sempri ducju i me dìs?
A nol scoria'l mont cun ogni curìnt?
A bastarèsia na promesa par fermami?
Chista chimera i la vìn ben nu in tal còu:
cuj di chè si liberarèsia volentej?
Beàt chèl ca si mantèn sempri leàl,
che nisùn sacrifisi ghi sarà maj masa grant!

Allein ein Pergament, beschrieben und beprägt,
Ist ein Gespenst, vor dem sich alle scheuen.
Das Wort erstirbt schon in der Feder,
Die Herrschaft führen Wachs und Leder.
Was willst du böser Geist von mir?
Erz, Marmor, Pergament, Papier?
Soll ich mit Griffel, Meißel, Feder schreiben?
Ich gebe jede Wahl dir frei.

MEPHISTOPHELES:
Wie magst du deine Rednerei
Nur gleich so hitzig übertreiben?
Ist doch ein jedes Blättchen gut.
Du unterzeichnest dich mit einem Tröpfchen Blut.

FAUST:
Wenn dies dir völlig Gnüge tut,
So mag es bei der Fratze bleiben.

MEPHISTOPHELES:
Blut ist ein ganz besondrer Saft.

FAUST:
Nur keine Furcht, daß ich dies Bündnis breche!
Das Streben meiner ganzen Kraft
Ist grade das, was ich verspreche.
Ich habe mich zu hoch gebläht,
In deinen Rang gehör ich nur.
Der große Geist hat mich verschmäht,
Vor mir verschließt sich die Natur
Des Denkens Faden ist zerrissen
Mir ekelt lange vor allem Wissen.
Laß in den Tiefen der Sinnlichkeit
Uns glühende Leidenschaften stillen!
In undurchdrungnen Zauberhüllen
Sei jedes Wunder gleich bereit!
Stürzen wir uns in das Rauschen der Zeit,
Ins Rollen der Begebenheit!

Doma na pergamena, firmada e sigilada,
a è un fantasma, che dùcjus a'ntimidìs.
La peraula a mòu a colp in ta la pena,
e doma coràn e sera a règnin.
Se vutu vej di me, spìrit malìn?
Bronz? Màrmul? Pergamena? Cjarta?
cun sè i scrìviu—cun làpis? cun scarpièl? cun pena?
Ti daj libertàt di sielzi.

Mefistòfil
Ma parsè ešagerà e scalmanati
cussì tant in ta dut stu tabajà?
Un sfuèj cualsìasi a ti basta,
e na gotuta di sanc par firmà.

Fàust
Se chistu a ti farà contènt,
èco chì encja sta monada.

Mefistòfil
Il sanc al è un lìcuit dal dut speciàl.

Fàust
Nisuna poura: i no vaj a rompi il pat!
Il valòu da la me potensa
al è dut in ta chèl ch'i promèt.
I mi soj cussì tant sglonfàt
che adès i ghi apartèn ai tòs.
Il grant Spìrit a mi à cussì tant spresàt
che la natura a si siera davànt di me.
Il fil dal me pensej a si à spacàt,
e da tant timp il savej a mi fà schifo.
Lasàn che'n ta la sensualitàt pì profonda
a si càlmin li nustri pasiòns pì rovànis!
Sot di un impenetràbil vel màgic
ca si tegni pronta ogni maravèa!
Butànsi in tal scrusà dal timp,
in tal susedi da li ròbis!

Da mag denn Schmerz und Genuß,
Gelingen und Verdruß
Miteinander wechseln, wie es kann;
Nur rastlos betätigt sich der Mann.

MEPHISTOPHELES:
Euch ist kein Maß und Ziel gesetzt.
Beliebt's Euch, überall zu naschen,
Im Fliehen etwas zu erhaschen,
Bekomm Euch wohl, was Euch ergetzt.
Nur greift mir zu und seid nicht blöde!

FAUST:
Du hörest ja, von Freud' ist nicht die Rede.
Dem Taumel weih ich mich, dem schmerzlichsten Genuß,
Verliebtem Haß, erquickendem Verdruß.
Mein Busen, der vom Wissensdrang geheilt ist,
Soll keinen Schmerzen künftig sich verschließen,
Und was der ganzen Menschheit zugeteilt ist,
Will ich in meinem innern Selbst genießen,
Mit meinem Geist das Höchst' und Tiefste greifen,
Ihr Wohl und Weh auf meinen Busen häufen,
Und so mein eigen Selbst zu ihrem Selbst erweitern,
Und, wie sie selbst, am End auch ich zerscheitern.

MEPHISTOPHELES:
O glaube mir, der manche tausend Jahre
An dieser harten Speise kaut
Daß von der Wiege bis zur Bahre
Kein Mensch den alten Sauerteig verdaut!
Glaub unsereinem, dieses Ganze
Ist nur für einen Gott gemacht!
Er findet sich in einem ew'gen Glanze
Uns hat er in die Finsternis gebracht,
Und euch taugt einzig Tag und Nacht.

FAUST:
Allein ich will!

Alora il sufri e il godi,
il trionfo e'l displašej
'l un in tal altri a si tramuta, com'cal pòl:
doma cul fà a si tèn 'l omp atìf.

Mefistòfil
A no vi è'mponuda nè mišura nè meta.
Se par dut a vi plàs becotà
e'n corsa cucà chistu o chèl,
cjolèit pur sè ca vi pàr e plàs!
Profitàivi, duncja; no stèit èsi un mona!

Fàust
Ti mi às zà sintùt; chì a no si trata di godi!
Alc i vuej ca mi fedi zirà'l cjaf, il godi pì doloròus,
il òdiu pì amàt, il fastidi cal invigorìs.
Il me còu, vuarìt da l'ansia dal savej,
cul zì'ndavànt a no si sierarà pì a nisùn dolòu,
e sè ca ghi è dàt a duta l'umanitàt
dentri di me i vuej godi,
brincà cul me spìrit il so pì sublìm e il so pì bas,
ingrumà'n tal me còu il so ben e'l so mal,
e'ngrandì cussi il me al so èsi,
e cun chèl a la fin innujàmi!

Mefistòfil
O crodèimi, che par tancju miàrs di àis
i staj mastiànt stu bocòn cussì dur,
che da la cuna fin a la tomba
nisùn omp al riva a digerì stu levàn!
Crodèighi a un di nuàltris: dut chistu
al è fàt doma par un Diu!
A si cjata, Luj, in ta un splendòu eterno;
nu a ni à'n tal scur scaraventàt,
e a vuàltris a vi stà ben doma il dì e la nòt.

Fàust
E chèl jò i vuej!

MEPHISTOPHELES:
Das läßt sich hören! Doch nur vor einem ist mir bang:
Die Zeit ist kurz, die Kunst ist lang.
Ich dächt, ihr ließet Euch belehren.
Assoziiert Euch mit einem Poeten,
Laßt den Herrn in Gedanken schweifen,
Und alle edlen Qualitäten
Auf Euren Ehrenscheitel häufen,
Des Löwen Mut,
Des Hirsches Schnelligkeit,
Des Italieners feurig Blut,
Des Nordens Dau'rbarkeit.
Laßt ihn Euch das Geheimnis finden,
Großmut und Arglist zu verbinden,
Und Euch, mit warmen Jugendtrieben,
Nach einem Plane zu verlieben.
Möchte selbst solch einen Herren kennen,
Würd ihn Herrn Mikrokosmus nennen.

FAUST:
Was bin ich denn, wenn es nicht möglich ist,
Der Menschheit Krone zu erringen,
Nach der sich alle Sinne dringen?

MEPHISTOPHELES:
Du bist am Ende- was du bist.
Setz dir Perücken auf von Millionen Locken,
Setz deinen Fuß auf ellenhohe Socken,
Du bleibst doch immer, was du bist.
FAUST:
Ich fühl's, vergebens hab ich alle Schätze
Des Menschengeists auf mich herbeigerafft,
Und wenn ich mich am Ende niedersetze,
Quillt innerlich doch keine neue Kraft;
Ich bin nicht um ein Haar breit höher,
Bin dem Unendlichen nicht näher.

Mefistòfil
Intindùt! Doma di na roba i ài timòu:
il timp al è curt, e l'art a è lungja[8].
A è miej ch'i vi lasàdis istruì.
Metèivi insièmit cun un poeta,
lasàit ca si rangi chèl a pensà
e'ngrumàit in ta la corona dal vustri cjaf
duti li pì nòbilis cualitàs:
il coragju dal leòn,
la sveltesa dal dàino,
il sanc ROVÀN dal taliàn,
la testardàgin dal setentrionàl.
Lasàit ca vi cjati luj il segrèt
di unì insièmit generošitàt e furbetàt
e la maniera di favi 'namorà
cul murbìn pì cjalt da la zoventùt!
Encja jò i vorès cognosi un omp cussì:
Siòr Microcòsmos i lu clamarès.
Fàust
Alora sè soju jò, s'a no mi è pusìbul
otegni il pì alt otegnìbil da omp,
che chèl dut il me èsi al aspiravòu vej

Mefistòfil
Tu i ti sòs in fin daj cons—sè ch'i ti sòs.
Mètiti 'ntòr na paruca di un miliòn di ris,
mèt i to piè in calsetòns als na jarda,
i ti restaràs pur sempri chèl ch'i ti sòs.
Fàust
I sìnt che invàn i mi ài tiràt dongja
ducju i tešorus dal spirit umàn,
a cuant che a la fin i mi sinti jù,
dentri a no mi sgorgolèa pì fòu alc di nòuf.
I no soj nencja un cjavieli pì alt,
e dal infinìt nencja un pel pì visìn.

---

[8] Dal famòus aforismo di Ipocrate: *Ars longa, vita brevis.*

MEPHISTOPHELES:
  Mein guter Herr, Ihr seht die Sachen,
  Wie man die Sachen eben sieht;
  Wir müssen das gescheiter machen,
  Eh uns des Lebens Freude flieht.
  Was Henker! freilich Händ und Füße
  Und Kopf und Hintern, die sind dein;
  Doch alles, was ich frisch genieße,
  Ist das drum weniger mein?
  Wenn ich sechs Hengste zahlen kann,
  Sind ihre Kräfte nicht die meine?
  Ich renne zu und bin ein rechter Mann,
  Als hätt ich vierundzwanzig Beine.
  Drum frisch! Laß alles Sinnen sein,
  Und grad mit in die Welt hinein!
  Ich sag es dir: ein Kerl, der spekuliert,
  Ist wie ein Tier, auf dürrer Heide
  Von einem bösen Geist im Kreis herum geführt,
  Und rings umher liegt schöne grüne Weide.

FAUST:
Wie fangen wir das an?

MEPHISTOPHELES:
Wir gehen eben fort.
Was ist das für ein Marterort?
Was heißt das für ein Leben führen,
Sich und die Jungens ennuyieren?
Laß du das dem Herrn Nachbar Wanst!
Was willst du dich das Stroh zu dreschen plagen?
Das Beste, was du wissen kannst,
Darfst du den Buben doch nicht sagen.
Gleich hör ich einen auf dem Gange!

FAUST:
Mir ist's nicht möglich, ihn zu sehn.

Mefistòfil
Il me bon siòr, i jodèis li ròbis
com'ca vègnin sempri jodùdis;
i vìn di fà li ròbis cun pì furbìsia
si no volìn pierdi dut il gust dal vivi.
Bòja can! Par sigùr mans e piè
e cjaf e culàtis a sòn tòs;
ma dut chèl che di dols i gòt,
al eše par chèl mancu me?
Se jò i pòl pajà par sèis stalòns,
li so fuàrsis a no soni mès?
I còr e i còr e'i soj un galantòmp
coma ch'i vès vincjacuatri gjàmbis.
Sù alora! Lasàn stà dut stu pensà
e bùtiti con me là di fòu'n tal mont!
Ti dìs chistu: chel galeòt cal filošofèa
al è coma un nemàl in ta un cjamp malsestàt
fàt cori inziru da un spìrit malìn,
mentri che dut atòr a è plen di biej pras vers.

Fàust
Coma i scuminsiànu?

Mefistòfil
              I tacàn cul zì via.
Se post di martìri al eše chistu!
A eše na vita da fà, chista,
di stufà a muart te e i to scolàrs!
Làsighi chistu al siòr Pansa, to visìn!
Parsè dati tant fastidi a bati paja?
Il miej che tu ti pòs savej,
dìšighilu no ti pòs ai to fantasìns.
In sìnt belzà un in ta l'entrada.

Fàust
A no mi è pusìbul di jòdilu.

MEPHISTOPHELES:
Der arme Knabe wartet lange,
Der darf nicht ungetröstet gehn.
Komm, gib mir deinen Rock und Mütze;
Die Maske muß mir köstlich stehn. (Er kleidet sich um.)
Nun überlaß es meinem Witze!
Ich brauche nur ein Viertelstündchen Zeit;
Indessen mache dich zur schönen Fahrt bereit!
(Faust ab.)

MEPHISTOPHELES (in Fausts langem Kleide):
Verachte nur Vernunft und Wissenschaft,
Des Menschen allerhöchste Kraft,
Laß nur in Blend- und Zauberwerken
Dich von dem Lügengeist bestärken,
So hab ich dich schon unbedingt-
Ihm hat das Schicksal einen Geist gegeben,
Der ungebändigt immer vorwärts dringt,
Und dessen übereiltes Streben
Der Erde Freuden überspringt.
Den schlepp ich durch das wilde Leben,
Durch flache Unbedeutenheit,
Er soll mir zappeln, starren, kleben,
Und seiner Unersättlichkeit
Soll Speis und Trank vor gier'gen Lippen schweben;
Er wird Erquickung sich umsonst erflehn,
Und hätt er sich auch nicht dem Teufel übergeben,
Er müßte doch zugrunde gehn!
(Ein SCHÜLER tritt auf.)

SCHÜLER:
Ich bin allhier erst kurze Zeit,
Und komme voll Ergebenheit,
Einen Mann zu sprechen und zu kennen,
Den alle mir mit Ehrfucht nennen.

MEPHISTOPHELES:
Eure Höflichkeit erfreut mich sehr!

Mefistòfil
Il puòr fantàt a è tant cal speta,
a no si pòl mandalu via disconsolàt.
Sù, dami chì la to pelandrana e bareta!
La mascara a mi zarà a pèl *A si travistìs*.
Adès lasa ca si rangj' il me schers!
A mi ocòr doma un cuart d'ora;
intànt tu prepàriti par fà un biel viàs!
Fàust al và fòu.

Mefistòfil, cun intòr la zimara di Fàust
Dispresa pur la rašòn e la siensa,
li pì grandi potènsis dal omp,
lasa che'l Spìrit dal Fals a ti
implenisi di delusiòns e magìis,
che alora i ti varaj dal dut par me!
Il destìn un spìrit a ghi à dàt
che sempri, sensa fren, a lu poca 'ndavànt,
e cul so frenètic lotà'n sercja al và
di alc di pì grant da la contentesa di stu mont.
I lu strisinaraj in ta na vita salvàdia,
in ta la basesa dal insignificànt;
par me al lotarà, a si'mpuntarà, e al restarà inviscjàt,
e sensa maj sasiàsi i so làvris afamàs
a domandaràn par alc di bevi e mangjà:
invàn al implorarà par un bocòn,
e encja s'a no si vès dàt al diau
al zarès lo stes a danasi!
Al entra un studènt

Studènt
I soj chì doma da puc timp,
e i vèn plen di rispièt
par tabajà e cognosi un omp
che dùcjus a minsònin cun riverensa.

Mefistòfil
Tant contènt da la vustra cortešìa!

Ihr seht einen Mann wie andre mehr.
Habt Ihr Euch sonst schon umgetan?

SCHÜLER:
Ich bitt Euch, nehmt Euch meiner an!
Ich komme mit allem guten Mut,
Leidlichem Geld und frischem Blut;
Meine Mutter wollte mich kaum entfernen;
Möchte gern was Rechts hieraußen lernen.

MEPHISTOPHELES:
Da seid Ihr eben recht am Ort.

SCHÜLER:
Aufrichtig, möchte schon wieder fort:
In diesen Mauern, diesen Hallen
Will es mir keineswegs gefallen.
Es ist ein gar beschränkter Raum,
Man sieht nichts Grünes, keinen Baum,
Und in den Sälen, auf den Bänken,
Vergeht mir Hören, Sehn und Denken.

MEPHISTOPHELES:
Das kommt nur auf Gewohnheit an.
So nimmt ein Kind der Mutter Brust
Nicht gleich im Anfang willig an,
Doch bald ernährt es sich mit Lust.
So wird's Euch an der Weisheit Brüsten
Mit jedem Tage mehr gelüsten.

SCHÜLER:
An ihrem Hals will ich mit Freuden hangen;
Doch sagt mir nur, wie kann ich hingelangen?

MEPHISTOPHELES:
Erklärt Euch, eh Ihr weiter geht,
Was wählt Ihr für eine Fakultät?

I jodèis un omp coma tancju àltris.
Se vèišu fàt fin adès?

Studènt
I vi prej tant di interesavi di me!
I vèn chì plen di buna volontàt,
cun cualchi palanca e rovàn di sanc.
Me mari a no voleva ch'i mi lontanasi;
e jò chì i vorès imparà alc di bon.

Mefistòfil
Alora i sèis rivàt in tal post just.

Studènt
Par diši la veretàt, i vorès belzà zì via di chì!
A no mi plàs par nuja di èsi
in ta sti sàlis, dentri di scju murs.
Al è un post masa sieràt;
un a nol jòt nè vert nè nisùn àrbul,
e in ta sti sàlis—in ta scju bancs—
a mi pasa la voja di scoltà, di jodi e di pensà.

Mefistòfil
Duta question di abitùdin.
Al inisi encja un frutùt
a no si mèt a tetà volentej;
ma dopo un tocùt a si nudrìs cun gust.
Cussì encja vu i godarèis ogni dì
sempri di pì li tètis dal savej.

Studènt
Al so cuèl m'impicjaraj dut contènt;
ma dišèimi: coma i rivaraju a falu?

Mefistòfil
Spiegàimi, prima di zì pì 'ndavànt:
se facoltàt i zarèišu a sielzi?

SCHÜLER:
Ich wünschte recht gelehrt zu werden,
Und möchte gern, was auf der Erden
Und in dem Himmel ist, erfassen,
Die Wissenschaft und die Natur.

MEPHISTOPHELES:
Da seid Ihr auf der rechten Spur;
Doch müßt Ihr Euch nicht zerstreuen lassen.

SCHÜLER:
Ich bin dabei mit Seel und Leib;
Doch freilich würde mir behagen
Ein wenig Freiheit und Zeitvertreib
An schönen Sommerfeiertagen.

MEPHISTOPHELES:
Gebraucht der Zeit, sie geht so schnell von hinnen,
Doch Ordnung lehrt Euch Zeit gewinnen.
Mein teurer Freund, ich rat Euch drum
Zuerst Collegium Logicum.
Da wird der Geist Euch wohl dressiert,
In spanische Stiefeln eingeschnürt,
Daß er bedächtiger so fortan
Hinschleiche die Gedankenbahn,
Und nicht etwa, die Kreuz und Quer,
Irrlichteliere hin und her.
Dann lehret man Euch manchen Tag,
Daß, was Ihr sonst auf einen Schlag
Getrieben, wie Essen und Trinken frei,
Eins! Zwei! Drei! dazu nötig sei.
Zwar ist's mit der Gedankenfabrik
Wie mit einem Weber-Meisterstück,
Wo ein Tritt tausend Fäden regt,
Die Schifflein herüber hinüber schießen,
Die Fäden ungesehen fließen,
Ein Schlag tausend Verbindungen schlägt.

Studènt
A mi plašarès doventà sapientìsin;
i vorès rivà a cognosi dut
sè ca è'n ta la cjera e'n tal cjèl,
la siensa e la natura.

Mefistòfil
Alora i sèis in tal troj just;
ma vuardàit di no lasavi stravià.

Studènt
In ta chèl i mi mèt cun ànima e cuarp;
encja se, a si capìs, i vorès gòdimi
un pu' di libertàt e divertimìnt
in ta li bieli fièstis di estàt.

Mefistòfil
Ušàit ben il timp, ca vi còr via cussì svelt!
La disiplina a v'insegnarà a ušalu ben.
Cjar il me amìc, i vi consilièj par chèl
di tacà cul Collegium Logicum.
La vustra mins a vi vegnarà ben ingusada
e inglusada streta in ta stivaj spagnoj,
par ca posi parà via dreta
pa la strada dal pensej,
e ca no zedi pì a torzeonà
e a straviàsi par cà e par là.
Dopo a v'insegnaràn par cualchi dì
che chèl ch'i fèvis, cussì, a la buna,
coma mangjà e bevi, a tocja falu
—un, doj tre!—cun regula!
Par cont me la fàbrica da li idèis
a e coma'l telàr dal tesidòu,
che cul so pedàl mil fìi al mòuf,
cu li spòlis ca svuàlin in sù e'n jù,
e i fìi che 'nvišìbii a scorin,
in ta'un colp insièmit al mèt mil leàns.

Der Philosoph, der tritt herein
Und beweist Euch, es müßt so sein:
Das Erst wär so, das Zweite so,
Und drum das Dritt und Vierte so;
Und wenn das Erst und Zweit nicht wär,
Das Dritt und Viert wär nimmermehr.
Das preisen die Schüler allerorten,
Sind aber keine Weber geworden.
Wer will was Lebendigs erkennen und beschreiben,
Sucht erst den Geist heraus zu treiben,
Dann hat er die Teile in seiner Hand,
Fehlt, leider! nur das geistige Band.
Encheiresin naturae nennt's die Chemie,
Spottet ihrer selbst und weiß nicht wie.

SCHÜLER:
Kann Euch nicht eben ganz verstehen.

MEPHISTOPHELES:
Das wird nächstens schon besser gehen,
Wenn Ihr lernt alles reduzieren
Und gehörig klassifizieren.

SCHÜLER:
Mir wird von alledem so dumm,
Als ging, mir ein Mühlrad im Kopf herum.

MEPHISTOPHELES:
Nachher, vor allen andern Sachen,
Müßt Ihr Euch an die Metaphysik machen!
Da seht, daß Ihr tiefsinnig faßt,
Was in des Menschen Hirn nicht paßt;
Für was drein geht und nicht drein geht,
Ein prächtig Wort zu Diensten steht.

Il filošofo al entra e a vi fà
ben jodi che cussì a è e basta:
se'l prin al è cussì e il secònt culà,
cussì a sòn pur il ters e'l cuart;
e se cussì a no sòn il prin e'l secònt,
tant mancu a sòn il ters e'l cuart.
Stu chì apresàt al è daj scolàrs di ogni post,
ma nisùn di lòu al è maj doventàt tesidòu.
Chèl che capì e descrivi al vòu alc di bon e vif,
il spìrit al prova prin a tiràighi fòu;
alora sì cal à i tocs in man,
doma che, purtròp, a ghi mancja'l spìrit.
Chistu al è da la chimica clamàt *encheiresin naturae*,
che cun chè sè stesa a si cjoj inziru.[9]

Studènt
I no saj si vi capìs dal dut.
Mefistòfil
Dopo un puc a zarà miej, màsima
cuant ch'i vèis imparàt
a riduši e a clasificà dut ben.

Studènt
Dut chistu a mi fà sinti cussì stùpit,
coma ch'i vès na roda di mulìn in tal cjaf.

Mefistòfil
Dopo, prin di ogni altra roba,
i veis da butavi in ta la metafišica!
Vuardàit ulà di capì a font
sè ca nol stà ben in tal sarvièl umàn!
Par chel ca centra e chel ca no centra
a è sempri na biela peràula ca pòl servì.

---

[9] A è clar che chì al stà cjolìnt inziru chej (nuàltris) ca sòn tant bràvos da separà na roba i taj pì pisuj particulàrs crodìnt –cussì fašìnt—di capila, ma in realtàt no capìnt nuja dal so complès, da la so integritàt.

Doch vorerst dieses halbe Jahr
  Nehmt ja der besten Ordnung wahr.
  Fünf Stunden habt Ihr jeden Tag;
  Seid drinnen mit dem Glockenschlag!
  Habt Euch vorher wohl präpariert,
  Paragraphos wohl einstudiert,
  Damit Ihr nachher besser seht,
  Daß er nichts sagt, als was im Buche steht;
  Doch Euch des Schreibens ja befleißt,
  Als diktiert, Euch der Heilig Geist!

SCHÜLER:
Das sollt Ihr mir nicht zweimal sagen!
Ich denke mir, wie viel es nützt
Denn, was man schwarz auf weiß besitzt,
Kann man getrost nach Hause tragen.

MEPHISTOPHELES:
Doch wählt mir eine Fakultät!

SCHÜLER:
Zur Rechtsgelehrsamkeit kann ich mich nicht bequemen.

MEPHISTOPHELES:
Ich kann es Euch so sehr nicht übel nehmen,
Ich weiß, wie es um diese Lehre steht.
Es erben sich Gesetz' und Rechte
Wie eine ew'ge Krankheit fort;
Sie schleppen von Geschlecht sich zum Geschlechte,
Und rücken sacht von Ort zu Ort.
Vernunft wird Unsinn, Wohltat Plage;
Weh dir, daß du ein Enkel bist!
Vom Rechte, das mit uns geboren ist,
Von dem ist, leider! nie die Frage.

SCHÜLER:
Mein Abscheu wird durch Euch vermehrt.
O glücklich der, den Ihr belehrt!

Ma par scju prins sèis mèis
vuardàit di èsi sempri in òrdin.
Ogni dì i vèis sinc lesiòns;
vuardàit di èsi lì al sunà dal campanèl!
Si vi tegnèis ben preparàt,
e i paràgrafos i vèis ben studiàt,
i podarèis dopo ben jodi
che luj maj nol dìs alc di pì dal libri!
Ma vuardàit di scrivi sempri jù dut,
coma se detàt vi vegnès dal Spìrit Sant!

Studènt
N'ocòr ch'i mi lu dišèdis do vòltis!
I ghi pensi 'mparzora pì ch' pòl;
che sè che un al scrìf neri su blanc
un al pòl partàsilu a cjaša cun cunfidensa.

Mefistòfil
Sielzèimi alora na facultàt.

Studènt
Di studià gjurisprudensa i no mi la sìnt.

Mefistòfil
I no mi la sìnt di davi tant tuart,
i saj ben jò coma ca vàn li ròbis.
La les e la gjustìsia a si tramàndin
coma ca fòsin na eterna malatia;
A si strisìnin da generasiòn a generasiòn
e da post a post pur, a la buna.
La rašon a doventa n'asurditàt, il bonfà, lamìnt:
guaj a te si ti sòs'l ùltin dal scjap.
Dal dirìt ch'i vìn da cuant ch'i sìn nasùs,
di chèl, purtròp, a no si cjacara nencja.

Studènt
I mi fèis cresi il me disgùst encjamò di pì.
O beàt chèl che da vu'l pòl imparà!

Fast möcht ich nun Theologie studieren.

MEPHISTOPHELES:
Ich wünschte nicht, Euch irre zu führen.
Was diese Wissenschaft betrifft,
Es ist so schwer, den falschen Weg zu meiden,
Es liegt in ihr so viel verborgnes Gift,
Und von der Arzenei ist's kaum zu unterscheiden.
Am besten ist's auch hier, wenn Ihr nur einen hört,
Und auf des Meisters Worte schwört.
Im ganzen- haltet Euch an Worte!
Dann geht Ihr durch die sichre Pforte
Zum Tempel der Gewißheit ein.

SCHÜLER:
Doch ein Begriff muß bei dem Worte sein.

MEPHISTOPHELES:
Schon gut! Nur muß man sich nicht allzu ängstlich quälen
Denn eben wo Begriffe fehlen,
Da stellt ein Wort zur rechten Zeit sich ein.
Mit Worten läßt sich trefflich streiten,
Mit Worten ein System bereiten,
An Worte läßt sich trefflich glauben,
Von einem Wort läßt sich kein Jota rauben.

SCHÜLER:
Verzeiht, ich halt Euch auf mit vielen Fragen,
Allem ich muß Euch noch bemühn.
Wollt Ihr mir von der Medizin
Nicht auch ein kräftig Wörtchen sagen?
Drei Jahr ist eine kurze Zeit,
Und, Gott! das Feld ist gar zu weit.
Wenn man einen Fingerzeig nur hat,
Läßt sich's schon eher weiter fühlen.

Cuaši cuaši i studiarès Teologìa.

Mefistòfil
I no ài nisuna voja di straviàvi.
I vi dìs di chista siensa
ca è dur no cjapà la strada sbaliada;
è plena di velèn malplatàt
ca no è fàsil distìnguilu da la midišina.
Uchì a è miej ch'i scoltàdis un e basta,
e ch'i scoltàdis il mestri coma cal fòs il Verbo!
In sostansa: scoltàit ben li peràulis,
che alora i zarèis pa la puarta sigura
ca parta a Templi da la Certesa.

Studènt
Ma li peràulis a bišugna ca vèdin un concèt, no?

Mefistòfil
Sigùr! Ma a n'ocòr che un al tremi di poura;
che encja se il concèt al vès da mancjà,
a si pòl sempri inserì la peràula justa.
Cun peràulis a si pol disputà ca è na maravèa,
cun peràulis a si dišegna un sistema;
a li peràulis a si pòl sempri cròdighi,
a li peràulis a no si ghi roba nencja un jota.

Studènt
Scušàimi, i vi staj fašìnt masa domàndis;
lo stes a mi tocja di nòuf disturbavi.
Dišèimi, s'a no vi displàs,
na buna peraula su la Midišina.
Tre àis a sòn masa puc timp,
e, Diu bon, il cjamp al è cussì grant.
Se un al vès doma un pìsul sugerimìnt,
a si sintarès belzà'n ta la so strada.

MEPHISTOPHELES (für sich):
Ich bin des trocknen Tons nun satt,
Muß wieder recht den Teufel spielen.
(Laut.)
Der Geist der Medizin ist leicht zu fassen;
Ihr durchstudiert die groß, und kleine Welt,
Um es am Ende gehn zu lassen,
Wie's Gott gefällt.
Vergebens, daß Ihr ringsum wissenschaftlich schweift,
Ein jeder lernt nur, was er lernen kann;
Doch der den Augenblick ergreift,
Das ist der rechte Mann.
Ihr seid noch ziemlich wohl gebaut,
An Kühnheit wird's Euch auch nicht fehlen,
Und wenn Ihr Euch nur selbst vertraut,
Vertrauen Euch die andern Seelen.
Besonders lernt die Weiber führen;
Es ist ihr ewig Weh und Ach
So tausendfach
Aus einem Punkte zu kurieren,
Und wenn Ihr halbweg ehrbar tut,
Dann habt Ihr sie all unterm Hut.
Ein Titel muß sie erst vertraulich machen,
Daß Eure Kunst viel Künste übersteigt;
Zum Willkomm tappt Ihr dann nach allen Siebensachen,
Um die ein andrer viele Jahre streicht,
Versteht das Pülslein wohl zu drücken,
Und fasset sie, mit feurig schlauen Blicken,
Wohl um die schlanke Hüfte frei,
Zu sehn, wie fest geschnürt sie sei.

SCHÜLER:
Das sieht schon besser aus! Man sieht doch, wo und wie.

MEPHISTOPHELES:
Grau, teurer Freund, ist alle Theorie,
Und grün des Lebens goldner Baum.

Mefistòfil (a sè stes)
Stu fà da profesòu a mi'a zà stufàt;
i vuej tornà a fà la me part dal diau.
(a fuart)
il spirit da la Midišina al è fàsil da brincà!
Studiàit ben il micro-e il macromònt,
e lasàit che a la fin a pàrin via
coma che a Diu a ghi plàs.
I ghi zèis ator da li siènsis invàn:
ogni un al impara doma chèl cal pòl;
ma chel cal brinca'l moment just,
chèl al è un omp in gamba.
i vèis na biela prešensa,
e'l ardimìnt a no vi mancjarà,
e se di vu stes i vèis fiducja,
encja i àltris a varàn fede in vu.
Pì di dut imparàit rangjavi cu li fèminis;
al è'l so eterno Oh e Ahi
ch'i sintèis mil vòltis,
ch'i vèis da coreši na volta par dùtis;
ma encja si lu fèis doma a metàt,
i li varèis alora'n man vustra.
Un titul al à prin di fàjghi crodi
che la vustra art a è miej di cualsìasi altra art.
Dopo, coma benrivàt, i tastarèis dut il rest,
che n'altri al veva provàt a fà da àis;
i savarèis ben coma fracjàighi il pols,
e cu li vustri ocjàdis ruvìnt di malìsia
i podarèis imbrasàjghi i so snej flancs
par jodi cuant ben imbustada ca è.

Studènt
Chistu sì ca mi plàs! Un al jòt belzà 'l indulà e'l coma.

Mefistòfil
Griša, amigo me, a è duta la teoria,
e vert al è'l àrbul doràt da la vita.

SCHÜLER:
Ich schwör Euch zu, mir ist's als wie ein Traum.
Dürft ich Euch wohl ein andermal beschweren,
Von Eurer Weisheit auf den Grund zu hören?

MEPHISTOPHELES:
Was ich vermag, soll gern geschehn.

SCHÜLER:
Ich kann unmöglich wieder gehn,
Ich muß Euch noch mein Stammbuch überreichen,
Gönn Eure Gunst mir dieses Zeichen!

MEPHISTOPHELES:
Sehr wohl.
(Er schreibt und gibt's.)

SCHÜLER (liest):
Eritis sicut Deus, scientes bonum et malum.
(Macht's ehrerbietig zu und empfiehlt sich.)

MEPHISTOPHELES:
Folg nur dem alten Spruch und meiner Muhme, der Schlange,
Dir wird gewiß einmal bei deiner Gottähnlichkeit bange!
(Faust tritt auf.)

FAUST:
Wohin soll es nun gehn?

MEPHISTOPHELES:
Wohin es dir gefällt.
Wir sehn die kleine, dann die große Welt.
Mit welcher Freude, welchem Nutzen
Wirst du den Cursum durchschmarutzen!

FAUST:
Allein bei meinem langen Bart
Fehlt mir die leichte Lebensart.

Studènt
I vi zuri che dut chistu a mi par un sun!
I posiu disturbavi n'altra volta
par scoltà fin a font la vustra sapiensa?

Mefistòfil
Chèl ch'i pòl i lu faraj volentej.

Studènt
A m i è'mpusìbul tornà indavòu:
a bišugna pur ch'i vi pasi il me àlbum;
concedèimi cun stu sen il vustri plašej.

Mefistòfil
Và ben. *(Al scrif e a ghi lu dà)*

Studènt (al lès)
Eritis sicut Deus, scientes bonum el malum.
A lu inglusa cun reverensa e a luj a si racomanda.

Mefistòfil
Seguìs il antìc consej e me barba il sarpìnt.
Na dì i ti tremaràs pa la to someànsa cun Diu.

Al entra Fàust

Fàust
E adès, indulà?

Mefistòfil
            Indulà ch'i ti vòus tu!
Prima i jodarìn il pìsul, e dopo il mont grant.
Cun cuala contentesa, cun cual profit
ch'i ti godaràs il to curriculum!

Fàust
Cu la me barba lungja, parsè
ca mi mancja la lišeresa dal vivi.

Es wird mir der Versuch nicht glücken;
 Ich wußte nie mich in die Welt zu schicken.
 Vor andern fühl ich mich so klein;
 Ich werde stets verlegen sein.

MEPHISTOPHELES:
Mein guter Freund, das wird sich alles geben;
Sobald du dir vertraust, sobald weißt du zu leben.

FAUST:
Wie kommen wir denn aus dem Haus?
Wo hast du Pferde, Knecht und Wagen?

MEPHISTOPHELES:
Wir breiten nur den Mantel aus,
Der soll uns durch die Lüfte tragen.
Du nimmst bei diesem kühnen Schritt
Nur keinen großen Bündel mit.
Ein bißchen Feuerluft, die ich bereiten werde,
Hebt uns behend von dieser Erde.
Und sind wir leicht, so geht es schnell hinauf;
Ich gratuliere dir zum neuen Lebenslauf!

Auerbachs Keller in Leipzig

Zeche lustiger Gesellen.

FROSCH:
Will keiner trinken? keiner lachen?
Ich will euch lehren Gesichter machen!
Ihr seid ja heut wie nasses Stroh,
Und brennt sonst immer lichterloh.

Il tentatìf a no mi zovarà nuja;
i no saj coma compuartami in tal mont:
di front daj àltris i mi sìnt sempri pìsul.
I mi sintaraj sempri imbarasàt.

Mefistòfil
Il me bravo compaj, dismintièa dut chèl.
Cròt in te stes, e i ti savaràs vivi.

Fàust
Coma i zarinu fòu di cjaša?
Indà i àtu cjavàl, serf e carosa?

Mefistòfil
I vìn doma da slargjà la mantelina:
a sarà chè ca ni partarà par l'aria.
Par fà stu intrèpit pas
a no ti ocorarà che un fagotùt.
Un pu di aria 'nfogada, che jò i prepararaj,
a ni alsarà sù coma nuja da sta cjera,
e si sarìn lišerùs i si alsarìn encja pì a la svelta.
Cumplimìns pa la to nova vita!

LA CANTINA DI AUERBACH A LIEPZIG

Baldoria di compàis

Frosch
    Alora, a no bèvia e a no ridia nisùn?
    Vi insegni jò a vej sti mùšis lùngis!
    Èco che vuej i sèis coma paja'mplombada,
    vuàltris che di sòlit i sèis coma falìscjs.

BRANDER:
Das liegt an dir; du bringst ja nichts herbei,
Nicht eine Dummheit, keine Sauerei.

FROSCH (giesst ihm ein Glas Wein über den Kopf):
Da hast du beides!

BRANDER:
Doppelt Schwein!

FROSCH:
Ihr wollt es ja, man soll es sein!

SIEBEL:
Zur Tür hinaus, er sich entzweit!
Mit offner Brust singt Runda, sauft und schreit!
Auf! Holla! Ho!

ALTMAYER:
Weh mir, ich bin verloren!
Baumwolle her! der Kerl sprengt mir die Ohren.

SIEBEL:
Wenn das Gewölbe widerschallt,
Fühlt man erst recht des Basses Grundgewalt.

FROSCH:
So recht, hinaus mit dem, der etwas übel nimmt!
A! tara lara da!

ALTMAYER:
A! tara lara da!

FROSCH:
Die Kehlen sind gestimmt.
(Singt.)
Das liebe Heil'ge Röm'sche Reich,
Wie hält's nur noch zusammen?

Brander
                Duta colpa to: i no ti tìris fòu nuja,
                nè na monada nè na porcada.

Frosch (sbicjànt un got di vin in tal so cjaf)
                Èco chì, chèl e chèl!

Brander
                              Dopli di un porco!

Frosch
I vi daj doma sè ch'i volèis!

Siebel
Fòu da la puarta, chèl cal fà cašin!
Cjantàit a plena vòus, sù! Trincàit! Sigàit!
Sù! Tralalà!

Altmeyer
Oh puòr me, i l'ai ben finida, jò!
Dèimi un pu di cotòn! Stropàimi li orèlis!

Siebel
Si ti sìntis risunà la volta,
i ti sintis duta la potensa dal bas.

Frosch
Just cussì! E via cal zedi chèl ca si la cjapa!
Ah! taratara-là!

Altmeyer
                Ah! taratara-là!

Frosch
Li gòlis a sòn ben intonàdis.
Al cjanta:
                Il tant amàt e Sacri Impero Romàn,
                com'al fàja a stà sempri unìt e un?

BRANDER:
Ein garstig Lied! Pfui! ein politisch Lied
Ein leidig Lied! Dankt Gott mit jedem Morgen,
Daß ihr nicht braucht fürs Röm'sche Reich zu sorgen!
Ich halt es wenigstens für reichlichen Gewinn,
Daß ich nicht Kaiser oder Kanzler bin.
Doch muß auch uns ein Oberhaupt nicht fehlen;
Wir wollen einen Papst erwählen.
Ihr wißt, welch eine Qualität
Den Ausschlag gibt, den Mann erhöht.

FROSCH (singt):
Schwing dich auf, Frau Nachtigall,
Grüß mir mein Liebchen zehentausendmal.

SIEBEL:
Dem Liebchen keinen Gruß! ich will davon nichts hören!

FROSCH:
Dem Liebchen Gruß und Kuß! du wirst mir's nicht verwehren!

(Singt.)
Riegel auf! in stiller Nacht.
Riegel auf! der Liebste wacht.
Riegel zu! des Morgens früh.

SIEBEL:
Ja, singe, singe nur und lob und rühme sie!
Ich will zu meiner Zeit schon lachen.
Sie hat mich angeführt, dir wird sie's auch so machen.
Zum Liebsten sei ein Kobold ihr beschert!
Der mag mit ihr auf einem Kreuzweg schäkern;
Ein alter Bock, wenn er vom Blocksberg kehrt,
Mag im Galopp noch gute Nacht ihr meckern!
Ein braver Kerl von echtem Fleisch und Blut
Ist für die Dirne viel zu gut.
Ich will von keinem Gruße wissen,

Brander
Na porcarìa di cansòn! Bah! Politica e mùsica
a fàn schifo! Ringrasiàit Diu ogni dì
che dal Impero Romàn i no vèis da rangjavi vuàltris!
Par cont me a è na gran biela roba
che jò nè 'Mperatòu nè Cancelièr i no soj.
Lo stes a bišugna ch'i vèdin un capo:
i volìn eleši un papa!
I savèis ben se sorta di cualitàt
ca pòl fà elevà un a sta pošisiòn.

Frosch (al cjanta):

        Svuala'n sù, siòr ušignòu,
        saluda mil vòltis la me ninina!

Siebel
A la to ninina nisùn salùt! I no vuej sìntini nisùn!

Frosch
Invensi a la me ninina salùs e busòns! No, i no tàs!

Al cjanta:
        Via'l cjadenàs, in tal sidìn da la nòt!
        Via'l cjadenàs, la me maroša a no durmìs!
        Sieràit il cjadenàs, ca è zà matina.

Siebel
Cjanta, sì, cjanta pur e clebrèila!
Prin o dopo i ridaraj ben jò.
A mi à cjòlt inziru. A ti capitarà ben encja a ti.
Ca ghi càpiti un demòni par amànt:
ca si struchi cun ic in tal àngul di na strada!
Che un cjavròn vecju, tornànt da Blocksberg,
buna nòt ghi diši, galopànt e beànt!
Un bravo fantàt, di buna cjar e bon sanc,
al sarès masa par na sdrondina cussì!
I no cognòs na maniera miej di saludala

Als ihr die Fenster eingeschmissen

BRANDER (auf den Tisch schlagend):
Paßt auf! paßt auf! Gehorchet mir!
Ihr Herrn, gesteht, ich weiß zu leben
Verliebte Leute sitzen hier,
Und diesen muß, nach Standsgebühr,
Zur guten Nacht ich was zum besten geben.
Gebt acht! Ein Lied vom neusten Schnitt!
Und singt den Rundreim kräftig mit!
(Er singt.)
Es war eine Ratt im Kellernest,
Lebte nur von Fett und Butter,
Hatte sich ein Ränzlein angemäst't,
Als wie der Doktor Luther.
Die Köchin hatt ihr Gift gestellt;
Da ward's so eng ihr in der Welt,
Als hätte sie Lieb im Leibe.

CHORUS (jauchzend):
Als hätte sie Lieb im Leibe.

BRANDER:
Sie fuhr herum, sie fuhr heraus,
Und soff aus allen Pfützen,
Zernagt', zerkratzt, das ganze Haus,
Wollte nichts ihr Wüten nützen;
Sie tät gar manchen Ängstesprung,
Bald hatte das arme Tier genung,
Als hätt es Lieb im Leibe.

CHORUS:
Als hätt es Lieb im Leibe.

che chè di sbàtighi'l barcòn in muša!

Brander (sbatìnt la man su la taula)
Atensiòn! atensiòn! Scoltàimi ben!
Siòrs me, su, confesàit che jò i saj vivi!
Uchì a si sìntin chej ca marošèjn
e par chìscjus jo i mi sìnt in dovej
di auguràighi buna nòt!
Alora atèns! Na cansòn di stamp dut nòuf!
E cjantàit a fuart il ritornèl cun me!
Al cjanta:
              Na pantiana' a si la pasava'n cantina
              e a viveva doma di butiru e argjèl,
              e par chèl si veva ben rotondàt,
              pròpit coma'l dotòr Lùter.
              La coga a ghi prepara'l velèn:
              e dut a taca a zighi mal in tal mont,
              coma se di amòu a sufrìs.

Il coru (alegri)
              Coma se di amòu a sufrìs.

Brander
              A còr par cà, par là, e sù e jù,
              e a ti bevucjea'n ta ogni posa[10],
              rošeànt e gratànt par dut:
              la so rabia a no ghi zovava par nuja!
              A saltusava 'mpaurida par dut,
              la puora besteuta a no ghi la feva pì,
              coma se di amòu a sufrìs.

Il coru:
              Coma se di amòu a sufrìs!

---

[10] Chèl cal lès a si recuardarà che in tal me furlàn la "s" in tal mièss di dos vocàls a risèif il sun da la "s" dura, coma chèl da la s-dopla dal taliàn, se pì ca no à na pipeta imparzora.

BRANDER:
Sie kam vor Angst am hellen Tag
Der Küche zugelaufen,
Fiel an den Herd und zuckt, und lag,
Und tät erbärmlich schnaufen.
Da lachte die Vergifterin noch:
Ha! sie pfeift auf dem letzten Loch,
Als hätte sie Lieb im Leibe.

CHORUS:
Als hätte sie Lieb im Leibe.

SIEBEL:
Wie sich die platten Bursche freuen!
Es ist mir eine rechte Kunst,
Den armen Ratten Gift zu streuen!

BRANDER:
Sie stehn wohl sehr in deiner Gunst?

ALTMAYER:
Der Schmerbauch mit der kahlen Platte!
Das Unglück macht ihn zahm und mild;
Er sieht in der geschwollnen Ratte
Sein ganz natürlich Ebenbild
(Faust und Mephistopheles treten auf.)

MEPHISTOPHELES:
Ich muß dich nun vor allen Dingen
In lustige Gesellschaft bringen,
Damit du siehst, wie leicht sich's leben läßt.
Dem Volke hier wird jeder Tag ein Fest.
Mit wenig Witz und viel Behagen
Dreht jeder sich im engen Zirkeltanz,
Wie junge Katzen mit dem Schwanz.
Wenn sie nicht über Kopfweh klagen,
So lang der Wirt nur weiter borgt,
Sind sie vergnügt und unbesorgt.

Brander
              In plen dì ti la jòdis cori
              par poura'n cušina;
              dongja dal fogolàr a cola tremànt
              e soflànt da fà dòu.
              A rìt la velenadora:
              Ha! A no sunarà pì il pìfar,
              coma se di amòu a sufrìs!

Il coru:
Coma se di amòu a sufrìs!

Siebel
Jot com'ca si la spàsin scju zovenàs!
Ma vuarda ca vòu udisi a zì
a dàjghi velèn a li puori pantiànis!

Brander
Àtu cussì tanta simpatìa par lòu?

Altmeyer
Jòt stu pansòn cu la sucja spelada!
La scalogna a lu rint mulišìn:
in ta che pansona di pantiana
al jòt la so figura naturàl.

Fàust e Mefistòfil

Mefistòfil
I vuej prin di dut partati
là 'ndulà che la zent a si divertìs.
Par sta zent chì a è fiesta ogni dì.
Sensa sutilèsis ma godìnt lo stes,
ognidùn al zira atorotòr di sè stes
coma un gjatùt cu la so coda.
Fin ca no si làgnin di mal di cjaf,
e fin che'l ostièr a ghi dà crèdit,
contèns a sòn e sensa pensej.

BRANDER:
Die kommen eben von der Reise,
Man sieht's an ihrer wunderlichen Weise;
Sie sind nicht eine Stunde hier.

FROSCH:
Wahrhaftig, du hast recht! Mein Leipzig lob ich mir!
Es ist ein klein Paris, und bildet seine Leute.

SIEBEL:
Für was siehst du die Fremden an?

FROSCH:
Laß mich nur gehn! Bei einem vollen Glase
Zieh ich, wie einen Kinderzahn,
Den Burschen leicht die Würmer aus der Nase.
Sie scheinen mir aus einem edlen Haus,
Sie sehen stolz und unzufrieden aus.

BRANDER:
Marktschreier sind's gewiß, ich wette!

ALTMAYER:
Vielleicht.

FROSCH:
Gib acht, ich schraube sie!

MEPHISTOPHELES (zu Faust):
Den Teufel spürt das Völkchen nie,
Und wenn er sie beim Kragen hätte.

FAUST:
Seid uns gegrüßt, ihr Herrn!

SIEBEL:
Viel Dank zum Gegengruß.
(Leise, Mephistopheles von der Seite ansehend.)

Brander
Scju doj chì a rìvin da un viàs:
a si lu jòt da li strani manièris;
a no è nencja na ora ca sòn chì.

Frosch
Ti às rašòn, sigùr! Benedeta la me Lipsia!
A è na pìsula Parigi, a'ncivilìs la so zent.

Siebel
Sè ti pària daj forestèis?

Frosch
Lasa ch'i fedi jò! Cun un biel gotùt
i ghi tiri fòu jò i so segrès,
coma gjavàighi un dint a un frutùt.
A mi somèjn doj aristocràtics:
a àn l'aria di èsi sioràs e malcontèns.

Brander
Cjarlatàns a sòn, i scomèt!

Alt meyer
A pòl ben dasi.

Frosch
Atèns, adès i'u'nvidi sù!

Mefistòfil a Fàust
Il diau a nol naša maj la zentuta,
nencja cuant ca l'à pa la cadopa.

Fàust
Siòrs, i vi saludàn!

Siebel
                    Gràsis, i ricambiàn.
Sidinùt, vuardànt Mefistòfil di sotvuli.

Was hinkt der Kerl auf einem Fuß?

MEPHISTOPHELES:
Ist es erlaubt, uns auch zu euch zu setzen?
Statt eines guten Trunks, den man nicht haben kann
Soll die Gesellschaft uns ergetzen.

ALTMAYER:
Ihr scheint ein sehr verwöhnter Mann.

FROSCH:
Ihr seid wohl spät von Rippach aufgebrochen?
Habt ihr mit Herren Hans noch erst zu Nacht gespeist?

MEPHISTOPHELES:
Heut sind wir ihn vorbeigereist!
Wir haben ihn das letztemal gesprochen.
Von seinen Vettern wußt er viel zu sagen,
Viel Grüße hat er uns an jeden aufgetragen.
(Er neigt sich gegen Frosch.)

ALTMAYER (leise):
Da hast du's! der versteht's!

SIEBEL:
Ein pfiffiger Patron!

FROSCH:
Nun, warte nur, ich krieg ihn schon!

MEPHISTOPHELES:
Wenn ich nicht irrte, hörten wir
Geübte Stimmen Chorus singen?
Gewiß, Gesang muß trefflich hier
Von dieser Wölbung widerklingen!

Cuj sàja parsè che un piè a lu tèn suèt.

Mefistòfil
Permetèišu ch'i si sintani cun vuàltris?
Invensi di na biela bevuda, ch'i no podìn fà,
i godarìn na vura la compagnìa.

Altmayer
I someàis un puc malušat.

Frosch
Vèišu lasàt Rippah tant tars?
e i vèišu senàt cul siòr Zuan?

Mefistòfil
I sìn pasàs par lì vuej sensa fermasi;
i vìn cjacaràt cun luj che altra volta.
Al à vùt tant da contà suj so cušìns,
e a ni à racomandàt di saludà dùcjus.
A si inchina a Frosch.

Altmayer ,sotvòus.
Jòitu mo, s'a nol capìs.

Siebel
               Un diau di omp.

Frosch
Fèr, ch'i ti lu cuchi jò!

Mefistòfil
I mi sbalièju o i vinu apena sintùt
un coru cjantà cun tant bieli vòus?
Par sigùr il cjantà al à da risunà
da maravèa in ta chist'arcada!

FROSCH:
Seid Ihr wohrgar ein Virtuos?

MEPHISTOPHELES:
O nein! die Kraft ist schwach, allein die Lust ist groß.

ALTMAYER:
Gebt uns ein Lied!

MEPHISTOPHELES:
Wenn ihr begehrt, die Menge.

SIEBEL:
Nur auch ein nagelneues Stück!

MEPHISTOPHELES:
Wir kommen erst aus Spanien zurück,
Dem schönen Land des Weins und der Gesänge.
(Singt).
Es war einmal ein König,
Der hatt einen großen Floh-

FROSCH:
Horcht! Einen Froh! Habt ihr das wohl gefaßt?
Ein Floh ist mir ein saubrer Gast.

MEPHISTOPHELES (singt):
Es war einmal ein König
Der hatt einen großen Floh,
Den liebt, er gar nicht wenig,
Als wie seinen eignen Sohn.
Da rief er seinen Schneider,
Der Schneider kam heran:
Da, miß dem Junker Kleider
Und miß ihm Hosen an!

Frosch
I no sarèis miga un virtuòus?

Mefistòfil
No, no! La vòus a è debuluta, doma la voja a è granda.

Altmayer
Dani na cansòn, sù!

Mefistòfil
Tàntis, si li volèis!

Siebel
Basta ca sedi nova di zeca!

Mefistòfil
I sìn apena tornàs da la Spagna,
chel bièl paìs dal vin e dal cjantà.
Al cjanta:
      Al era na volta un re
      cal veva un pulsòt[11] biel e gros—

Frosch
Sìnt tu! Un pulsòt! Ma i vèišu capìt?
Se invidàt ca mi tocja vej!

Mefistòfil, cal cjanta
      Al era na volta un re
      cal veva un pulsòt biel e gros,
      e a chistu cussì tant ben ghi voleva,
      coma che stàt al fòs il so stes fì.
      Alora al à fàt clamà il so sartòu,
      e il sartòu a si'a fàt indavànt.
      "Cjòighi la mišura daj vistìs
      e da li barghèsis par stu nòbil siòr."

---

[11] Un pulsòt al è un grandòn di puls.

BRANDER:
Vergeßt nur nicht, dem Schneider einzuschärfen,
Daß er mir aufs genauste mißt,
Und daß, so lieb sein Kopf ihm ist,
Die Hosen keine Falten werfen!

MEPHISTOPHELES:
In Sammet und in Seide
War er nun angetan
Hatte Bänder auf dem Kleide,
Hatt auch ein Kreuz daran
Und war sogleich Minister,
Und hatt einen großen Stern.
Da wurden seine Geschwister
Bei Hof auch große Herrn.

Und Herrn und Fraun am Hofe,
Die waren sehr geplagt,
Die Königin und die Zofe
Gestochen und genagt,
Und durften sie nicht knicken,
Und weg sie jucken nicht.
Wir knicken und ersticken
Doch gleich, wenn einer sticht.

CHORUS (jauchzend):
Wir knicken und ersticken
Doch gleich, wenn einer sticht.

FROSCH:
Bravo! Bravo! Das war schön!

SIEBEL:
So soll es jedem Floh ergehn!

BRANDER:
Spitzt die Finger und packt sie fein!

Brander
No stèit dismintià di disghi al sartòu
ca mi mišuri cun precišiòn,
e che li barghèsis a no vèdin plèis
s'a ghi tèn a vej'l cjaf in ta li spàlis!

Mefistòfil
          Di velùt e di seda stu pulsòt
          al è alora stàt vistìt.
          Al veva nàstros in taj vistìs,
          e na biela medàja pur;
          e adiritura ministro al era doventàt,
          cun tant di stela in tal vistìt.
          Encja i so parìncj' a èrin ta sta cort
          doventàs sioròns.

          E i siòrs e li siòris da la cort
          a si sintèvin dùcjus tormentàs,
          e la regina e li so dàmis da la spisa
          si lamentàvin, e da li becàdis;
          e a no ausàvin nè sclisàlis
          ne gratasi da la spisa.
          Ma nuàltris i podìn gratasi cuant ch'i volìn
          e sclisà fòu chèl ca ni beca.

Il coru, cun brio
          Ma nuàltris i podìn gratasi cuant ch'i volìn
          e sclisà fòu chèl ca ni beca.

Frosch
Bravo! bravo! in gamba!

Siebel
E cussì via cu li puls!

Brander
Fòu cuj dèicj' e sclisàilis par ben!

ALTMAYER:
Es lebe die Freiheit! Es lebe der Wein!

MEPHISTOPHELES:
Ich tränke gern ein Glas, die Freiheit hoch zu ehren,
Wenn eure Weine nur ein bißchen besser wären.

SIEBEL:
Wir mögen das nicht wieder hören!

MEPHISTOPHELES:
Ich fürchte nur, der Wirt beschweret sich;
Sonst gäb ich diesen werten Gästen
Aus unserm Keller was zum besten.

SIEBEL:
Nur immer her! ich nehm's auf mich.

FROSCH:
Schafft Ihr ein gutes Glas, so wollen wir Euch loben.
Nur gebt nicht gar zu kleine Proben
Denn wenn ich judizieren soll,
Verlang ich auch das Maul recht voll.

ALTMAYER (leise):
Sie sind vom Rheine, wie ich spüre.

MEPHISTOPHELES:
Schafft einen Bohrer an!

BRANDER:
Was soll mit dem geschehn? Ihr habt doch nicht die Fässer vor der Türe?

ALTMAYER:
Dahinten hat der Wirt ein Körbchen Werkzeug stehn.

Altmayer
Viva la libertàt! Viva'l vin!

Mefistòfil
i bevarès volentej un got in onòu da la libertàt
se doma i vustri vins a fòsin un ninìn miej.

Siebel
I no volìn pì sinti chistu!

Mefistòfil
I ài pòura che'l ostièr al zedi a lagnasi;
sinò a invidàs cussì in gamba i ghi darès
da sercjà un puc dal miej da la nustra cantina.

Siebel
Alora fòu cun chèl. I mi rangj ben jò.

Frosch
Sbicjàit pur un bièl got, ch'i podini laudavi.
I no volìn, chì, pruvìns e basta!
Che se jò i ài da gjudicà
i vuej vej'l gašaròt plen.

Altmayer a vòus basa
Scju chì a sòn dal Reno, i soj sigùr.

Mefistòfil
Prejodèimi un trivièl!

Brander
               E cun chèl sè fèišu?
I no varèis miga i caretej davànt la puarta?

Altmayer
La davòu il ostièr al à un zej cuj imprèscj'.

MEPHISTOPHELES (nimmt den Bohrer. Zu Frosch):
Nun sagt, was wünschet Ihr zu schmecken?

FROSCH:
Wie meint Ihr das? Habt Ihr so mancherlei?

MEPHISTOPHELES:
Ich stell es einem jeden frei.

ALTMAYER (zu Frosch):
Aha! du fängst schon an, die Lippen abzulecken.

FROSCH:
Gut! wenn ich wählen soll, so will ich Rheinwein haben.
Das Vaterland verleiht die allerbesten Gaben.

MEPHISTOPHELES (indem er an dem Platz, wo Frosch sitzt, ein Loch in den Tischrand bohrt):
Verschafft ein wenig Wachs, die Pfropfen gleich zu machen!

ALTMAYER:
Ach, das sind Taschenspielersachen.

MEPHISTOPHELES (zu Brander):
Und Ihr?

BRANDER:
Ich will Champagner Wein
Und recht moussierend soll er sein!
(Mephistopheles bohrt; einer hat indessen die Wachspfropfen gemacht und verstopft.)
Man kann nicht stets das Fremde meiden
Das Gute liegt uns oft so fern.
Ein echter deutscher Mann mag keinen Franzen leiden,
Doch ihre Weine trinkt er gern.

Mefistòfil cjolìnt il trivièl. A Frosch.
Adès dišèit: sè volèišu sercjà?

Frosch
Se vi vègnia sù? I no varèis miga na varietàt?

Mefistòfil
I sèis lìbars di sielzi.

Altmayer, a Frosch
Ah! Jòjtu ch'i ti tàchis a lecati i làvris!

Frosch
Benòn! Si ài da sielzi, alora i vuej vej chèl dal Reno:
La patria a ni ufrìs i regaj pì bièj.

Mefistòfil cul trivièl al fà un bus in tal orli da la tàula visìn di Frosch.
Partàit un pu' di cera par fà sùbit i tapòns.

Altmayer
Ma jòt chì ca si mèt a fà'l magu!

Mefistòfil, a Brander
E vu?

Brander
I vuej champagne,
e ben splumòus!
Mefistòfil al triviela, mentri che un al à i tapòns di cera prons par taponà i bus.
Un a no pòs sempri diši di no a la roba forestera,
che la roba buna a ni è spes fòu di man.
Un todesc autèntic a nol pòl sufrì un fransèis,
ma al bèif volentej i so vins!

SIEBEL (indem sich Mephistopheles seinem Platze nähert):
Ich muß gestehn, den sauern mag ich nicht,
Gebt mir ein Glas vom echten süßen!

MEPHISTOPHELES (bohrt):
Euch soll sogleich Tokayer fließen.

ALTMAYER:
Nein, Herren, seht mir ins Gesicht!
Ich seh es ein, ihr habt uns nur zum besten.

MEPHISTOPHELES:
Ei! Ei! Mit solchen edlen Gästen
Wär es ein bißchen viel gewagt.
Geschwind! Nur grad heraus gesagt!
Mit welchem Weine kann ich dienen?

ALTMAYER:
Mit jedem! Nur nicht lang gefragt.
(Nachdem die Löcher alle gebohrt und verstopft sind.)

MEPHISTOPHELES (mit seltsamen Gebärden):
Trauben trägt der Weinstock!
Hörner der Ziegenbock;
Der Wein ist saftig, Holz die Reben,
Der hölzerne Tisch kann Wein auch geben.
Ein tiefer Blick in die Natur!
Hier ist ein Wunder, glaubet nur!
Nun zieht die Pfropfen und genießt!

ALLE (indem sie die Pfropfen ziehen und jedem der verlangte Wein ins Glas läuft):
O schöner Brunnen, der uns fließt!

MEPHISTOPHELES:
Nur hütet euch, daß ihr mir nichts vergießt!

Siebel, mentri che Mefistòfil a si visina al so post
A mi tocja ameti che il sec a no mi plàs!
Dèimi un got di dolsùt bon!

Mefistòfil, trivielànt
Alora al scorarà'l tocài.

Altmayer
No, siòrs mès, jodèimi ben in muša!
I jòt ben jò adès ch'i volèis cjòini inziru.

Mefistòfil
Ma daj! cun invidàs cussì nòbils
a si corarès un puc masa riscju.
Alora sù, svels, dišèit la vustra!
Sè vin i pòsiu servivi?

Altmayer
Un vin cualsìasi. Basta cul domandà!
Dopo che ducju i bus a sòn stàs trivielàs e taponàs,

Mefistòfil, cun mòtus un puc strans
       La vit a parta i raps,
       e i cuàrs il cjavròn!
       Il vin al è un sugu, e len la menada:
       alora encja un banc di len al pòl dà'l vin.
       Vuardàit pì a font la natura!
       Èco la maravèa. Basta crodi!
Adès vierzèit i tapòns e godèit!

Dùcjus, mentri ca vièrzin i tapòns e che il vìn dešideràt al scor in taj so gos.
Oh se biela fontana, ca scòr par nuàltris!

Mefistòfil
Adès stèit doma atèns di no sbicjani!

(Sie trinken wiederholt.)

ALLE (singen):
Uns ist ganz kannibalisch wohl,
Als wie fünfhundert Säuen!

MEPHISTOPHELES:
Das Volk ist frei, seht an, wie wohl's ihm geht!

FAUST:
Ich hätte Lust, nun abzufahren.

MEPHISTOPHELES:
Gib nur erst acht, die Bestialität
Wird sich gar herrlich offenbaren.

SIEBEL (trinkt unvorsichtig, der Wein fließt auf die Erde und wird zur Flamme):
Helft! Feuer! helft! Die Hölle brennt!

MEPHISTOPHELES (die Flamme besprechend):
Sei ruhig, freundlich Element!
(Zu den Gesellen.)
Für diesmal war es nur ein Tropfen Fegefeuer.

SIEBEL:
Was soll das sein? Wart! Ihr bezahlt es teuer!
Es scheinet, daß Ihr uns nicht kennt.

FROSCH:
Laß Er uns das zum zweiten Male bleiben!

ALTMAYER:
Ich dächt, wir hießen ihn ganz sachte seitwärts gehn.

SIEBEL:
Was, Herr? Er will sich unterstehn,
Und hier sein Hokuspokus treiben?

A pàrin via a bevi.

A cjàntin, dùcjus insièmit
>I si la godìn da canìbals,
>com'ch'i fòsin sincsènt scròfis!

Mefistòfil
La zent a è lìbara: jòt coma ca si la gòt!

Fàust
Adès i varès gust di zì via.

Mefistòfil
Jòt prin com'che la bestialitàt
a si fà jodi in dut il so splendòu.

Siebel, sbicjànt il so vin, cal và a finila'n cjera, indulà ca s'inflama
Ajuto! Fòuc! Ajuto! 'L infièr a si stà brušànt!

Mefistòfil, tabajànt cu la flama
Càlmiti, elemìnt, amìc me.
Al compaj
Par stavolta doma na gota di purgatori.

Siebel
Ma sè dal òsti? Spetàit! I la pajarèis cjara!
A somèa ch'i no ni cognosèdis ben.

Frosch
Cal provi a fànila na seconda volta!

Altmayer
Jò i pensi ca è miej falu zì via cu li bùnis.

Siebel
Sè, siòr? A eše pròpit chì cal vòu
mètisi a fà li so diaulàdis?

MEPHISTOPHELES:
Still, altes Weinfaß!

SIEBEL:
Besenstiel!
Du willst uns gar noch grob begegnen?

BRANDER:
Wart nur, es sollen Schläge regnen!

ALTMAYER (zieht einen Pfropf aus dem Tisch, es springt ihm Feuer entgegen):
Ich brenne! ich brenne!

SIEBEL:
Zauberei!
Stoßt zu! der Kerl ist vogelfrei!
(Sie ziehen die Messer und gehn auf Mephistopheles los.)

MEPHISTOPHELES (mit ernsthafter Gebärde):
Falsch Gebild und Wort
Verändern Sinn und Ort!
Seid hier und dort!
(Sie stehn erstaunt und sehn einander an.)

ALTMAYER:
Wo bin ich? Welches schöne Land!

FROSCH:
Weinberge! Seh ich recht?

SIEBEL:
Und Trauben gleich zur Hand!

BRANDER:
Hier unter diesem grünen Laube,
Seht, welch ein Stock! Seht, welche Traube!

Mefistòfil
Stà sidìn, tu, scasagnàt di caretèl!

Siebel
                Mani di scova!
Vutu encja mètiti a'nsultani?

Brander
Jòt, mo, che adès a plovaràn li legnàdis!

Altmayer, tirànt fòu un daj tapòns da la taula, cul fòuc cal và a finighi intòr
I bruši! i bruši!

Siebel
Streamìnt!
Impiràilu! Stu manigoldo al è un galeòt!
A tìrin fòu i so curtìs e a si butin cuntra di Mefistòfil.

Mefistòfil, cu na espresiòn sèria
          Ilušiòn di forma e discòrs
          a cambièjn sens e post!
          Sèit uchì e ulà!
A si fèrmin stupidìs e a si vuàrdin 'l un cun 'l altri.

Altmayer
Indulà i sòju? Oh ma sè bièl pais!

Frosch
Culìnis di vigna? I jòdiu ben?

Siebel
                E raps in man!

Brander
Jòt chì sti menàdis, scju biej raps,
jòt chì, sot di dut stu fueàn!

(Er faßt Siebeln bei der Nase. Die andern tun es wechselseitig und heben die Messer.)

MEPHISTOPHELES (wie oben):
Irrtum, laß los der Augen Band!
Und merkt euch, wie der Teufel spaße.
(Er verschwindet mit Faust, die Gesellen fahren auseinander.

SIEBEL:
Was gibt s?

ALTMAYER:
Wie?

FROSCH:
War das deine Nase?

BRANDER (zu Siebel):
Und deine hab ich in der Hand!

ALTMAYER:
Es war ein Schlag, der ging durch alle Glieder!
Schafft einen Stuhl, ich sinke nieder!

FROSCH:
Nein, sagt mir nur, was ist geschehn?

FROSCH:
Wo ist der Kerl? Wenn ich ihn spüre,
Er soll mir nicht lebendig gehn!

ALTMAYER:
Ich hab ihn selbst hinaus zur Kellertüre-
Auf einem Fasse reiten sehn--
Es liegt mir bleischwer in den Füßen.
(Sich nach dem Tische wendend.)
Mein! Sollte wohl der Wein noch fließen?

Al brinca Siebel pal nas. Chej àltris a si fàn la stesa roba e a àlsin i so curtìs.

Mefistòfil, coma prima
Ilušiòn—cjolèivi li bèndis daj vuj,
e vuardàit ben com'che'l diau a si la gòt!
Al sparìs cun Fàust. I compàis a si lontànin 'l un dal altri.

Siebel
Sè ca è?

Altmayer
   Coma?

Frosch
      Al èria'l to nas chèl lì?

Brander, a Siebel
E il to i lu ài in man!

Altmayer
Un colp, un colp, ca mi à sbatùt par dut.
Dèimi na sinta, ch'i staj colànt jù!

Frosch
No, ma dišèimi, sè ca è susedùt?

Siebel
Indà al eše'l furfànt? Si lu cjati
a no mi scjampa via vif!

Altmayer
I lu ài jodùt zì fòu da la puarta—
a cavalòt di un caretèl al era—
i ài i piè pešàns coma'l plomp.
Al và dongja da la taula.
Ma sacrabòlt—il vin al scòria encjamò?

SIEBEL:
Betrug war alles, Lug und Schein.

FROSCH:
Mir deuchte doch, als tränk ich Wein.

BRANDER:
Aber wie war es mit den Trauben?

ALTMAYER:
Nun sag mir eins, man soll kein Wunder glauben!

Hexenküche.

Auf einem niedrigen Herd steht ein großer Kessel über dem Feuer. In dem Dampfe, der davon in die Höhe steigt, zeigen sich verschiedene Gestalten. Eine Meerkatze sitzt bei dem Kessel und schäumt ihn und sorgt, daß er nicht überläuft. Der Meerkater mit den Jungen sitzt darneben und wärmt sich. Wände und Decke sind mit dem seltsamsten Hexenhausrat geschmückt.

Faust. Mephistopheles.

FAUST:
Mir widersteht das tolle Zauberwesen!
Versprichst du mir, ich soll genesen
In diesem Wust von Raserei?
Verlang ich Rat von einem alten Weibe?
Und schafft die Sudelköcherei
Wohl dreißig Jahre mir vom Leibe?
Weh mir, wenn du nichts Bessers weißt!
Schon ist die Hoffnung mir verschwunden.

Siebel
I sìn stàs imbrojàs. A era na ilušiòn e basta!

Frosch
Lo stes a mi pàr di vej cjucjàt vin di chel just.

Brander
Ma coma a si spièghia la storia daj raps?

Altmayer
E a ni dìšin da no cròdighi a li maravèis!

CUŠINA DA LA STRÈA

In ta un fogolàr basùt na cjaldera a è impicjada imparzora di un fòuc. In tal vapòu ca ghi vèn sù di dentri a si pòsin jodi divièrsis fòrmis. Na simiuta verda, sintada in banda da la cjaldera, a ghi meseda la spluma e a stà atenta ca no ghi sbici fòu nuja. Il simiòt mascju cuj pìsuj al stà sintàt visìn par tègnisi cjaldùt. I murs e il sufit a sòn plens di ornamìns da strèis.

Fàust e Mefistòfil

Fàust
Scju streamìns a mi fàn schifo!
No mi vèvitu prometùt ch'i mi sarès vuarìt
in ta sta cunfušiòn dal diau?
I àju domandàt pal consej di na vecja?
E al zaràja chistu pastrosès
a gjavami trenta àis dal me cuarp?
Puòr me si no ti sàs pì di cussì!
Belzà i ài pierdùt ogni speransa.

Hat die Natur und hat ein edler Geist
Nicht irgendeinen Balsam ausgefunden?

MEPHISTOPHELES:
Mein Freund, nun sprichst du wieder klug!
Dich zu verjüngen, gibt's auch ein natürlich Mittel;
Allein es steht in einem andern Buch,
Und ist ein wunderlich Kapitel.

FAUST:
Ich will es wissen.

MEPHISTOPHELES:
Gut! Ein Mittel, ohne Geld
Und Arzt und Zauberei zu haben:
Begib dich gleich hinaus aufs Feld,
Fang an zu hacken und zu graben
Erhalte dich und deinen Sinn
In einem ganz beschränkten Kreise,
Ernähre dich mit ungemischter Speise,
Leb mit dem Vieh als Vieh, und acht es nicht für Raub,
Den Acker, den du erntest, selbst zu düngen;
Das ist das beste Mittel, glaub,
Auf achtzig Jahr dich zu verjüngen!

FAUST:
Das bin ich nicht gewöhnt, ich kann mich nicht bequemen,
Den Spaten in die Hand zu nehmen.
Das enge Leben steht mir gar nicht an.

MEPHISTOPHELES:
So muß denn doch die Hexe dran.

FAUST:
Warum denn just das alte Weib!
Kannst du den Trank nicht selber brauen?

A no pòsia la natura o cualchi nòbil spìrit
cjatà un bàlsam cal posi judà?

Mefistòfil
Amigo me, adès sì ch'i ti discòris ben!
A è, sì, na maniera naturàl par fati tornà zòvin;
ma chè a è'n ta n'altri libri,
in ta un capìtul cal è na stranesa.

Fàust
I vuej savèilu!

Mefistòfil
Benòn! e a no ocòr vej nè bès
nè mièdi nè nisùn streamìnt:
và a colp là di fòu in tal cjamp,
taca sùbit a svangjà e a scavà,
Tèn ben dut te stes e la to mins
in ta un sìrcul stretùt stretùt.
Nudrìsiti cu na vivànda e basta,
vìf da bestia cu li bèstis, e nosta èsi schifignòus
a 'nledanà tu stes il cjamp ch'i ti cultìvis
Che lì a è la miej maniera, cròdimi,
par tornà zòvins encja a otanta àis!

Fàust
A chèl i no soj abituàt; i no mi la sìnt
par nuja di cjapà pala in man;
na vita stentada a no fà par me.

Mefistòfil
Alora a bišugna lasà ca fedi la strèa!

Fàust
Ma parsè doma la vecja?
No podarestu cunsà sù tu na bevanduta?

MEPHISTOPHELES:
Das wär ein schöner Zeitvertreib!
Ich wollt indes wohl tausend Brücken bauen.
Nicht Kunst und Wissenschaft allein,
Geduld will bei dem Werke sein.
Ein stiller Geist ist jahrelang geschäftig,
Die Zeit nur macht die feine Gärung kräftig.
Und alles, was dazu gehört,
Es sind gar wunderbare Sachen!
Der Teufel hat sie's zwar gelehrt;
Allein der Teufel kann's nicht machen.
(Die Tiere erblickend.)
Sieh, welch ein zierliches Geschlecht!
Das ist die Magd! das ist der Knecht!
(Zu den Tieren.)
Es scheint, die Frau ist nicht zu Hause?

DIE TIERE:
Beim Schmause,
Aus dem Haus
Zum Schornstein hinaus!

MEPHISTOPHELES:
Wie lange pflegt sie wohl zu schwärmen?

DIE TIERE:
So lange wir uns die Pfoten wärmen.

MEPHISTOPHELES. (zu Faust):
Wie findest du die zarten Tiere?

FAUST:
So abgeschmackt, als ich nur jemand sah!

MEPHISTOPHELES:
Nein, ein Discours wie dieser da
Ist grade der, den ich am liebsten führe!

Mefistòfil
Sè biel pasatìmp cal sarès chèl!
I varès miej fà sù mil puns.
In ta stu lavoru a ocòr pasiensa;
a no bàstin l'art e la siensa.
Un bravo spirit al è un àn ca ghi lavora intòr;
ma doma'l timp al parta a na buna fermentasiòn.
e dut chèl ca ghi zira atòr
a sòn ròbis da maravèa!
A sòn robis insegnàdis dal diau,
ma nencja il diau a nol è bon da fàlis besòu.
Vuardànt li bèstis.
Jòt chì se rasa delicada!
Èco la serva! Èco il serf!
A li bèstis.
A somèa che la parona a no sedi a cjaša.

Li bèstis
> Su pa la napa
> a è zuda e fòu
> a na sagra!

Mefistòfil
E fin cuant a saràja fòu a spasàsila?

Li bèstis
Chel tant ca ni ocòr par scjaldani li tàlpis.

Mefistòfil, a Fàust
Se ti pària di sti besteùtis?

Fàust
Maj jodùdis di pì ridìculis!

Mefistòfil
No, no, un tabajà cussì al è
pròpit il discòrs ch'i preferìs!

(zu den Tieren.)
So sagt mir doch, verfluchte Puppen,
Was quirlt ihr in dem Brei herum?

DIE TIERE:
Wir kochen breite Bettelsuppen.

MEPHISTOPHELES:
Da habt ihr ein groß Publikum.

DER KATER (macht sich herbei und schmeichelt dem Mephistopheles):
O würfle nur gleich,
Und mache mich reich,
Und laß mich gewinnen!
Gar schlecht ist's bestellt,
Und wär ich bei Geld,
So wär ich bei Sinnen.

MEPHISTOPHELES:
Wie glücklich würde sich der Affe schätzen,
Könnt er nur auch ins Lotto setzen!
(Indessen haben die jungen Meerkätzchen mit einer großen Kugel gespielt und
rollen sie hervor.)

DER KATER:
Das ist die Welt;
Sie steigt und fällt
Und rollt beständig;
Sie klingt wie Glas-
Wie bald bricht das!
Ist hohl inwendig.
Hier glänzt sie sehr,
Und hier noch mehr:
"Ich bin lebendig!"

A li bèstis.
Alora dišèimi, pipinòs dal òsti,
se mesedàišu in ta chel pastrosès lì?

Li bèstis
Na mignestra slungjada paj pitòcs.

Mefistòfil
Alora i vèis na vura di clièns.

Il simiòt, ca si struca intòr di Mefistòfil

        O tira i dàdos, daj,
        e fami siòr,
        e làsimi vinsi!
        A và malamintri,
        ma si vès da vej bès
        dut si comedarès.

Mefistòfil
Se contènt cal sarès il simiòt
s'al podès a la lotarìa zujà!

I simiotùs vers a si sòn intànt metùs a zujà cu na sfera ca zìrin atorotòr.

        Il simiòt
        Stu chì al è'l mont:
        al và'n sù e'n jù,
        e sempri a si rodolèa;
        coma'l veri al tintinèa—
        cuant puc ca ghi vòu a ròmpisi!—
        dentri al è sbos,
        uchi al lùs splèndit
        e chì pì'ncjamò;
        "I staj vivìnt!"

Mein lieber Sohn,
Halt dich davon!
Du mußt sterben!
Sie ist von Ton,
Es gibt Scherben.

MEPHISTOPHELES:
Was soll das Sieb?

DER KATER (holt es herunter):
Wärst du ein Dieb,
Wollt ich dich gleich erkennen.
(Er lauft zur Kätzin und läßt sie durchsehen.)
Sieh durch das Sieb!
Erkennst du den Dieb,
Und darfst ihn nicht nennen?

MEPHISTOPHELES (sich dem Feuer nähernd):
Und dieser Topf?

KATER UND KäTZIN:
Der alberne Tropf!
Er kennt nicht den Topf,
Er kennt nicht den Kessel!

MEPHISTOPHELES:
Unhöfliches Tier!

DER KATER:
Den Wedel nimm hier,
Und setz dich in Sessel!
(Er nötigt den Mephistopheles zu sitzen.)

FAUST (welcher diese Zeit über vor einem Spiegel gestanden, sich ihm bald genähert, bald sich von ihm entfernt hat):
Was seh ich? Welch ein himmlisch Bild
Zeigt sich in diesem Zauberspiegel!

           Cjar il me fì,
           stàighi ben lontàn!
           A ti tocja murì:
           al è na crepa
           cun schègis dapardùt.

Mefistòfil
           Parsè'l crivièl?

Il simiòt, a lu tira jù
           Si ti fos un lari
           a mi sarès fàsil cognòsiti.
Al còr là da la simiota e a la lasa jodi dentri.
           Vuarda ben dentri dal crivièl!
           I cognòsitu'l lari
           e'i no pòsitu diši'l so nòn?

Mefistòfil, zìnt dongja dal fòuc
           E sta cjaldera?

Simiòt e simiota
           Stu puòr macaco!
           A nol cognòs la cjaldera,
           a nol cognòs la pignata!

Mefistòfil
           Screansada di bestia!

Il simiòt
           Cjapa sta svìntula
           e sìntiti'n ta sta sinta!
Al custrìns Mefistòfil a sintasi.

*Fàust, che in tal fratìmp al era stàt davànt di un spieli, prin visìn,
e dopo pì lontàn*
Ma sè jòdiu? Jòt se figura celestiàl
ca si fà jodi in ta stu spieli màgic!

O Liebe, leihe mir den schnellsten deiner Flügel,
   Und führe mich in ihr Gefild!
Ach wenn ich nicht auf dieser Stelle bleibe,
   Wenn ich es wage, nah zu gehn,
Kann ich sie nur als wie im Nebel sehn!-
   Das schönste Bild von einem Weibe!
Ist's möglich, ist das Weib so schön?
Muß ich an diesem hingestreckten Leibe
Den Inbegriff von allen Himmeln sehn?
So etwas findet sich auf Erden?

MEPHISTOPHELES:
Natürlich, wenn ein Gott sich erst sechs Tage plagt,
Und selbst am Ende Bravo sagt,
Da muß es was Gescheites werden.
Für diesmal sieh dich immer satt;
Ich weiß dir so ein Schätzchen auszuspüren,
Und selig, wer das gute Schicksal hat,
Als Bräutigam sie heim zu führen!
(Faust sieht immerfort in den Spiegel. Mephistopheles, sich in dem Sessel dehnend und mit dem Wedel spielend, fährt fort zu sprechen.)
   Hier sitz ich wie der König auf dem Throne,
Den Zepter halt ich hier, es fehlt nur noch die Krone.

DIE TIERE (welche bisher allerlei wunderliche Bewegungen durcheinander gemacht haben, bringen dem Mephistopheles eine Krone mit großem Geschrei):
  O sei doch so gut,
  Mit Schweiß und mit Blut
  Die Krone zu leimen!
(Sie gehn ungeschickt mit der Krone um und zerbrechen sie in zwei Stücke, mit welchen sie herumspringen.)

O Amòu, prèstimi li to àlis pì svèltis
e partimi indulà ca è ic!
Ah, se doma i no fòs in ta sti bàndis,
se doma i ausàs a zighi dongja,
ch'i pòl doma jòdila coma'n ta un caligu!
La imàgin pì biela di fèmina!
A eše pusìbul che la fèmina a sedi cussì biela?
In ta stu cuarp distiràt a mi tòcija
pròpit jodi la cuintesensa di ogni paradìs?
A eše propit pusìbul cjatala'n ta sta cjera?

Mefistòfil
A si capìs; se un Diu a si dà da fà par
sèis dis e al finìs cul dìšisi bravo,
alc di straordinari al à di vej fàt!
I saj ben jò indulà cjatati un tešorùt,
e beàt chel che la buna furtuna al à
di partàsila a cjaša da spošu!

*Fàust al para via a vuardasi in tal spieli. Mefistòfil, pojàt indavòu
in ta la so sinta, cu na svintula in man, al para via a tabajà.*
Chì ch'i soj, sintàt coma'l re'n tal trono:
il bastòn dal re i lu ài; a mi mancja doma la corona.

*Li bèstis, che fin chì a ti àn fàt sèns e bocjàtis a plen a ghi pàrtin,
bovolànt, na corona a Mefistòfil.*

> O vuarda di èsi gentìl
> e cun sanc e sudòu
> d'incolati sta corona!

*A cjamìnin inziru cu la corona—pròpit da simiòs—e a la rompin
in doj tocs, e cun chej a si mètin a saltusà.*

Nun ist es geschehn!
Wir reden und sehn,
Wir hören und reimen—

FAUST (gegen den Spiegel):
Weh mir! ich werde schier verrückt.

MEPHISTOPHELES (auf die Tiere deutend):
Nun fängt mir an fast selbst der Kopf zu schwanken.

DIE TIERE:
Und wenn es uns glückt,
Und wenn es sich schickt,
So sind es Gedanken!

FAUST (wie oben):
Mein Busen fängt mir an zu brennen!
Entfernen wir uns nur geschwind!

MEPHISTOPHELES (in obiger Stellung):
Nun, wenigstens muß man bekennen,
Daß es aufrichtige Poeten sind.
(Der Kessel, welchen die Katzin bisher außer acht gelassen, fängt an überzulaufen, es entsteht eine große Flamme, welche zum Schornstein hinaus schlägt. Die Hexe kommt durch die Flamme mit entsetzlichem Geschrei herunter gefahren.)

DIE HEXE:
Au! Au! Au! Au!
Verdammtes Tier! verfluchte Sau!
Versäumst den Kessel, versengst die Frau!
Verfluchtes Tier!
(Faust und Mephistopheles erblickend.)
Was ist das hier?

             Adès a è roba fata!
             I cjacaràn e i jodìn,
             i scoltàn e i rimàn—

Faust, dongja dal spieli
Puòr me! Cuaši cuaši i doventi mat.

Mefistòfil, puntànt il dèit vièrs li bèstis
Encja'l me cjaf al taca un puc a zirà.

Li bèstis
              E s'a ni và ben,
              e s'a convièn,
              a sarà dut ben pensàt!

Fàust, coma pì 'n sù
i sìnt dut un brušòu'n tal pet!
Zìn via di chì a la svelta!

Mefistòfil, tal post di prima
Un al à almancu da ricognosi
ca son poès autèntics.

La cjaldera, che a chè la simiuta a no ghi veva pì badàt, a taca a zì parzora; a si jòt dut un sflameà cal và sù pa la napa. La strèa a cor jù fra li flàmis sigànt da fà poura.

La strèa
              Ai! Ai! Ai! Ai!
              Danada di bestia! Scrofa maladeta!
              No ti vuàrdis la cjaldera e i ti brušis la parona!
              Maladeta bestia!
Jodìnt Fàust e Mefistòfil
              Sè ca è chì?

Wer seid ihr hier?
  Was wollt ihr da?
  Wer schlich sich ein?
  Die Feuerpein
  Euch ins Gebein!

(Sie fahrt mit dem Schaumlöffel in den Kessel und spritzt Flammen nach Faust, Mephistopheles und den Tieren. Die Tiere winseln.)

MEPHISTOPHELES (welcher den Wedel, den er in der Hand hält, umkehrt un unter die Gläser und Töpfe schlägt):
Entzwei! entzwei!
Da liegt der Brei!
Da liegt das Glas!
Es ist nur Spaß,
Der Takt, du Aas,
Zu deiner Melodei.
(Indem die Hexe voll Grimm und Entsetzen zurücktritt.)
Erkennst du mich? Gerippe! Scheusal du!
Erkennst du deinen Herrn und Meister?
Was hält mich ab, so schlag ich zu,
Zerschmettre dich und deine Katzengeister!
Hast du vorm roten Wams nicht mehr Respekt?
Kannst du die Hahnenfeder nicht erkennen?
Hab ich dies Angesicht versteckt?
Soll ich mich etwa selber nennen?

DIE HEXE:
O Herr, verzeiht den rohen Gruß!
Seh ich doch keinen Pferdefuß.
Wo sind denn Eure beiden Raben?

MEPHISTOPHELES:
Für diesmal kommst du so davon;
Denn freilich ist es eine Weile schon,
Daß wir uns nicht gesehen haben.

Cuj sèišu uchì?
Se volèišu vej?
Coma vi sèišu sgnacàs chì?
Che li flàmis dal fòuc
a vi brùšin i vuès!

A meseda cu la cjasa in ta la cjaldera e a ghi tira flàmis a Fàust, a Mefistòfil e a li bèstis. Li bèstis a cainèjn.

Mefistòfil, che cu la svintula cal à in man a si mèt a sbati gòs e pignàtis
A tocs! A tocs!
Èco là il zuf!
Èco là il got!
Dut par divertimìnt:
Il timp i bàt, carogna,
a la to mùšica!
In tal stes momènt la strèa a si mòuf indavòu impaurida e rabioša.
Mi cognòsitu, tu, scheletro di troja?
I cognòsitu'l to paròn e mestri?
I no saj se ca mi tèn da molàtilis
e da pestasati, te e i to simiòs!
No àtu nisùn rispièt pal gilèt ros?
I no cognòsitu la me pluma di gjal?
I mi àju par cašu platàt la muša?
I àju pròpit da zì a nominami?

La strèa
Oh, siòr me, scušàimi il me brut salùt,
ma i no jòt nisùn piè di cjavàl!
Indulà ca sòn i vustri doj crovàs?

Mefistòfil
Par stavolta i lasi pierdi,
che dopodùt a è un bièl toc
di timp ch'i no si jodìn.

Auch die Kultur, die alle Welt beleckt,
Hat auf den Teufel sich erstreckt;
Das nordische Phantom ist nun nicht mehr zu schauen;
Wo siehst du Hörner, Schweif und Klauen?
Und was den Fuß betrifft, den ich nicht missen kann,
Der würde mir bei Leuten schaden;
Darum bedien ich mich, wie mancher junge Mann,
Seit vielen Jahren falscher Waden.

DIE HEXE (tanzend):
Sinn und Verstand verlier ich schier,
Seh ich den Junker Satan wieder hier!

MEPHISTOPHELES:
Den Namen, Weib, verbitt ich mir!

DIE HEXE:
Warum? Was hat er Euch getan?

MEPHISTOPHELES:
Er ist schon lang ins Fabelbuch geschrieben;
Allein die Menschen sind nichts besser dran,
Den Bösen sind sie los, die Bösen sind geblieben.
Du nennst mich Herr Baron, so ist die Sache gut;
Ich bin ein Kavalier, wie andre Kavaliere.
Du zweifelst nicht an meinem edlen Blut;
Sieh her, das ist das Wappen, das ich führe!
(Er macht eine unanständige Gebärde.)

DIE HEXE (lacht unmäßig):
Ha! Ha! Das ist in Eurer Art!
Ihr seid ein Schelm, wie Ihr nur immer wart!

MEPHISTOPHELES (zu Faust):
Mein Freund, das lerne wohl verstehn!
Dies ist die Art, mit Hexen umzugehn.

Sta civiltàt che dut il mont a leca sù
a è rivada a tocjà fin il diau:
Il fantasma da nord a no si fà pì cjatà;
indulà i cjàtitu pì cuars, coda e sgrìnfis?
E'l piè—i no pòl fà sensa di chèl,
se ben ca mi farès sfigurà in pùblic;
par chèl i faj com'ca fàn tancju zòvins
ca si mètin intòr suèlis fàlsis.

La strèa, balànt
Cuaši cuaši i vai fòu di sintimìnt
al jodi di nòuf chì il nòbil Sàtana!

Mefistòfil
Stu nòn, fèmina, i lu proibìs!

La strèa
Coma maj? Se vi àja fàt?

Mefistòfil
A è da tant cal è in taj lìbris di fiàbis,
ma i òmis a no stàn par nuja miej:
liberàs dal malìn, i triscj' a sòn restàs.
Clàmimi Siòr Baròn e i sìn a post;
jò i soj un cavalièr coma altri cavalièrs.
Nosta maj dubità dal me sanc nòbil;
jòt chì'n tal mant: èco chì la me 'nsegna.
Al fà un motu da sporcacjòn.

La strèa, ca si la spaca dal ridi
Ah! Ah! Chel lì,sì, ch'i sèis pròpit vu!
Se ludro ch'i sèis—coma sempri!

Mefistòfil, a Fàust
Compaj me, imparàit ben
coma ca si govèrnin li strèis!

DIE HEXE:
Nun sagt, ihr Herren, was ihr schafft.

MEPHISTOPHELES:
Ein gutes Glas von dem bekannten Saft!
Doch muß ich Euch ums älteste bitten;
Die Jahre doppeln seine Kraft.

DIE HEXE:
Gar gern! Hier hab ich eine Flasche,
Aus der ich selbst zuweilen nasche,
Die auch nicht mehr im mindsten stinkt;
Ich will euch gern ein Gläschen geben.
(Leise.)
Doch wenn es dieser Mann unvorbereitet trinkt
So kann er, wißt Ihr wohl, nicht eine Stunde leben.

MEPHISTOPHELES:
Es ist ein guter Freund, dem es gedeihen soll;
Ich gönn ihm gern das Beste deiner Küche.
Zieh deinen Kreis, sprich deine Sprüche,
Und gib ihm eine Tasse voll!

(Die Hexe, mit seltsamen Gebärden, zieht einen Kreis und stellt wunderbare Sachen hinein; indessen fangen die Gläser an zu klingen, die Kessel zu tönen, und machen Musik. Zuletzt bringt sie ein großes Buch, stellt die Meerkatzen in den Kreis, die ihr zum Pult dienen und die Fackel halten müssen. Sie winkt Fausten, zu ihr zu treten.)

FAUST (zu Mephistopheles):
Nein, sage mir, was soll das werden?
Das tolle Zeug, die rasenden Gebärden,
Der abgeschmackteste Betrug,
Sind mir bekannt, verhaßt genug.

La strèa
Adès dišèit, Siòrs, sè ch'i volèis chì.

Mefistòfil
Un bièl got dal sugu famòus!
Ma vuardàit cal sedi il pì vecju,
che i so àis a ghi radoplèjn 'l efièt.

La strèa
Volentej! I ài chì un bocàl che da chèl
encja jò ogni tant i serci,
e ca nol spusa pì nencja un puc;
i vi daj volentej un gotùt.
Sidinuta
Ma se stu omp chì a nol è ušàt a bèvilu,
i savèis ben ca nol vìf pì di un'ora.

Mefistòfil
Al è un bon amigo, ca ghi la farà benòn;
i ghi darès volentej il miej da la to cušina.
Dišegna'l to sìrcul, dis la to fòrmula,
e dàjghi na biela cìcara!

La strèa cu na stranesa di mòtus a segna un sìrcul e a ghi mèt dentri li ròbis pì strànis; in ta stes momènt i gos a tàchin a sglinghinà, la cjaldera a sunà, e a ti fàn mùsica. Par ùltin a vèn fòu cun un libròn grant e gros, a ti mèt li simiòtis in tal sìrcul, par fàighi da letorìn e par tègnighi sù il lumìn. A ghi fà un sen a Fàust di zighi dongja.

Fàust, a Mefistòfil
No, ma dismi: sè ca stà susedìnt?
Dut stu dafà, scju mòtus mas,
dut chistu' mbroj ridìcul,
i lu cognòs encja masa ben, e i lu odiej.

MEPHISTOPHELES:
Ei Possen! Das ist nur zum Lachen;
Sei nur nicht ein so strenger Mann!
Sie muß als Arzt ein Hokuspokus machen,
Damit der Saft dir wohl gedeihen kann.
(Er nötigt Fausten, in den Kreis zu treten.)

DIE HEXE (mit großer Emphase fängt an, aus dem Buche zu deklamieren):
Du mußt verstehn!
Aus Eins mach Zehn,
Und Zwei laß gehn,
Und Drei mach gleich,
So bist du reich.
Verlier die Vier!
Aus Fünf und Sechs,
So sagt die Hex,
Mach Sieben und Acht,
So ist's vollbracht:
Und Neun ist Eins,
Und Zehn ist keins.
Das ist das Hexen-Einmaleins!

FAUST:
Mich dünkt, die Alte spricht im Fieber.

MEPHISTOPHELES:
Das ist noch lange nicht vorüber,
Ich kenn es wohl, so klingt das ganze Buch;
Ich habe manche Zeit damit verloren,
Denn ein vollkommner Widerspruch
Bleibt gleich geheimnisvoll für Kluge wie für Toren.
Mein Freund, die Kunst ist alt und neu.
Es war die Art zu allen Zeiten,
Durch Drei und Eins, und Eins und Drei
Irrtum statt Wahrheit zu verbreiten.

Mefistòfil
Ma daj! A si fa doma par schersà;
Nosta èsi sempri cussì dur!
A bišugna ch'i ti fèdis il mataràn ogni tant
si ti vòus che la midišina a funsioni.

Al custrìns Fàust a zì dentri dal sìrcul.

La strèa, che cu la pì granda ènfaši a taca a declamà dal libri.
    Capìs chistu!
    Dal un fà'l dèis,
    lasa cori il doj,
    e'l tre al fà'l stes,
    i ti saràs cussì siòr.
    Dismintièa'l cuatri!
    Dal sinc e dal sèis—
    cussì a dìs la strèa—
    ti fàs il sièt e'l vot,
    e finìt dut lì.
    E'l nòuf al è un
    e'l dèis a nol è nuja.
    Chel li al è'l undoitrè da la strèa.

Fàust
A mi par a mi che la vecja a stà delirànt.

Mefistòfil
A no à miga'ncjamò finìt—
dut il libri al è cussì, i lu saj ben jò!
Pì di na volta i ghi ài pierdùt timp
a pensà che na contradisiòn perfeta
a resta sempri un misteri pal sàviu coma pal ziràt.
E chist'art, compaj me, a è vecja e nova.
A è stada l'art di ducju i timps
di sparpajà la falsitàt invensi da la veretàt
cul tre e'l un e'l un e'l tre.
Cussì, coma nuja, 'l omp al tabaèa e'l insegna;

So schwätzt und lehrt man ungestört;
 Wer will sich mit den Narrn befassen?
 Gewöhnlich glaubt der Mensch, wenn er nur Worte hört,
 Es müsse sich dabei doch auch was denken lassen.

 DIE HEXE (fährt fort):
 Die hohe Kraft
 Der Wissenschaft,
 Der ganzen Welt verborgen!
 Und wer nicht denkt,
 Dem wird sie geschenkt,
 Er hat sie ohne Sorgen.

 FAUST:
 Was sagt sie uns für Unsinn vor?
 Es wird mir gleich der Kopf zerbrechen.
 Mich dünkt, ich hör ein ganzes Chor
 Von hunderttausend Narren sprechen.

 MEPHISTOPHELES:
 Genug, genug, o treffliche Sibylle!
 Gib deinen Trank herbei, und fülle
 Die Schale rasch bis an den Rand hinan;
 Denn meinem Freund wird dieser Trunk nicht schaden:
 Er ist ein Mann von vielen Graden,
 Der manchen guten Schluck getan.

(Die Hexe, mit vielen Zeremonien, schenkt den Trank in eine Schale, wie sie Faust an den Mund bringt, entsteht eine leichte Flamme.)

 Nur frisch hinunter! Immer zu!
 Es wird dir gleich das Herz erfreuen.
 Bist mit dem Teufel du und du,
 Und willst dich vor der Flamme scheuen?
 (Die Hexe löst den Kreis. Faust tritt heraus.)
 Nun frisch hinaus! Du darfst nicht ruhn.

Cussì, coma nuja, 'l omp al tabaèa e'l insegna;
cuj si'nterèsia maj di chej un puc tocjàs?
'L omp di sòlit al cròt, s'al sìnt alc
ca ghi lasa cualchicjusa da pensà.

La strèa a para 'ndavànt
        La granda potensa
        da la siensa
        a dut il mont ghi è platada!
        Chel ca nol pensa,
        chèl a la varà:
        a la varà sensa ròmpisi'l cjaf.

Fàust
Ma sè stupidàdis a dìšia?
A mi fà vignì un mal di cjaf dal òsti.
A mi pàr di sinti un coru
di sentmìl spostàs di cjaf.

Mefistòfil
Basta, basta, Sibilìsima di fèmina!
Parta chì a colp la to bevanda
e 'mplenìs la copa fin tal òrli!
Al me amigo a no ghi farà nisùn mal:
al è un omp plen di làureis
che zà trincàt al à cualchi bièl glutàr.

*La strèa, cun tanti ceremònis, a sbicja la bevanda in ta la copa;
Fàust a si la parta in bocja; pròpit in chel momènt a si jòt na
flamuta saltà fòu da la copa.*

Jù! Bèif sù dut a colp! Sensa ešità.
T'jodaràs ca ti riscjaldarà il còu.
Tu ch'i ti ghi dàs dal tu al diau,
no ti varàs miga poura di na flama!
La strèa a scancela il sìrcul. Fàust al vèn fòu.
Adès fòu di chì, sensa riposà.

DIE HEXE:
Mög Euch das Schlückchen wohl behagen!

MEPHISTOPHELES (zur Hexe):
Und kann ich dir was zu Gefallen tun,
So darfst du mir's nur auf Walpurgis sagen.

DIE HEXE:
Hier ist ein Lied! wenn Ihr's zuweilen singt,
So werdet Ihr besondre Wirkung spüren.

MEPHISTOPHELES (zu Faust):
Komm nur geschwind und laß dich führen;
Du mußt notwendig transpirieren,
Damit die Kraft durch Inn- und Äußres dringt.
Den edlen Müßiggang lehr ich hernach dich schätzen,
Und bald empfindest du mit innigem Ergetzen,
Wie sich Cupido regt und hin und wider springt.

FAUST:
Laß mich nur schnell noch in den Spiegel schauen!
Das Frauenbild war gar zu schön!

MEPHISTOPHELES:
Nein! Nein! Du sollst das Muster aller Frauen
Nun bald leibhaftig vor dir sehn.
(Leise.)

Du siehst, mit diesem Trank im Leibe,
Bald Helenen in jedem Weibe.

La strèa
Che la tracanada a vi fedi ben!

Mefistòfil, a la strèa
E si pòl fati un plašej,
domàndimilu in ta la Nòt di Valpùrga.

La strèa
Chì ca è na cansòn! Cuant ch'i la cjatàis
i sintarèis un efièt specjàl.

Mefistòfil, a Fàust
Vèn via svelt, adès, e làsiti guidà:
a ti tocja sudà par che la fuarsa
a posi penetrati dentri e fòu.
Ti faraj dopo cognosi la nobiltàt dal stà dibànt,
e'n puc timp i ti sintaràs cul pì grant dilèt
com'che Cùpit al saltusèa sù e jù.

Fàust
Lasa ch'i zedi a jòdimi di nòuf in tal spieli!
Che imàgin di fèmina a era masa biela!

Mefistòfil
No, no! Fra puc davànt di te ti jodaràs
in cjar e vuès il paragòn di ogni fèmina.
Sidìn e in banda

Cun sta bevanda'n tal cuarp t'jodaràs
Elina fra puc in ta ogni fèmina.

Straße

Faust. Margarete vorübergehend.

FAUST:
Mein schönes Fräulein, darf ich wagen,
Meinen Arm und Geleit Ihr anzutragen?

MARGARETE:
Bin weder Fräulein, weder schön,
Kann ungeleitet nach Hause gehn.
(Sie macht sich los und ab.)

FAUST:
Beim Himmel, dieses Kind ist schön!
So etwas hab ich nie gesehn.
Sie ist so sitt- und tugendreich,
Und etwas schnippisch doch zugleich.
Der Lippe Rot, der Wange Licht,
Die Tage der Welt vergeß ich's nicht!
Wie sie die Augen niederschlägt,
Hat tief sich in mein Herz geprägt;
Wie sie kurz angebunden war,
Das ist nun zum Entzücken gar!

(Mephistopheles tritt auf.)

FAUST:
Hör, du mußt mir die Dirne schaffen!

MEPHISTOPHELES:
Nun, welche?

FAUST:
Sie ging just vorbei.

Na strada

    Fàust, e Margarita ca pasa

Fàust
La me biela sioruta, pòsiu pemètimi
di ufrivi il me bras e compagnìa?

Margarita
I no soj nè sioruta nè biela,
e'i pòl zì a cjaša sens'èsi compagnada.
A si liberèa e a và.

Fàust
Òsti, se biela nina!
Alc di cussì jò'i no'ai maj jodùt.
Cussì modesta, cussì plena di virtùt,
e'n tal stes timp cussì permalošuta.
La so bocjuta rosa e la so muša luminoša,
i no dismitiaraj pì in vita me!
La so maniera di sbasà i vuj
a si à stampàt in tal font dal me còu;
e la maniera ca è svignada
—streàt a mi à e basta!

Mefistòfil al entra

Fàust
Sìnt chì, ti às di procurami sta nina!

Mefistòfil
Cuala nina?

Fàust
      A è apena pasada par chì.

MEPHISTOPHELES:
Da die? Sie kam von ihrem Pfaffen,
Der sprach sie aller Sünden frei
Ich schlich mich hart am Stuhl vorbei,
Es ist ein gar unschuldig Ding,
Das eben für nichts zur Beichte ging;
Über die hab ich keine Gewalt!

FAUST:
Ist über vierzehn Jahr doch alt.

MEPHISTOPHELES:
Du sprichst ja wie Hans Liederlich,
Der begehrt jede liebe Blum für sich,
Und dünkelt ihm, es wär kein Ehr
Und Gunst, die nicht zu pflücken wär;
Geht aber doch nicht immer an.

FAUST:
Mein Herr Magister Lobesan,
Laß Er mich mit dem Gesetz in Frieden!
Und das sag ich Ihm kurz und gut:
Wenn nicht das süße junge Blut
Heut Nacht in meinen Armen ruht,
So sind wir um Mitternacht geschieden.

MEPHISTOPHELES:
Bedenkt, was gehn und stehen mag!
Ich brauche wenigstens vierzehn Tag,
Nur die Gelegenheit auszuspüren.

FAUST:
Hätt ich nur sieben Stunden Ruh,
Brauchte den Teufel nicht dazu
So ein Geschöpfchen zu verführen.

Mefistòfil
Che là? A era apena ca tornava dal predi,
cal à liberada da ducju i so pecjàs;
i mi era strisinàt fin lì da la so sinta:
a è na robuta dal dut nocenta
ca và a confesasi pròpit par nuja.
Su di ic i no ài nisuna potensa!

Fàust
Ma a à pì di cutuàrdis àis.

Mefistòfil
Ti pàrlis coma un Zuan cotulàr,
cal vòu vej ducju i miej flòus par so cont,
cal cròt ca no sedi nisùn onòu,
nisùn plasej ca nol posi cjapà sù.
Mònega, a vorès altri!

Fàust
Siòr mestri laudatìsin,
ca mi lasi in pas cu li so règulis!
Chistu i ghi dìs, clar e net:
se sta dolsa zovinuta
in taj me bras a no durmirà stanòt,
a miešanòt i si separàn.

Mefistòfil
Pensa ben a sè ca ocòr!
A mi ocòrin almancu do setemànis
doma par cjatà fòu l'ocašiòn.

Fàust
Si vès doma un sièt òris di timp
a no mi ocorarès un diau
par cucami sta creaturuta.

MEPHISTOPHELES:
Ihr sprecht schon fast wie ein Franzos;
Doch bitt ich, laßt's Euch nicht verdrießen:
Was hilft's, nur grade zu genießen?
Die Freud ist lange nicht so groß,
Als wenn Ihr erst herauf, herum
Durch allerlei Brimborium,
Das Püppchen geknetet und zugericht't
Wie's lehret manche welsche Geschicht.

FAUST:
Hab Appetit auch ohne das.

MEPHISTOPHELES:
Jetzt ohne Schimpf und ohne Spaß:
Ich sag Euch, mit dem schönen Kind
Geht's ein für allemal nicht geschwind.
Mit Sturm ist da nichts einzunehmen;
Wir müssen uns zur List bequemen.

FAUST:
Schaff mir etwas vom Engelsschatz!
Führ mich an ihren Ruheplatz!
Schaff mir ein Halstuch von ihrer Brust,
Ein Strumpfband meiner Liebeslust!

MEPHISTOPHELES:
Damit Ihr seht, daß ich Eurer Pein
Will förderlich und dienstlich sein'
Wollen wir keinen Augenblick verlieren,
Will Euch noch heut in ihr Zimmer führen.

FAUST:
Und soll sie sehn? sie haben?

MEPHISTOPHELES:
Nein! Sie wird bei einer Nachbarin sein.

Mefistòfil
I tabajàis belzà cuaši coma un fransèis!
Ma no stèit cjapàvila masa:
A zòvia tant chè di godi dut a colp?
Il gust a nol è maj tant grant
coma cuant che cun ogni sorta
di nàinis i rivàis a preparà
e 'mpastà sù la pipinuta,
coma ca ni còntin li storiùtis taliànis.

Fàust
'L apetìt a nol mancja nencja sensa.

Mefistòfil
Alora sensa ufindi e sensa schersà
I vi dìs chistu na volta par dùtis:
cun sta frututa a no si và a fà li còrsis.
Cul zì al asàlt a no si otèn nuja;
i vìn da vìnsila cu la furbìsia.

Fàust
Procùrimi alc di chel anšulùt!
Mènimi indulà ca durmìs!
Pàrtimi na siarpa ca veva'ntòr,
na zaretiera pa la me voja mata!

Mefistòfil
Par ch'i jodèdis cuant bendispòst
ch'i soj pa li vustri pènis,
i no pierdarìn nencja un momènt;
e vuej stes i vi menaraj'n ta la so cjamara.

Fàust
E i la jodaraj? I la varaj?

Mefistòfil
No! A sarà là di na visina.

Indessen könnt Ihr ganz allein
 An aller Hoffnung künft'ger Freuden
 In ihrem Dunstkreis satt Euch weiden.

 FAUST:
 Können wir hin?

 MEPHISTOPHELES:
 Es ist noch zu früh.

FAUST:
 Sorg du mir für ein Geschenk für sie!
 (Ab.)

 MEPHISTOPHELES:
 Gleich schenken? Das ist brav! Da wird er reüssieren!
 Ich kenne manchen schönen Platz
 Und manchen altvergrabnen Schatz;
 Ich muß ein bißchen revidieren.
 (Ab.)

 Abend. Ein kleines reinliches Zimmer

 Margarete ihre Zöpfe flechtend und aufbindend.

 Ich gäb was drum, wenn ich nur wüßt,
 Wer heut der Herr gewesen ist!
 Er sah gewiß recht wacker aus
 Und ist aus einem edlen Haus;
 Das konnt ich ihm an der Stirne lesen-
 Er wär auch sonst nicht so keck gewesen.
 (Ab.)

 MEPHISTOPHELES:
 Herein, ganz leise, nur herein!

Intànt i podarèis dut besòu,
inglusàt in ta li so fragrànsis,
gòdivi dut il ben da vignì.

Fàust
I podinu zì?

Mefistòfil
                A è masa bunora.

Fàust
Cjàtimi un regalùt par ic!
Al và fòu.

Mefistòfil
Regàl belzà? Ma vuarda tu! Cussì a ghi la farà!
I cognòs cualchi biel postùt
e cualchi vecju tešorùt soteràt;
bišugna ch'i ghi dedi n'altra ocjada.
Al và fòu.

Sera, na cjamaruta biela neta

Margarita, ca si stà fašìnt sù li strèsis par davòu

I darès cuj sàja sè par savej
cuj cal era chel siòr di vuej!
Al veva pròpit un biel fà,
e par sigùr al è di famèa nòbil;
i vevi podùt ben lèšighilu'n ta la front—
sinò a nol varès maj ausàt fasi dongja.
A và fòu.

Mefistòfil
Vegnèit, su, vegnèit avànt plan plan!

FAUST (nach einigem Stillschweigen):
Ich bitte dich, laß mich allein!

MEPHISTOPHELES (herumspürend):
Nicht jedes Mädchen hält so rein.
(Ab.)

FAUST (rings aufschauend):
Willkommen, süßer Dämmerschein,
Der du dies Heiligtum durchwebst!
Ergreif mein Herz, du süße Liebespein,
Die du vom Tau der Hoffnung schmachtend lebst!
Wie atmet rings Gefühl der Stille,
Der Ordnung, der Zufriedenheit!
In dieser Armut welche Fülle!
In diesem Kerker welche Seligkeit!
(Er wirft sich auf den ledernen Sessel am Bette.)

O nimm mich auf, der du die Vorwelt schon
Bei Freud und Schmerz im offnen Arm empfangen!
Wie oft, ach! hat an diesem Väterthron
Schon eine Schar von Kindern rings gehangen!
Vielleicht hat, dankbar für den heil'gen Christ
Mein Liebchen hier, mit vollen Kinderwangen,
Dem Ahnherrn fromm die welke Hand geküßt.
Ich fühl o Mädchen, deinen Geist
Der Füll und Ordnung um mich säuseln,
Der mütterlich dich täglich unterweist
Den Teppich auf den Tisch dich reinlich breiten heißt,
Sogar den Sand zu deinen Füßen kräuseln.
O liebe Hand! so göttergleich!
Die Hütte wird durch dich ein Himmelreich.
Und hier!
(Er hebt einen Bettvorhang auf.)

Fàust, dopo èsi stàt sidinùt
I ti prej di lasami besòu!

Mefistòfil, curiošànt
A no sòn miga dùtis cussì, eh, li frùtis.
Al và fòu.

Fàust, vuardànt inziru
Benvegnuda, lus dolsa dal imbrunì,
che stu post sant ti 'nvèlis!
Strènzimi pur il còu, tu, dolòu scuišìt,
tu, che cul còu in gola i ti vìfs in ta la rušada dal sperà!
Sìnt com'che dut atòr al sofla n'ariuta
di pas, di òrdin, di sodisfasiòn!
In ta chista mišeria cuanta plenesa!
In ta sta prešòn cuanta beatitùdin!
A si buta in ta na sdraja di pièl dongja dal jèt.

O cjàpimi sù, tu che'l mont ca nol è pì
tegnut in taj to bras ti vèvis in timps biej e brus!
Cuanti vòltis, oh! che atòr di stu tron daj pàris
jodùt ti às matià un scjap di fioj!
Forsi la me ninina, beàda pal regàl di Nadàl,
 a à uchì, cu la so mušuta rotonda di frututa,
busàt cun devosiòn la man'nflapida dal nonu.
O ninuta, coma ch'i sìnt soflami 'ntòr
 il spìrit to, in tal so òrdin e plenesa,
che coma la pì buna mari a ti sostèn,
ca ti dìs di rangjà ben la tavàja'n ta la tàula,
o pur di spandi ben il glerìn ai to piè.
O manuta me divina!
Ti fàs tu di sta capana un paradìs.
E chì!
Al alsa sù na tendina dal jèt.

Was faßt mich für ein Wonnegraus!
Hier möcht ich volle Stunden säumen.
Natur, hier bildetest in leichten Träumen
Den eingebornen Engel aus!
Hier lag das Kind! mit warmem Leben
Den zarten Busen angefüllt,
Und hier mit heilig reinem Weben
Entwirkte sich das Götterbild!

Und du! Was hat dich hergeführt?
Wie innig fühl ich mich gerührt!
Was willst du hier? Was wird das Herz dir schwer?
Armsel'ger Faust! ich kenne dich nicht mehr.

Umgibt mich hier ein Zauberduft?
Mich drang's, so grade zu genießen,
Und fühle mich in Liebestraum zerfließen!
Sind wir ein Spiel von jedem Druck der Luft?

Und träte sie den Augenblick herein,
Wie würdest du für deinen Frevel büßen!
Der große Hans, ach wie so klein!
Läg, hingeschmolzen, ihr zu Füßen.

MEPHISTOPHELES (kommt):
Geschwind! ich seh sie unten kommen.

FAUST:
Fort! Fort! Ich kehre nimmermehr!

MEPHISTOPHELES:
Hier ist ein Kästchen leidlich schwer,
Ich hab's wo anders hergenommen.
Stellt's hier nur immer in den Schrein,
Ich schwör Euch, ihr vergehn die Sinnen;

Sè orìbil pasiòn ca mi taca!
Uchì i pasarès òris e òris.
Uchì, tu, Natura, cuj suns pì lišèis
formàt ti às stu anšulùt!
Uchì a si à pojàt la nina, cul so sèn
delicàt plen di vita rovana,
E chì, cul tesi pì sant e pur
fàt sù a si à l'imàgin dal divìn!

E tu? Se ti àja partàt uchì?
Tocjàt ti mi às in tal me èsi pì profònt!
Se vutu vej chì? Se ti dòlia'n tal còu?
Mišeràbil di Fàust, i no ti cognòs pì!

A mi'nglùsia chì n'atmosfera streàda?
I volevi a colp cjapami il me gust,
e'i mi sìnt invensi disolvi in ta'un sun di amòu!
I sinu doma zogàtuj par ogni butada di aria?

E se ic a vegnès dentri adès,
coma i scušarèsitu la to profanasiòn!
Da bulo ch'i ti èris, ah, se picinìn!
Dut dislagàt ti restarès ai so piè.

Mefistòfil
Svelt! I jòt ca stà vegnìnt.

Fàust
Via! Via! I no tornaraj maj pì!

Mefistòfil
Chì ca è na scjatuluta, pešantuta;
i l'ai partada chì da n'altra banda.
Metèila uchì in tal armàr!
Vi zuri ca pierdarà il cjaf:

Ich tat Euch Sächelchen hinein,
  Um eine andre zu gewinnen.
Zwar Kind ist Kind, und Spiel ist Spiel.

  FAUST:
Ich weiß nicht, soll ich?

  MEPHISTOPHELES:
Fragt Ihr viel?
Meint Ihr vielleicht den Schatz zu wahren?
Dann rat ich Eurer Lüsternheit,
Die liebe schöne Tageszeit
Und mir die weitre Müh zu sparen.
Ich hoff nicht, daß Ihr geizig seid!
Ich kratz den Kopf, reib an den Händen-
(Er stellt das Kästchen in den Schrein und drückt das Schloß wieder zu.)
Nur fort! geschwind!
Um Euch das süße junge Kind
Nach Herzens Wunsch und Will zu wenden;
Und Ihr seht drein
Als solltet Ihr in den Hörsaal hinein,
Als stünden grau leibhaftig vor Euch da
Physik und Metaphysika!
Nur fort!
(Ab.)

Margarete mit einer Lampe.

Es ist so schwül, so dumpfig hie
(sie macht das Fenster auf)
Und ist doch eben so warm nicht drauß.
Es wird mir so, ich weiß nicht wie-
Ich wollt, die Mutter käm nach Haus.
Mir läuft ein Schauer übern ganzen Leib-
Bin doch ein töricht furchtsam Weib!
(sie fängt an zu singen, indem sie sich auszieht.)

I vi ài metùt dentri un pu' di robùtis
par concuistà ben àltris!
Ma'l frut al è frut, e'l matià, matià.

Fàust
I no saj—i lu fàju?

Mefistòfil
        Encjamò vi lu domandàis?
I pensàišu forsi di tègnivi il tešoru?
Alora i ghi consiliej al vustri murbìn
di no butà via chisti bieli zornàdis
e di no fami pì basilà par nuja.
I sperarès ch'i no sèdis crumiro!
Jò i mi staj gratànt il cjaf, dut indafaràt—
*Al poja ju la scjàtula in tal armàr e di nòuf al siera
la sieradura.*
adès via, sùbit!—
ch'i podèdis voltà ai vustri guscj'
chista dolsa frututa;
e lì ch'i stèis,
coma ch'i fòsis par entrà'n scuela,
com'ch'i vèsis davànt di vu
la fišica e la metafišica personificàdis!
Sù, via!
A vàn fòu.

Margarita a vèn dentri cun un lumìn

Oh ma se sòfigu, se àfa ca è chì,
A spalanca il barcòn
e pensà che là di fòu a no è nencja tant cjalt.
I mi sìnt, i sìnt, oh, i no saj nencja jò—
I vorès che me mari a tornàs a cjaša!
I mi sìnt ingrisulì par dut—
Oh se sema ch'i soj, e plena di poura!
A si mèt a cjantà mentri ca si disvistìs.

Es war ein König in Thule
Gar treu bis an das Grab,
Dem sterbend seine Buhle
Einen goldnen Becher gab.

Es ging ihm nichts darüber,
Er leert ihn jeden Schmaus;
Die Augen gingen ihm über,
Sooft er trank daraus.

Und als er kam zu sterben,
Zählt er seine Städt im Reich,
Gönnt alles seinem Erben,
Den Becher nicht zugleich.

Er saß beim Königsmahle,
Die Ritter um ihn her,
Auf hohem Vätersaale,
Dort auf dem Schloß am Meer.

Dort stand der alte Zecher,
Trank letzte Lebensglut
Und warf den heiligen Becher
Hinunter in die Flut.

Er sah ihn stürzen, trinken
Und sinken tief ins Meer,
Die Augen täten ihm sinken,
Trank nie einen Tropfen mehr.

(Sie eröffnet den Schrein, ihre Kleider einzuräumen, und erblickt das Schmuckkästchen.)

Wie kommt das schöne Kästchen hier herein?
Ich schloß doch ganz gewiß den Schrein.
Es ist doch wunderbar! Was mag wohl drinne sein?

A Tula[12] al era na volta un re,
sempri fedèl, fin a la fin,
che l'amada so, murìnt, ghi veva
lasàt na copa di oru.

Sta copa a ghi era presioša,
e a ti la svueitava a ogni fiesta;
i so vuj a ghi lagrimàvin
ogni volta che da chè'l beveva.

E cuant cal era par murì,
contàt al veva li sitàs dal so reàm,
e ai so sucesòus ghi veva dut lasàt,
ma no la copa di oru, no chè.

Al past reàl a si sintava
cun dut atòr i cavalièrs,
in tal salòn daj so antenàs,
là'n tal so cjascjèl visìn dal mar.

Ulà al era stu vecju bevidòu,
e ulà, godùt'l ùltin glutàr da la so vita,
la copa santa al à casàt
jù in ta l'onda.

Joduda a la veva colà e'mplenisi
e zì jù in tal font dal mar.
I so vuj a si èrin alora sieràs,
e maj pì a ti veva bevùt na gota.

A vièrs'l armàr par rangjà i so vistìs, e a jòt la scjàtula daj gjojej.
Da'ndà a vègnia fòu sta biela scjatuluta?
I eri sigura di vej sieràt 'l armàr a claf.
Jòt se maravèa! E sè ca varà dentri?

---

[12] *Tula* (Tila, Tulla, Thule, etc.): išula mìtica; forsi l'Islanda o la Groenlandia.

Vielleicht bracht's jemand als ein Pfand,
Und meine Mutter lieh darauf.
Da hängt ein Schlüsselchen am Band
Ich denke wohl, ich mach es auf!
Was ist das? Gott im Himmel! Schau,
So was hab ich mein Tage nicht gesehn!
Ein Schmuck! Mit dem könnt eine Edelfrau
Am höchsten Feiertage gehn.
Wie sollte mir die Kette stehn?
Wem mag die Herrlichkeit gehören?

(Sie putzt sich damit auf und tritt vor den Spiegel.)

Wenn nur die Ohrring meine wären!
Man sieht doch gleich ganz anders drein.
Was hilft euch Schönheit, junges Blut?
Das ist wohl alles schön und gut,
Allein man läßt's auch alles sein;
Man lobt euch halb mit Erbarmen.
Nach Golde drängt,
Am Golde hängt
Doch alles. Ach wir Armen!

Spaziergang

Faust in Gedanken auf und ab gehend. Zu ihm Mephistopheles.

MEPHISTOPHELES:
Bei aller verschmähten Liebe! Beim höllischen Elemente!
Ich wollt, ich wüßte was Ärgers, daß ich's fluchen könnte!

FAUST:
Was hast? was kneipt dich denn so sehr?
So kein Gesicht sah ich in meinem Leben!

Forsi a è stada partada chì coma pegnu
da cualchidùn cal à vut un prèstit da la mama.
Èco lì na clavuta picjada'n ta un nastro:
a mi vèn che di vièrzila!
Sè eše sta roba? Diu bon—jòt chì!
Maj jodùt roba cussì in vita me!
Gjojej! Cun scju chì na siora
a podarès zì a la fiesta pì granda.
Coma a mi starèsia sta colana?
Di cuj a sarani duti sti maravèis?

A si mèt alc di sta roba intòr e a và davànt dal spieli.

Se doma scju ricìns a fòsin mès!
Cun chìscjus i somej n'altra dal dut.
Se vi zòvia la bielesa, zovenùtis?
Par bièlis chi sini'
i vegnìn lo stes lasàdis besòlis.
A par ca ti fèdin i cumplimìns doma par compasiòn.
A ghi vàn doma davòu dal oru,
dut, dut a dipìnt
dal oru! Ah, puòris nu!

Un post da pasegjàtis

Fàust sot pensej al cjamina sù e jù. Mefistòfil a ghi và dongja.

Mefistòfil
Par dut'l amòu dispresàt! Pa li flàmis dal infièr!
I vorès cognosi alc di pešu par podej bestemà encja chèl!

Fàust
Sè ch'i ti às? Sè ti vègnia sù!
In vita me i no ài maj jodùt na muša cussì!

MEPHISTOPHELES:
Ich möcht mich gleich dem Teufel übergeben,
Wenn ich nur selbst kein Teufel wär!

FAUST:
Hat sich dir was im Kopf verschoben?
Dich kleidet's wie ein Rasender zu toben!

MEPHISTOPHELES:
Denkt nur, den Schmuck, für Gretchen angeschafft,
Den hat ein Pfaff hinweggerafft!
Die Mutter kriegt das Ding zu schauen
Gleich fängt's ihr heimlich an zu grauen,
Die Frau hat gar einen feinen Geruch,
Schnuffelt immer im Gebetbuch
Und riecht's einem jeden Möbel an,
Ob das Ding heilig ist oder profan;
Und an dem Schmuck da spürt, sie's klar,
Daß dabei nicht viel Segen war.
"Mein Kind", rief sie, "ungerechtes Gut
Befängt die Seele, zehrt auf das Blut.
Wollen's der Mutter Gottes weihen,
Wird uns mit Himmelsmanna erfreuen!"
Margretlein zog ein schiefes Maul,
Ist halt, dacht sie, ein geschenkter Gaul,
Und wahrlich! gottlos ist nicht der,
Der ihn so fein gebracht hierher.
Die Mutter ließ einen Pfaffen kommen;
Der hatte kaum den Spaß vernommen,
Ließ sich den Anblick wohl behagen.
Er sprach: "So ist man recht gesinnt!
Wer überwindet, der gewinnt.
Die Kirche hat einen guten Magen,
Hat ganze Länder aufgefressen
Und doch noch nie sich übergessen;
Die Kirch allein, meine lieben Frauen,
Kann ungerechtes Gut verdauen."

Mefistòfil
I mi darès sù sùbit al diau,
si no fòs jò stes il diau!

Fàust
A ti àja zùt fòu alc dal cjaf?
A ti dona chè di fà'l mat da leà!

Mefistòfil
Pensàit: i gjojej procuràs par Greta
a si'u à sgnacàs via un predi!—
A la mari a ghi sbrisa i vuj intòr
e a s'ingrišignìs doma al jòdiju:
La fèmina a à un nas amondi fin;
a ti a našà sempri'l libri di prejèris,
e a ti naša pur ogni pìsula robuta,
par jodi s'a è sacra o profana.
E'i gjojej a sà ben ic clar e net
ca no sòn roba benedida.
"Fiola me," a ghi dìs, "roba mal otegnuda
a dana l'anima e a velena'l sanc.
Si ghi la consacràn a la Mari di Diu
a ni sodisfarà cu la mana dal cjèl!"
Margretuta a fà na bocjata;
a è roba regalada, a pensa;
e a nol sarà, po, un sensadiu chel
che cussì bravo al è stàt di lasala chì.
La mari a fà vigni un predi,
che, capìt a volo'l zòuc,
al lasa che'l vuli al godi sè cal jòt.
Al dìs: "Stu chì al è un bon propòsit:
al vìns chel che se stes al vìns!
La Glišia a à un bon stòmit,
a à mangjàt sù tanti cjèris
sensa maj sufrì d'indigestiòn.
Doma la glišia, li me buni siòris,
a pòl digerì il mal otegnùt."

FAUST:
Das ist ein allgemeiner Brauch,
Ein Jud und König kann es auch.

MEPHISTOPHELES:
Strich drauf ein Spange, Kett und Ring',
Als wären's eben Pfifferling',
Dankt' nicht weniger und nicht mehr,
Als ob's ein Korb voll Nüsse wär,
Versprach ihnen allen himmlischen Lohn-
Und sie waren sehr erbaut davon.

FAUST:
Und Gretchen?

MEPHISTOPHELES:
Sitzt nun unruhvoll,
Weiß weder, was sie will noch soll,
Denkt ans Geschmeide Tag und Nacht,
Noch mehr an den, der's ihr gebracht.

FAUST:
Des Liebchens Kummer tut mir leid.
Schaff du ihr gleich ein neu Geschmeid!
Am ersten war ja so nicht viel.

MEPHISTOPHELES:
O ja, dem Herrn ist alles Kinderspiel!

FAUST:
Und mach, und richt's nach meinem Sinn,
Häng dich an ihre Nachbarin!
Sei, Teufel, doch nur nicht wie Brei,
Und schaff einen neuen Schmuck herbei!

MEPHISTOPHELES:
Ja, gnäd'ger Herr, von Herzen gerne.
(Faust ab.)

Fàust
Sta chi a è na ušansa universàl;
al è bon da fala encja un ebreo o un re.

Mefistòfil
Al trata dut, trìmul, colana, anèl,
coma ca fòsin monàdis,
a nol dìs gràsis ne pì nè mancu
che s'a si tratàs di un zeùt plen di còculis,
prometùt a ghi à na ricompensa da Diu—
e lòu a sòn restàdis na vura edificàdis.

Fàust
E Greta?

Mefistòfil
A è lì malcujeta,
a no sà nè sè volej nè sè fà,
a pensa dì e nòt ai gjojej,
e pì'ncjamò a chel ca ghi'u à partàs.

Fàust
A mi displàs che la me ninina a si sinti mal.
Fàighi vej sùbit altri gjojej!
I prins a no èrin chel gran chè.

Mefistòfil
Jòt tu, dut fàsil par stu siòr!

Fàust
Fà coma ch'i vuej jò!
Tàchiti intòr da la so visina!
Sù, diau, nosta èsi coma'l zuf,
e procùrighi n'altri tešorùt!

Mefistòfil
Sì, il me bon siòr, amondi volentej!
Fàust al và fòu.

So ein verliebter Tor verpufft
  Euch Sonne, Mond und alle Sterne
  Zum Zeitvertreib dem Liebchen in die Luft.
  (Ab.)

Der Nachbarin Haus

  Marthe allein.
  Gott verzeih's meinem lieben Mann,
  Er hat an mir nicht wohl getan!
  Geht da stracks in die Welt hinein
  Und läßt mich auf dem Stroh allein.
  Tät ihn doch wahrlich nicht betrüben,
  Tät ihn, weiß Gott, recht herzlich lieben.
  (Sie weint.)
  Vielleicht ist er gar tot!- O Pein!-
  Hätt ich nur einen Totenschein!

  (Margarete kommt.)

  MARGARETE:
  Frau Marthe!

  MARTHE:
  Gretelchen, was soll's?

  MARGARETE:
  Fast sinken mir die Kniee nieder!
  Da find ich so ein Kästchen wieder
  In meinem Schrein, von Ebenholz,
  Und Sachen herrlich ganz und gar,
  Weit reicher, als das erste war.

Un namoràt mat coma chistu a ti fà
saltà'n aria soreli, luna a duti li stèlis
pal pasatìmp da la so biela.
Al và fòu.

La cjaša da la visina

Marta, besola
Che Diu'l perdoni il me puòr omp,
che par me al veva fàt puc di bon!
Tic e tac al cor via pal mont,
e a mi lasa besola'n ta la paja.
E pur i no ghi devi maj fastidi;
i ghi fevi, oh Diu bon, se ben i ghi volevi.
A plàns.
Forsi al è muart—oh Diu jò!—
se doma i vès un sen!

Margarita a entra

Margarita
Siora Marta!

Marta
         Greta, sè ca è?

Margarita
I me zenòj a no mi tègnin pì sù!
I ài cjatàt di nòuf na scjatuluta
di èbano in tal me armàr,
e robùtis dentri cussì bièlis
che tant miej a sòn da li prìmis!

MARTHE:
Das muß Sie nicht der Mutter sagen;
Tät's wieder gleich zur Beichte tragen.

MARGARETE:
Ach seh Sie nur! ach schau Sie nur!

MARTHE (putzt sie auf):
O du glücksel'ge Kreatur!

MARGARETE:
Darf mich, leider, nicht auf der Gassen
Noch in der Kirche mit sehen lassen.

MARTHE:
Komm du nur oft zu mir herüber,
Und leg den Schmuck hier heimlich an;
Spazier ein Stündchen lang dem Spiegelglas vorüber,
Wir haben unsre Freude dran;
Und dann gibt's einen Anlaß, gibt's ein Fest,
Wo man's so nach und nach den Leuten sehen läßt.
Ein Kettchen erst, die Perle dann ins Ohr;
Die Mutter sieht's wohl nicht, man macht ihr auch was vor.

MARGARETE:
Wer konnte nur die beiden Kästchen bringen?
Es geht nicht zu mit rechten Dingen!
(Es klopft.)
Ach Gott! mag das meine Mutter sein?

MARTHE (durchs Vorhängel guckend):
Es ist ein fremder Herr- Herein!

(Mephistopheles tritt auf.)

MEPHISTOPHELES:
Bin so frei, grad hereinzutreten,
Muß bei den Frauen Verzeihn erbeten.

Marta
Stavolta no dìšighilu a la mari,
che ic a cor a colp a confesasi!

Margarita
Ah, vuardàit chì! Ah, vuardàit, vuardàit!

Marta, ca ghi mèt la roba'ntòr
Oh se furtunada ch'i to sòs!

Margarita
Pecjàt che cun chìstis i no pòl fami jodi
in ta li stràdis e mancu encjamò in glišia.

Marta
Alora vèn spes a cjatami
e mètiti 'ntòr i gjojej in segrèt!
Ti zaràs par n'oruta sù e jù davànt dal spieli:
i cjaparìn un gust da no diši!
E a ni capitarà ben l'ocašiòn, na fiesta,
indà che puc a puc si ghi'u farà jodi a la zent:
prin na colanuta, dopo la perla'n ta l'orela.—
La mari a no jodarà nencja sè ca à davànt daj vuj.

Margarita
Ma cuja varàja partàt li do scjatulùtis?
A è alc, chì, ca no và ben!
A si sìnt bati.
Oh, Diu, ca sedi me mari

Marta, vuardànt pa la tendina
Al è un siòr forestej!—Avanti!

Al entra Mefistòfil

Mefistòfil
I mi cjoj la libertàt di vignì dentri—
i ghi domandi perdòn a li siòris.

(Tritt ehrerbietig vor Margareten zurück.)

Wollte nach Frau Marthe Schwerdtlein fragen!

MARTHE:
Ich bin's, was hat der Herr zu sagen?

MEPHISTOPHELES (leise zu ihr):
Ich kenne Sie jetzt, mir ist das genug;
Sie hat da gar vornehmen Besuch.
Verzeiht die Freiheit, die ich genommen,
Will Nachmittage wiederkommen.

MARTHE (lacht):
Denk, Kind, um alles in der Welt!
Der Herr dich für ein Fräulein hält.

MARGARETE:
Ich bin ein armes junges Blut;
Ach Gott! der Herr ist gar zu gut:
Schmuck und Geschmeide sind nicht mein.

MEPHISTOPHELES:
Ach, es ist nicht der Schmuck allein;
Sie hat ein Wesen, einen Blick so scharf!
Wie freut mich's, daß ich bleiben darf.

MARTHE:
Was bringt Er denn? Verlange sehr-

MEPHISTOPHELES:
Ich wollt, ich hätt eine frohere Mär!-
Ich hoffe, Sie läßt mich's drum nicht büßen:
Ihr Mann ist tot und läßt Sie grüßen.

MARTHE:
Ist tot? das treue Herz! O weh!
Mein Mann ist tot! Ach ich vergeh!

Tegnìnsi un puc indavòu par rispièt di Margarita

I vorès parlà cu la siora Marta Schwerdtlein.

Marta
I soj jò. Se'l àja da dìšimi il šiòr?

Mefistòfil, a ic, sidinùt
Adès ch'i vi cognòs, a mi basta cussì.
I jòt ch'i vèis na vìšita importanta.
Scušàimi par èsi vegnùt.
I tornaraj dopodimisdì.

Marta, a fuart
Pensa, fruta, a sè ca ni tocja sinti!
Il siòr a ti cjapa par na damigela.

Margarita
I soj na puora zovinuta;
Oh Diu, il siòr al è masa bon!
Chej gjojej e robùtis a no sòn roba me.

Mefistòfil
Ah, a no sòn doma i gjojej!
A à na maniera, na vuardada cussì clara!
Cuant plašej ca mi darès di restà!

Marta
Alora se vi pàrtia chì? I vorès tant—

Mefistòfil
I vorès davi notìsis pì bùnis!
I speri da no vignì tegnùt in colpa:
Il vustri omp al è muart, e i vi saludi par luj.

Marta
Al è muart? Chel còu fedèl? Oh, Diu me!
Al è muart il me omp! Oh, i mòu!

MARGARETE:
Ach! liebe Frau, verzweifelt nicht!

MEPHISTOPHELES:
So hört die traurige Geschicht!

MARGARETE:
Ich möchte drum mein' Tag' nicht lieben,
Würde mich Verlust zu Tode betrüben.

MEPHISTOPHELES:
Freud muß Leid, Leid muß Freude haben.

MARTHE:
Erzählt mir seines Lebens Schluß!

MEPHISTOPHELES:
Er liegt in Padua begraben
Beim heiligen Antonius
An einer wohlgeweihten Stätte
Zum ewig kühlen Ruhebette.

MARTHE:
Habt Ihr sonst nichts an mich zu bringen?

MEPHISTOPHELES:
Ja, eine Bitte, groß und schwer:
Laß Sie doch ja für ihn dreihundert Messen singen!
Im übrigen sind meine Taschen leer.

MARTHE:
Was! nicht ein Schaustück? kein Geschmeid?
Was jeder Handwerksbursch im Grund des Säckels spart,
Zum Angedenken aufbewahrt,
Und lieber hungert, lieber bettelt!

Margarita
Oh, Diu, siora me, no stèit disperavi!

Mefistòfil
Scoltàit la so bruta storia!

Margarita
Par chel i no vorès maj volèjghi ben a nisùn,
che si lu pierdès dal dolòu i morarès.

Mefistòfil
La contentesa'l sufrì a vòu, e'l sufrì la contentesa.

Marta
Contàimi da la so fin!

Mefistòfil
Al è soteràt a Padova
dongja di Sant Antoni,
un post santìsin,
par sempri fresc e cujèt.

Marta
I no veišu altri da partami?

Mefistòfil
Sì, na prejera 'mportanta,
ca ghi vègnin cjantàdis trešinta mèsis!
Di altri li me sachètis a sòn vuèitis.

Marta
Ma coma! Nuja?—nencja un gjojelùt?
Chèl che encja un manovàl i tal font da la so sacheta
al tèn par vigni recuardàt
encja s'al à di pati la fan o zì a lemòsina?

MEPHISTOPHELES:
Madam, es tut mir herzlich leid;
Allein er hat sein Geld wahrhaftig nicht verzettelt.
Auch er bereute seine Fehler sehr,
Ja, und bejammerte sein Unglück noch viel mehr.

MARGARETE:
Ach! daß die Menschen so unglücklich sind!
Gewiß, ich will für ihn manch Requiem noch beten.

MEPHISTOPHELES:
Ihr wäret wert, gleich in die Eh zu treten:
Ihr seid ein liebenswürdig Kind.

MARGARETE:
Ach nein, das geht jetzt noch nicht an.

MEPHISTOPHELES:
Ist's nicht ein Mann, sei's derweil ein Galan.
's ist eine der größten Himmelsgaben,
So ein lieb Ding im Arm zu haben.

MARGARETE:
Das ist des Landes nicht der Brauch.

MEPHISTOPHELES:
Brauch oder nicht! Es gibt sich auch.

MARTHE:
Erzählt mir doch!

MEPHISTOPHELES:
Ich stand an seinem Sterbebette,
Es war was besser als von Mist,
Von halbgefaultem Stroh; allein er starb als Christ
Und fand, daß er weit mehr noch auf der Zeche hätte.
"Wie", rief er, "muß ich mich von Grund aus hassen,
So mein Gewerb, mein Weib so zu verlassen!

Mefistòfil
A mi displàs tant, siora;
ma i so bès a no ju à sul seriu butàs via.
Luj stes a si pentiva daj so sbàlius,
e a si lamentava pì 'ncjamò da la so sfurtuna.

Margarita
Ah, se sfurtunàs ca sòn i òmis!
Oh, cuancju requiems ch'i prearaj par luj!

Mefistòfil
I meretarèsis di vigni spošada sùbit,
ch'i sèis na fantata cussì buna.

Margarita
Ah no, a no è 'ncjamò rivada l'ora.

Mefistòfil
Sinò un omp, almancu un ca vi stà davòu!
Al è un daj pì grancj' regaj dal cjèl
chèl di tegni 'n bras alc di cussì dols.

Margarita
A no è, chè, l'ušansa daj nustri poscj'.

Mefistòfil
Ušansa o no, cussì a càpita.

Marta
Contàimi alora!

Mefistòfil
     I eri lì, in banda dal so jèt di muàrt,
al era puc di miej dal ledàn,
di paja mieša fràida! Ma al è muàrt da cristiàn,
e cjatàt al veva alc che pì grant dal so cont al era.
"Oh," al veva dita, "cuant ch'i mi odiej
par lasà cussì il me lavoru, la me fèmina!

Ach, die Erinnrung tötet mich
Vergäb sie mir nur noch in diesem Leben!"

MARTHE (weinend):
Der gute Mann! ich hab ihm längst vergeben.

MEPHISTOPHELES:
"Allein, weiß Gott! sie war mehr schuld als ich."

MARTHE:
Das lügt er! Was! am Rand des Grabs zu lügen!

MEPHISTOPHELES:
Er fabelte gewiß in letzten Zügen,
Wenn ich nur halb ein Kenner bin.
"Ich hatte", sprach er, "nicht zum Zeitvertreib zu gaffen
Erst Kinder, und dann Brot für sie zu schaffen,
Und Brot im allerweitsten Sinn,
Und konnte nicht einmal mein Teil in Frieden essen."

MARTHE:
Hat er so aller Treu, so aller Lieb vergessen,
Der Plackerei bei Tag und Nacht!

MEPHISTOPHELES:
Nicht doch, er hat Euch herzlich dran gedacht.
Er sprach: "Als ich nun weg von Malta ging
Da betet ich für Frau und Kinder brünstig;
Uns war denn auch der Himmel günstig,
Daß unser Schiff ein türkisch Fahrzeug fing,
Das einen Schatz des großen Sultans führte.
Da ward der Tapferkeit ihr Lohn,
Und ich empfing denn auch, wie sich's gebührte,
Mein wohlgemeßnes Teil davon."

MARTHE:
Ei wie? Ei wo? Hat er's vielleicht vergraben?

Ah, la memoria stesa a mi copa!
Se doma a mi perdonàs in ta sta vita..."

Marta, planzìnt
Il puòr omp! A è tant ch'i lu ài perdonàt.

Mefistòfil
"...doma che, Diu a lu sà ben, a era pi'n colpa di me."

Marta
Bušiàr di un bušiàr! E in punt di muàrt!

Mefistòfil
A è vera che'n ùltin al contava fiàbis,
da chèl ch'i savedi jò.
"I no ài maj vùt," al diševa, "timp di divertimi:
prima i fioj, e dopo'n sercja di pan par nudrìju,
di pan in tal sens pì a la largja,
e jò stes i no podevi nencja maj mangjà in pas."

Marta
A si à dismintiàt di dut? Fedeltàt e amòu,
e dal me lambicà di dì e di nòt!

Mefistòfil
No, no! Di vu al pensava di dut còu.
Al diševa: "Da cuant ch'i soj partìt da Malta
i'ai sempri preàt cul còu sglonf par fèmina a fioj;
encja'l cjèl al godeva par nuàltris:
la nustra naf cjapàt a veva un mercantìl turc
cal partava un tešoru dal grant Sultàn.
Il nustri valòu al era par chèl stàt premiàt,
e risevùt i vevi encja jò, com'ca era just,
la me tant ben meritada part."

Marta
Ma, ma coma? E'ndulà? A l'àja soterada?

MEPHISTOPHELES:
Wer weiß, wo nun es die vier Winde haben.
Ein schönes Fräulein nahm sich seiner an,
Als er in Napel fremd umherspazierte;
Sie hat an ihm viel Liebs und Treus getan,
Daß er's bis an sein selig Ende spürte.

MARTHE:
Der Schelm! der Dieb an seinen Kindern!
Auch alles Elend, alle Not
Konnt nicht sein schändlich Leben hindern!

MEPHISTOPHELES:
Ja seht! dafür ist er nun tot.
Wär ich nun jetzt an Eurem Platze,
Betraurt ich ihn ein züchtig Jahr,
Visierte dann unterweil nach einem neuen Schatze.

MARTHE:
Ach Gott! wie doch mein erster war,
Find ich nicht leicht auf dieser Welt den andern!
Es konnte kaum ein herziger Närrchen sein.
Er liebte nur das allzuviele Wandern
Und fremde Weiber und fremden Wein
Und das verfluchte Würfelspiel.

MEPHISTOPHELES:
Nun, nun, so konnt es gehn und stehen,
Wenn er Euch ungefähr so viel
Von seiner Seite nachgesehen.
Ich schwör Euch zu, mit dem Beding
Wechselt ich selbst mit Euch den Ring!

MARTHE:
O es beliebt dem Herrn zu scherzen!

MEPHISTOPHELES (für sich):
Nun mach ich mich beizeiten fort!

Mefistòfil
Cuj sàja 'ndulà che i cuatri vins a l'àn partada!
A na biela napoletanuta a ghi steva davòu,
cuant che par Napoli al torzeonava:
a ghi veva volùt un ben dal mont,
che luj al veva sintùt fin a la so beada fin.

Marta
Galeòt di omp! Robàighi ai so fioj!
Nencja la so mišeria e bišugnu
a vèvin frenàt la so vita vergognoša!

Mefistòfil
I jodèis ben che par chèl adès al è muàrt!
Si fòs jò adès in tal vustri post,
i lu planzarès par un àn intej,
e dopo i vuardarès atòr par n'altri tešoru.

Marta
Ah, Diu bon! Indulà i vàiu a cjatani
n'altri coma luj in dut il mont!
Al era bon di èsi un mataràn daj pì grancj',
doma ca ghi plaševa masa il torzeonà
e bevi e còrighi davòu di altri fèminis,
e chel maladèt zòuc daj dàdos!

Mefistòfil
Però, però, coma ca stàn li ròbis,
encja luj al verès podùt sierà
un vuli a li vustri lišerèsis.
Vi zuri jò che a chisti condisiòns
i zarès a mètivi'l anèl encja jò!

Marta
Oh, cuant ca ghi plàs schersà al siòr!

Mefistòfil, a sè stes
A è ora ch'i mi la svigni!

Die hielte wohl den Teufel selbst beim Wort.
(Zu Gretchen.)
Wie steht es denn mit Ihrem Herzen?

MARGARETE:
Was meint der Herr damit?

MEPHISTOPHELES (für sich):
Du guts, unschuldigs Kind! (Laut.)
Lebt wohl, ihr Fraun!

MARGARETE:
Lebt wohl!

MARTHE:
O sagt mir doch geschwind!
Ich möchte gern ein Zeugnis haben,
Wo, wie und wann mein Schatz gestorben und begraben.
Ich bin von je der Ordnung Freund gewesen,
Möcht, ihn auch tot im Wochenblättchen lesen.

MEPHISTOPHELES:
Ja, gute Frau, durch zweier Zeugen Mund
Wird allerwegs die Wahrheit kund;
Habe noch gar einen feinen Gesellen,
Den will ich Euch vor den Richter stellen.
Ich bring ihn her.

MARTHE:
O tut das ja!

MEPHISTOPHELES:
Und hier die Jungfrau ist auch da?
Ein braver Knab! ist viel gereist,
Fräuleins alle Höflichkeit erweist.

MARGARETE:
Müßte vor dem Herren schamrot werden.

Sta chì a ghi fà mantegni la peràula encja al diàu.
A Greta
E cul vustri còu, coma a vaja?

Margarita
Se volèišu diši, Siòr?

Mefistòfil, a sè stes
O ninina nocenta! *A vòus alta*
Stèimi ben, siòris mes!

Margarita
      Adio!

Marta
      Oh dišèimi svelt—
I vorès vej alc cal testimonièa coma,
indulà e cuant che'l me tešoru al è stàt soteràt.
A mi à sempri plašùt jodi li ròbis ben ordinàdis.
I vorès encja leši tal gjornàl cal è muart.

Mefistòfil
Sì, và ben, siora me, i sintarèis che la veretàt
a vegnarà contada par bocja di doj testimònis.
I ài cun me un bravo compaj
ca vi farà da testimoni davànt dal gjudice.
Vi lu partaraj chì.

Marta
Oh sì, partàilu!

Mefistòfil
E a saràja là encja la fantasina?
Al è un bravo zòvin! Al à tant viagjàt,
Al è tant ben educàt cu li siorùtis.

Margarita
I doventaraj rosa di vergogna davànt di chel siòr.

MEPHISTOPHELES:
Vor keinem Könige der Erden.

MARTHE:
Da hinterm Haus in meinem Garten
Wollen wir der Herren heut abend warten.

Straße

Faust. Mephistopheles.

FAUST:
Wie ist's? Will's fördern? Will's bald gehn?

MEPHISTOPHELES:
Ah bravo! Find ich Euch in Feuer?
In kurzer Zeit ist Gretchen Euer.
Heut abend sollt Ihr sie bei Nachbar' Marthen sehn:
Das ist ein Weib wie auserlesen
Zum Kuppler- und Zigeunerwesen!

FAUST:
So recht!

MEPHISTOPHELES:
Doch wird auch was von uns begehrt.

FAUST:
Ein Dienst ist wohl des andern wert.

MEPHISTOPHELES:
Wir legen nur ein gültig Zeugnis nieder,
Daß ihres Ehherrn ausgereckte Glieder
In Padua an heil'ger Stätte ruhn.

Mefistòfil
Nencja di front di nisùn re di sta cjera!

Marta
Stasera i spetarìn i siòrs in tal gjardìn
davòu da la me cjaša.

Strada

Fàust e Mefistòfil

Fàust
Cuj ca è? Si vàja 'ndavànt? Cuant i zinu?

Mefistòfil
Ah, bravo! Vi cjàtiu dut in bora?
Greta a sarà vustra in puc timp.
Stasera i la jodarèis là da la so visina Marta:
a è na fèmina sta chì, di chès, di chès...
singara e rufiana'n tal stes timp!

Fàust
Benòn alora!

Mefistòfil
Ma a si vòu vej alc encja da nuàltris.

Fàust
Un servisi al mèrita n'altri servisi.

Mefistòfil
I vin da dà na buna testimoniansa
che la salma dal so puòr siòr omp
a ripoša in ta cjera consacrada a Padova.

FAUST:
Sehr klug! Wir werden erst die Reise machen müssen!

MEPHISTOPHELES:
Sancta Simplicitas! darum ist's nicht zu tun;
Bezeugt nur, ohne viel zu wissen.

FAUST:
Wenn Er nichts Bessers hat, so ist der Plan zerrissen.

MEPHISTOPHELES:
O heil'ger Mann! Da wärt Ihr's nun!
Ist es das erstemal in eurem Leben,
Daß Ihr falsch Zeugnis abgelegt?
Habt Ihr von Gott, der Welt und was sich drin bewegt,
Vom Menschen, was sich ihm in den Kopf und Herzen regt,
Definitionen nicht mit großer Kraft gegeben?
Mit frecher Stirne, kühner Brust?
Und wollt Ihr recht ins Innre gehen,
Habt Ihr davon, Ihr müßt es grad gestehen,
So viel als von Herrn Schwerdtleins Tod gewußt!

FAUST:
Du bist und bleibst ein Lügner, ein Sophiste.

MEPHISTOPHELES:
Ja, wenn man's nicht ein bißchen tiefer wüßte.
Denn morgen wirst, in allen Ehren,
Das arme Gretchen nicht betören
Und alle Seelenlieb ihr schwören?

FAUST:
Und zwar von Herzen.

MEPHISTOPHELES:
Gut und schön!
Dann wird von ewiger Treu und Liebe,
von einzig überallmächt'gem Triebe-

Fàust
Bravo! Cussì a ni tocja prin mètisi in viàs?

Mefistòfil
Sancta simplicitas! I no farìn nuja dal zènar;
testimoniàit, sensa savej pì di chel tant!

Fàust
Si no vìn alc di miej, il plan al è ruvinàt.

Mefistòfil
Oh, ma se sant di omp! Cussì i sèis?
A eše chista la prima volta in vita vustra
ch'i vèis dàt na testimoniansa falsa?
I no vèišu di Diu, dal mont e di chèl ca lu animèa,
dal omp, e di chèl che cjaf e còu ghi remena,
dàt definisiòns profindìsimis
cun front alta e spìrit temerari?
E se doma i vi dèis na ocjada dentri,
i no varèsišu da confesà ch'i no savèvis di chej
pì di chèl ch'i savèis da la muart dal siòr Schwerdtlein?

Fàust
Ti sòs e i ti rèstis un bušiàr—un sofista!

Mefistòfil
Daj, se doma un a la savès un puc pì lungja!
Alora domàn, par plen rispièt,
i no zarèis a inganà la puora Greta
e a promètighi dut il ben di stu mont?

Fàust
Cun dut il còu!

Mefistòfil
       Benòn alora!
Dopo a vegnarà fòu l'eterna fedeltàt, nasuda
da un ùnic e potentìsin amòu—

Wird das auch so von Herzen gehn?

FAUST:
Laß das! Es wird!- Wenn ich empfinde,
Für das Gefühl, für das Gewühl
Nach Namen suche, keinen finde,
Dann durch die Welt mit allen Sinnen schweife,
Nach allen höchsten Worten greife,
Und diese Glut, von der ich brenne,
Unendlich, ewig, ewig nenne,
Ist das ein teuflisch Lügenspiel?

MEPHISTOPHELES:
Ich hab doch recht!

FAUST:
Hör! merk dir dies-
Ich bitte dich, und schone meine Lunge-:
Wer recht behalten will und hat nur eine Zunge,
Behält's gewiß.
Und komm, ich hab des Schwätzens Überdruß,
Denn du hast recht, vorzüglich weil ich muß.

Garten

Margarete an Faustens Arm, Marthe mit Mephistopheles auf und ab spazierend.

MARGARETE:
Ich fühl es wohl, daß mich der Herr nur schont,
Herab sich läßt, mich zu beschämen.
Ein Reisender ist so gewohnt,
Aus Gütigkeit fürliebzunehmen;
Ich weiß zu gut, daß solch erfahrnen Mann
Mein arm Gespräch nicht unterhalten kann.

e dut chistu al vegnarà fòu dal còu?

Fàust
Finìsila! Sì, pròpit cussì!—Si lu sìnt,
stu sintimìnt, stu insiminimìnt
—oh i no saj cjatà li peràulis!—
par dut il mont pocàt da stu sintimìnt i serci
e i mi'ngrimpi a li peràulis pì sublìmis,
e stu cjalt rovàn ca mi bruša dentri
infinìt, eterno, eterno i lu clami—
al eše chistu un zòuc diabòlic e fals?

Mefistòfil
Epùr i ài rašòn.

Fàust
               Sìnt chì! Tèn chistu a mins,
i ti lu prej, e sparègnimi il tabajà:
Chel cal vòu vej rašòn cul pì discori
a la varà.
Adès vèn, basta cul cjacarà,
ch'i ti daj rašòn, màsima parsè ca mi tocja.

GJARDÌN

Margarita al bras di Fàust, Marta cun Mefistòfil, a cjamìnin sù e jù

Margarita
A mi pàr ch'i stèis doma zujànt cun me, siòr,
ch'i si sbasàis a èsi cun me, e jò i mi vergogni.
Un viagjatòu al è abituàt
a tratà la zent cun creansa.
Oh i saj ben jò che i me puòrs discòrs
 a gh'impuàrtin puc a un omp cussì tant struìt.

FAUST:
Ein Blick von dir, ein Wort mehr unterhält
Als alle Weisheit dieser Welt.
(Er küßt ihre Hand.)

MARGARETE:
Inkommodiert Euch nicht! Wie könnt Ihr sie nur küssen?
Sie ist so garstig, ist so rauh!
Was hab ich nicht schon alles schaffen müssen!
Die Mutter ist gar zu genau.
(Gehn vorüber.)

MARTHE:
Und Ihr, mein Herr, Ihr reist so immer fort?

MEPHISTOPHELES:
Ach, daß Gewerb und Pflicht uns dazu treiben!
Mit wieviel Schmerz verläßt man manchen Ort
Und darf doch nun einmal nicht bleiben!

MARTHE:
In raschen Jahren geht's wohl an
So um und um frei durch die Welt zu streifen;
Doch kömmt die böse Zeit heran,
Und sich als Hagestolz allein zum Grab zu schleifen,
Das hat noch keinem wohlgetan.

MEPHISTOPHELES:
Mit Grausen seh ich das von weiten.

MARTHE:
Drum, werter Herr, beratet Euch in Zeiten.
(Gehn vorüber.)

MARGARETE:
Ja, aus den Augen, aus dem Sinn!
Die Höflichkeit ist Euch geläufig;

Fàust
Na to ocjada, na to peràula a vàl tant di pì
sinò duta la sapiensa di stu mont.
A ghi busa la man

Margarita
Oh no stèit scomodavi! Coma i fèišu a busala?
A è cussì bruta, cussì rùvida!
Cun dut il distrigà ca mi tocja fà!
Me mari a vòu ch'i fedi dut a puntìn.
A pàrin via

Marta
E vu, siòr, i sèišu sempri in viàs?

Mefistòfil
Ah, i afàrs e i dovèis a ni fàn sempri cori!
Cuant mal ca si si sìnt a lasà un post
e a no no podej maj restàivi!

Marta
In taj àis pì rovàns al và ben
dut stu torzeonà pal mont;
ma'l jòdisi capità dongja i àis pì brus
e'l visinasi besolùs a la muàrt,
a no ghi à maj fàt ben a nisùn scàpul.

Mefistòfil
A mi fà 'ngrìsul a jodi dut chistu da lontàn.

Marta
E alora, bravo siòr, fèit alc prin ca sedi masa tars!
A vàn fòu.

Margarita
A è vera, fòu di vuli, fòu di mins.
A vi è naturàl di vej buni manièris,

Allein Ihr habt der Freunde häufig,
Sie sind verständiger, als ich bin.

FAUST:
O Beste! glaube, was man so verständig nennt,
Ist oft mehr Eitelkeit und Kurzsinn.

MARGARETE:
Wie?

FAUST:
Ach, daß die Einfalt, daß die Unschuld nie
Sich selbst und ihren heil'gen Wert erkennt!
Daß Demut Niedrigkeit, die höchsten Gaben
Der liebevoll austeilenden Natur-

MARGARETE:
Denkt Ihr an mich ein Augenblickchen nur,
Ich werde Zeit genug an Euch zu denken haben.

FAUST:
Ihr seid wohl viel allein?

MARGARETE:
Ja, unsre Wirtschaft ist nur klein,
Und doch will sie versehen sein.
Wir haben keine Magd; muß kochen, fegen, stricken
Und nähn und laufen früh und spat;
Und meine Mutter ist in allen Stücken
So akkurat!
Nicht daß sie just so sehr sich einzuschränken hat;
Wir könnten uns weit eh'r als andre regen:
Mein Vater hinterließ ein hübsch Vermögen,
Ein Häuschen und ein Gärtchen vor der Stadt.
Doch hab ich jetzt so ziemlich stille Tage:
Mein Bruder ist Soldat,
Mein Schwesterchen ist tot.

e a no vi màncin maj compàis
na vura pì inteligèns di me.

Fàust
O ninina! Cròdimi che sè ca clàmin inteligensa
a è spes par me doma un fasi jodi.

Margarita
                    Ma parsè?

Fàust
Ah, se doma la semplicitàt e la 'nocensa
a cognosèsin il so grant mèrit e valòu!
La modèstia, l'umiltàt, li miej virtùs
che cun bontàt a dà la natura—

Margarita
Pensàit di me par un momentùt ogni tant,
che jò i varaj tant timp di tègnivi' tal me pensej.

Fàust
I sèišu spes besola?

Margarita
Sì, i nustri afàrs di cjaša a no sòn tant grancj',
ma a tocja stàjghi davòu lo stes.
I no vìn nisuna serva; par chèl a mi tocja fà da mangjà,
scovà, comedà, cuši, e cori da matina a sera,
e me mari a vòu che dùt
a vegni fàt a puntìn!
no ca ghi toci fà tanta ecunumìa;
i podìn rangjasi miej di tancju àltris:
me pari a ni à lasàt na buna ereditàt,
na cjašuta e un ortùt sùbit fòu dal pais.
Lo stes li me zornàdis a pàsin quiètis:
me fradi al è soldàt,
la me sòu picinina a è muarta.

Ich hatte mit dem Kind wohl meine liebe Not;
Doch übernähm ich gern noch einmal alle Plage,
So lieb war mir das Kind.

FAUST:
Ein Engel, wenn dir's glich.

MARGARETE:
Ich zog es auf, und herzlich liebt es mich.
Es war nach meines Vaters Tod geboren.
Die Mutter gaben wir verloren,
So elend wie sie damals lag,
Und sie erholte sich sehr langsam, nach und nach.
Da konnte sie nun nicht dran denken,
Das arme Würmchen selbst zu tränken,
Und so erzog ich's ganz allein,
Mit Milch und Wasser, so ward's mein
Auf meinem Arm, in meinem Schoß
War's freundlich, zappelte, ward groß.

FAUST:
Du hast gewiß das reinste Glück empfunden.

MARGARETE:
Doch auch gewiß gar manche schwere Stunden.
Des Kleinen Wiege stand zu Nacht
An meinem Bett; es durfte kaum sich regen,
War ich erwacht;
Bald mußt ich's tränken, bald es zu mir legen
Bald, wenn's nicht schwieg, vom Bett aufstehn
Und tänzelnd in der Kammer auf und nieder gehn,
Und früh am Tage schon am Waschtrog stehn;
Dann auf dem Markt und an dem Herde sorgen,
Und immer fort wie heut so morgen.
Da geht's, mein Herr, nicht immer mutig zu;
Doch schmeckt dafür das Essen, schmeckt die Ruh.
(Gehn vorüber.)

Cuant dafà ch'i vevi vùt cu la pisuluta!
Ma dut chel tribulà i lu farès di nòuf volentej,
cussì tant ben ch'i ghi volevi.

Fàust
                  Un ànzul, s'a ti someava!

Margarita
I la tiravi su, e ic a mi voleva tant ben.
A era nasuda dopo che me pari al era muart.
I crodèvin di pierdi encja la mama,
cussì mal ca steva incolvolta,
e a ghi veva metùt tant timp par rimètisi.
Ma a no podeva nencja pensà
di podej dàjghi da teta a la ninuta,
e cussì i la vevi tirada sù jò,
a sun di lat e aga; a era coma ca fòs stada me.
In taj me bras, in tal me grin
a era contenta, a zujava, a creseva.

Fàust
Ti vèvis par sigùr cjatàt la pì pura contentesa.

Margarita
Ma encja tanti òris brùtis.
Di nòt la cuna da la picinina a era
in banda dal me jèt: a no si moveva nencja
che jò i era zà sveàda!
i vevi da dàjghi da bevi, da tègnila i banda di me,
e s'a no taševa, i vevi da levà dal jèt
e fàjghi li ninanàinis sù e jù pa la cjamara,
e bunoruta di matina zì là da la vasca a lavà,
e cori dopo al marcjàt e tìndighi a la stùa,
e sempri cussì, dì dopo dì.
A è fadìja—i savèis, no, siòr?—tègnisi sempri sù;
ma almancu a si pòs gustà il mangjà e il ripošu.
A si lontànin.

MARTHE:
Die armen Weiber sind doch übel dran:
Ein Hagestolz ist schwerlich zu bekehren.

MEPHISTOPHELES:
Es käme nur auf Euresgleichen an,
Mich eines Bessern zu belehren.

MARTHE:
Sagt grad, mein Herr, habt Ihr noch nichts gefunden?
Hat sich das Herz nicht irgendwo gebunden?

MEPHISTOPHELES:
Das Sprichwort sagt: Ein eigner Herd,
Ein braves Weib sind Gold und Perlen wert.

MARTHE:
Ich meine: ob Ihr niemals Lust bekommen?

MEPHISTOPHELES:
Man hat mich überall recht höflich aufgenommen.

MARTHE:
Ich wollte sagen: ward's nie Ernst in Eurem Herzen?

MEPHISTOPHELES:
Mit Frauen soll man sich nie unterstehn zu scherzen.

MARTHE:
Ach, Ihr versteht mich nicht!

MEPHISTOPHELES:
Das tut mir herzlich leid!
Doch ich versteh- daß Ihr sehr gütig seid.

(Gehn vorüber.)

Marta
A li puori fèminis a ghi và puc ben:
un scàpul al è dur da convertì.

Mefistòfil
Doma da una coma vu
i podarès imparà a doventà miej.

Marta
Dišèit pu, siòr; i no la vèis maj cjatada?
Il vustri còu no si àja maj leàt'n ta nisuna banda?

Mefistòfil
Al dìs il provèrbiu: Un fogolàr
e na brava fèmina a sòn coma pèrlis e oru.

Marta
I volevi diši: I no sintèišu nisuna pasiòn pa li fèminis?

Mefistòfil
I soj sempri stàt risevùt cun benvolej par dut.

Marta
I intindevi: I no ghi vèišu maj sintùt un baticòu par nisuna?

Mefistòfil
Cu li fèminis un a nol pòl maj permètisi di schersà

Marta
Ah, i no rivàis a capimi!

Mefistòfil
                    A mi displàs tant!
Ma i capìs ben ch'i sèis na buna fèmina.

A vàn fòu.

FAUST:
Du kanntest mich, o kleiner Engel, wieder,
Gleich als ich in den Garten kam?

MARGARETE:
Saht Ihr es nicht, ich schlug die Augen nieder.

FAUST:
Und du verzeihst die Freiheit, die ich nahm?
Was sich die Frechheit unterfangen,
Als du jüngst aus dem Dom gegangen?

MARGARETE:
Ich war bestürzt, mir war das nie geschehn;
Es konnte niemand von mir Übels sagen.
Ach, dacht ich, hat er in deinem Betragen
Was Freches, Unanständiges gesehn?
Es schien ihn gleich nur anzuwandeln,
Mit dieser Dirne gradehin zu handeln.
Gesteh ich's doch! Ich wußte nicht, was sich
Zu Eurem Vorteil hier zu regen gleich begonnte;
Allein gewiß, ich war recht bös auf mich,
Daß ich auf Euch nicht böser werden konnte.

FAUST:
Süß Liebchen!

MARGARETE:
Laßt einmal!
(Sie pflückt eine Sternblume und zupft die Blätter ab, eins nach dem andern.)

FAUST:
Was soll das? Einen Strauß?

MARGARETE:
Nein, es soll nur ein Spiel.

Fàust
Ti mi vèvis cognosùt di nòuf—anzulùt me—
apena ch'i eri vegnùt in tal ort?

Margarita
I no vèvišu jodùt coma ch'i tegnevi i vuj bas?

Fàust
E i ti perdònis la libertàt ch'i mi vevi cjapàt?
di èsimi visinàt cun impertinensa
mentri ch'i ti vegnèvis fòu di glišia?

Margarita
I sintevi dut un rebaltòn; a no mi era maj capitàt;
nisùn a podeva diši mal di me.
Ah, i vevi pensàt, a ti àja forsi
jodùt fà la suvituta o fà alc di indecènt?
A someàva ca si visinàs, cussì, coma nuja,
cun una di chès...cun una di chès.
Epur i confesi che dentri di me i tacavi
belzà a sinti alc par vu;
doma ch'i eri na vura rabiada
di no podej sìntimi pì rabiada cun vu.

Fàust
O ninina!

Margarita
Spetàit un lamp!
*A cjoj sù na margarita e a ghi tira fòu li fueùtis,
una a la volta.*

Fàust
      Se fatu—un masèt di flòus?

Margarita
          No, i staj doma matiànt.

FAUST:
Wie?

MARGARETE:
Geht! Ihr lacht mich aus.
(Sie rupft und murmelt.)

FAUST:
Was murmelst du?

MARGARETE (halblaut):
Er liebt mich- liebt mich nicht.
FAUST:
Du holdes Himmelsangesicht!

MARGARETE (fährt fort):
Liebt mich- nicht- liebt mich- nicht-
(Das letzte Blatt ausrupfend, mit holder Freude.)
Er liebt mich!

FAUST:
Ja, mein Kind! Laß dieses Blumenwort Dir Götterausspruch sein. Er liebt
 dich!
Verstehst du, was das heißt? Er liebt dich!
(Er faßt ihre beiden Hände.)

MARGARETE:
Mich überläuft's!

FAUST:
O schaudre nicht! Laß diesen Blick,
Laß diesen Händedruck dir sagen
Was unaussprechlich ist:
Sich hinzugeben ganz und eine Wonne
Zu fühlen, die ewig sein muß!

Fàust
      Mi fatu jodi?

Margarita
           No—i mi ridarèis davòu!
A para via, bisbijànt.

Fàust
      Se statu bisbijànt?

Margarita, a mieša vòus
A mi vòu ben—a no mi vòu ben—

Fàust
O benedeta dal cjèl!

Margarita, paràmt via
A mi vòu ben—no—ben—a no mi vòu—
Tiràmt fòu l'ùltima fueùta, ridìnt contenta
A mi vòu ben!

Faust
      Sì, ninina! Lasa che sè ca ti dìs stu flòu
a sedi la vòus di Diu stes! A ti vòu ben!
I capistu sè cal vòu diši? A ti vòu ben!
A la cjapa pa li mans

Margarita
A mi vèn ingrìsul!

Fàust
O nosta tremà! Lasa che i me vuj,
lasa che li me mans a ti dìšin
sè ca no si pòs esprimi:
bandonasi dal dut a na èstaši
coma chista, che maj a no finarà!

Ewig!- Ihr Ende würde Verzweiflung sein
Nein, kein Ende! Kein Ende!

(Margarete drückt ihm die Hände, macht sich los und läuft weg.
Er steht einen Augenblick in Gedanken, dann folgt er ihr.)

MARTHE (kommend):
Die Nacht bricht an.

MEPHISTOPHELES:
Ja, und wir wollen fort.

MARTHE:
Ich bät Euch, länger hier zu bleiben,
Allein es ist ein gar zu böser Ort.
Es ist, als hätte niemand nichts zu treiben
Und nichts zu schaffen,
Als auf des Nachbarn Schritt und Tritt zu gaffen,
Und man kommt ins Gered,
ie man sich immer stellt.
Und unser Pärchen?

MEPHISTOPHELES:
Ist den Gang dort aufgeflogen.
Mutwill'ge Sommervögel!

MARTHE:
Er scheint ihr gewogen.

MEPHISTOPHELES:
Und sie ihm auch. Das ist der Lauf der Welt.

Ein Gartenhäuschen

Margarete springt herein, steckt sich hinter die Tür, hält die Fingerspitze an die Lippen und guckt durch die Ritze.

Maj!—la so fin a sarès disperasiòn.
No, maj! Maj!
Margarita a ghi strèns li mans, a si dismola e a còr via. Luj al resta un momènt sorapensej, e dopo a ghi và davòu.

Marta, rivànt chì
A si stà fašìnt nòt.

Mefistòfil
Sì, a ni tocja zì.

Marta
I vi prearès di restà uchì pì a lunc,
ma la zent chì a cjacarèa masa:
a è coma che nisùn chì a vès
alc da fà o da pensà,
fòu che stàighi davòu di ogni pas
cal fà'l so visìn di cjaša,
e un al sà a puntìn sè cal stà fašìnt.—
E i nustri zovenùs?

Mefistòfil
E via lòu ca sòn svualàdis,
sti farfalùtis birichìnis!

Marta
A somèa ca si vedi 'namoràt di ic.

Mefistòfil
E ic di luj. Cussì al và il mont, po.

NA CJAŠUTA IN TAL ORT

Margarita a còr dentri, a si plata davòu da la puarta, a si mèt li pùntis daj dèicj' in taj làvris e a sbircja fòu fra li fesùris.

MARGARETE:
Er kommt!

FAUST (kommt):
Ach, Schelm, so neckst du mich! Treff ich dich!
(Er küßt sie.)

MARGARETE (ihn fassend und den Kuß zurückgebend):
Bester Mann! von Herzen lieb ich dich!

(Mephistopheles klopft an.)

FAUST (stampfend):
Wer da?

MEPHISTOPHELES:
Gut Freund!

FAUST:
Ein Tier!

MEPHISTOPHELES:
Es ist wohl Zeit zu scheiden.

MARTHE (kommt):
Ja, es ist spät, mein Herr.

FAUST:
Darf ich Euch nicht geleiten?

MARGARETE:
Die Mutter würde mich- Lebt wohl!

FAUST:
Muß ich denn gehn? Lebt wohl!

MARTHE:
Ade!

Margarita
Al vèn!

Fàust, rivànt
Ah simiotuta, mi cjòitu'nziru? Adès ti cjapi!
A la busa

Margarita, ca lu imbrasa e a lu busa indavòu
    Oh, còu me, cuant ben ch'i ti vuej!

Mefistòfil al bàt la puarta

Fàust, batìnt il piè
Cuj a eše?

Mefistòfil
    Un to bon compaj.

Fàust
        Na bestia!

Mefistòfil
        A è ora di zì.

Marta, rivànt
Eh sì, siòr me, a è tars.

Fàust
        No pòsiu compagnavi?

Margarita
Me mari a mi vòu—Adìo!

Fàust
Ma i àju pròpit da zì? Adìo!

Marta
Adiè!

MARGARETE:
Auf baldig Wiedersehn!
(Faust und Mephistopheles ab.)

MARGARETE:
Du lieber Gott! was so ein Mann
Nicht alles, alles denken kann!
Beschämt nur steh ich vor ihm da
Und sag zu allen Sachen ja.
Bin doch ein arm unwissend Kind,
Begreife nicht, was er an mir findt.
(Ab.)

Wald und Höhle

Faust allein.
Erhabner Geist, du gabst mir, gabst mir alles,
Warum ich bat. Du hast mir nicht umsonst
Dein Angesicht im Feuer zugewendet.
Gabst mir die herrliche Natur zum Königreich,
Kraft, sie zu fühlen, zu genießen. Nicht
Kalt staunenden Besuch erlaubst du nur,
Vergönnest mir, in ihre tiefe Brust
Wie in den Busen eines Freunds zu schauen.
Du führst die Reihe der Lebendigen
Vor mir vorbei und lehrst mich meine Brüder
Im stillen Busch, in Luft und Wasser kennen.
Und wenn der Sturm im Walde braust und knarrt,
Die Riesenfichte stürzend Nachbaräste
Und Nachbarstämme quetschend niederstreift
Und ihrem Fall dumpf hohl der Hügel donnert,
Dann führst du mich zur sichern Höhle, zeigst
Mich dann mir selbst, und meiner eignen Brust
Geheime tiefe Wunder öffnen sich.

Margarita
      Areòdisi a prest!
Fàust e Mefistòfil a vàn fòu.

Margarita
Oh, Diu bon! Un omp coma luj
a sè nol pòsia maj pensà!
Davànt di luj i mi vergogni cussì tant,
e a ogni roba i dìs di sì.
I soj na puora 'gnoranta di fruta,
e'i no capìs sè cal jòt in me.

BOSC E GROTA

Fàust, besòu
Spìrit sublìm, ti mi'as dàt dut chel ch'i ti ài
domandàt. No ti mi às voltàt invàn
la to muša in ta li flàmis.
Ti mi às dàt se ca è di pì splèndit in ta la natura,
la fuarsa di sìntila e di gòdila. No ti mi às
concedùt doma un sercjà frèit e stralunàt,
ti mi às permetùt di jodi in tal so sèn,
coma ca si vuarda in tal còu di un compaj.
I ti sfilis i vifs davànt di me,
e'n tal bosc sidìn, in ta l'aria e'n ta l'aga
ti mi insègnis a cognosi i me fràdis.
Cuant che'n tal bosc la bufera a sofla e a rugna
e'l gigantèsc avedìn e li so bràghis
'n cjera subulànt a scaraventèa,
e al so sdrumà la culina tremànt a tona,
ti mi guìdis alora salf'n ta na grota,
jodi ti mi fàs me stes, a dal pì profònt
dal me còu a sàltin fòu maravèis segrètis.

Und steigt vor meinem Blick der reine Mond
 Besänftigend herüber, schweben mir
Von Felsenwänden, aus dem feuchten Busch
 Der Vorwelt silberne Gestalten auf
Und lindern der Betrachtung strenge Lust.

O daß dem Menschen nichts Vollkommnes wird,
Empfind ich nun. Du gabst zu dieser Wonne,
Die mich den Göttern nah und näher bringt,
Mir den Gefährten, den ich schon nicht mehr
Entbehren kann, wenn er gleich, kalt und frech,
Mich vor mir selbst erniedrigt und zu Nichts,
Mit einem Worthauch, deine Gaben wandelt.
Er facht in meiner Brust ein wildes Feuer
Nach jenem schönen Bild geschäftig an.
So tauml ich von Begierde zu Genuß,
Und im Genuß verschmacht ich nach Begierde.
(Mephistopheles tritt auf.)

MEPHISTOPHELES:
Habt Ihr nun bald das Leben gnug geführt?
Wie kann's Euch in die Länge freuen?
Es ist wohl gut, daß man's einmal probiert
Dann aber wieder zu was Neuen!

FAUST:
Ich wollt, du hättest mehr zu tun,
Als mich am guten Tag zu plagen.

MEPHISTOPHELES:
Nun, nun! ich laß dich gerne ruhn,
Du darfst mir's nicht im Ernste sagen.
An dir Gesellen, unhold, barsch und toll,
Ist wahrlich wenig zu verlieren.
Den ganzen Tag hat man die Hände voll!
Was ihm gefällt und was man lassen soll,
Kann man dem Herrn nie an der Nase spüren.

E cul tornà dal clar di luna di nòuf
trancuìl i mi sìnt, e daj rivòns e da li fràscjs plòmbis
jodi a si fàn li formis arzentàdis dal mont di na volta,
cujetànt li vòis pì murbinòšis dal me pensej.

Oh, adès i sìnt che al omp nuja di perfèt
a ghi vèn dàt! L'estaši ch'i ti mi às dàt
par partami sempri pì dongja daj dèos
a mi vèn da stu compaj, che di chèl ormaj
i no pòl pì fà di mancu, se ben che, frèit e'nsolènt,
ai me vuj stes a mi sbasa, e cul soflà
di na peràula al rìnt in nuja ogni to ben.
Al impìja dentri di me un fòuc violènt
ca mi fà brušà di murbìn par che biela imàgin.
Cussì che da cjoc i m'intrauli da voja
in godimìnt, e da godimìnt di nouf in voja.

Al entra Mefistòfil

Mefistòfil
No'n d'avèišu asaj di sta vita?
Se gust i ghi cjatàišu a prolungjala?
A và ben sercjala na volta, sigùr,
ma dopo a tocja provà alc di nòuf!

Fàust
I vorès ch'i ti vès ben altri da fà
che di tormentami in taj me biej momèns.

Mefistòfil
Sù, sù! I ti lasi volentej in pas,
a no ocòr ch'i ti ti la cjàpis tant.
Un compaj scrensàt, vilàn e mat
coma te a costa puc a pièrdilu.
Un a si romp il cjaf dut il dì
par fà alc ca ghi plaši o par lasalu in pas,
ma a no si pòl maj cjapalu pa la banda justa!

FAUST:
Das ist so just der rechte Ton!
Er will noch Dank, daß er mich ennuyiert.

MEPHISTOPHELES:
Wie hättst du, armer Erdensohn
Dein Leben ohne mich geführt?
Vom Kribskrabs der Imagination
Hab ich dich doch auf Zeiten lang kuriert;
Und wär ich nicht, so wärst du schon
Von diesem Erdball abspaziert.
Was hast du da in Höhlen, Felsenritzen
Dich wie ein Schuhu zu versitzen?
Was schlurfst aus dumpfem Moos und triefendem Gestein
Wie eine Kröte Nahrung ein?
Ein schöner, süßer Zeitvertreib!
Dir steckt der Doktor noch im Leib.

FAUST:
Verstehst du, was für neue Lebenskraft
Mir dieser Wandel in der Öde schafft?
Ja, würdest du es ahnen können,
Du wärest Teufel gnug, mein Glück mir nicht zu gönnen.

MEPHISTOPHELES:
Ein überirdisches Vergnügen.
In Nacht und Tau auf den Gebirgen liegen
Und Erd und Himmel wonniglich umfassen,
Zu einer Gottheit sich aufschwellen lassen,
Der Erde Mark mit Ahnungsdrang durchwühlen,
Alle sechs Tagewerk im Busen fühlen,
In stolzer Kraft ich weiß nicht was genießen,
Bald liebewonniglich in alles überfließen,
Verschwunden ganz der Erdensohn,
Und dann die hohe Intuition-
(mit einer Gebärde)
Ich darf nicht sagen, wie- zu schließen.

Fàust
Èco, adès a la dìs justa!
Al vòu ch'i lu ringrasi par ròmpimi...!

Mefistòfil
Ma se vita i varèsitu fàt tu,
puòr fì da la cjera, sensa di me?
Da li monàdis da l'imaginasiòn
a è da timp ch'i ti ài curàt,
e s'a no fòs per me tu i ti sarès
belzà sparìt da sta puòr balòn di mont.
Se fatu là pojàt coma na suvita
 in ta li gròtis o'n taj scòis?
Se nudrimìnt i cjàtitu sgarfànt
coma un cros'n tal muscju e'n tal glerìn plomp?
Se divertimìnt dols e delisiòus!
Sempri "dotòr" i ti sòs in tal sanc!

Fàust
Ma i satu tu cuanta nova vitalitàt
ca mi dà stu vagà'n ta la solitùdin?
Se di chista i ti vès da vej n'idea,
ti sarès abastansa diau da no lasàmila godi!

Mefistòfil
Un godimìnt dal altri mont!
Pojasi di nòt in ta la rušada'n montagna
e'mbrasà cun èstaši cjera e cjèl.
Lasasi sglonfà coma un diu e sgarfà
ansiòus in ta la medola da la cjera,
sinti dentri il lavoru da li sèis zornàdis,
godìnt di un orgòliu che pì grant nol podarès èsi,
sglonf da scopià di amòu par dut il creàt,
esìnt dal dut sparìt il fì da la cjera,
e par ùltin l'alta intuisiòn—
fašìnt un motu—
i no vuej nencja contà, jò, coma zì a finila!

FAUST:
Pfui über dich!

MEPHISTOPHELES:
Das will Euch nicht behagen; Ihr habt das Recht, gesittet pfui zu sagen.
Man darf das nicht vor keuschen Ohren nennen,
Was keusche Herzen nicht entbehren können.
Und kurz und gut, ich gönn Ihm das Vergnügen,
Gelegentlich sich etwas vorzulügen;
Doch lange hält Er das nicht aus.
Du bist schon wieder abgetrieben
Und, währt es länger, aufgerieben
In Tollheit oder Angst und Graus.
Genug damit! Dein Liebchen sitzt dadrinne,
Und alles wird ihr eng und trüb.
Du kommst ihr gar nicht aus dem Sinne,
Sie hat dich übermächtig lieb.
Erst kam deine Liebeswut übergeflossen,
Wie vom geschmolznen Schnee ein Bächlein übersteigt;
Du hast sie ihr ins Herz gegossen,
Nun ist dein Bächlein wieder seicht.
Mich dünkt, anstatt in Wäldern zu thronen,
Ließ' es dem großen Herren gut,
Das arme affenjunge Blut
Für seine Liebe zu belohnen.
Die Zeit wird ihr erbärmlich lang;
Sie steht am Fenster, sieht die Wolken ziehn
Über die alte Stadtmauer hin.
"Wenn ich ein Vöglein wär!" so geht ihr Gesang
Tage lang, halbe Nächte lang.
Einmal ist sie munter, meist betrübt,
Einmal recht ausgeweint,
Dann wieder ruhig, wie's scheint,
Und immer verliebt.

FAUST:
Schlange! Schlange!

Fàust
Ti mi fàs butà fòu!

Mefistòfil
      A no vi conferìs par nuja di diši,
encja se cun creànsa, ch'i vi faj vumità.
Un a nol varès da nominà'n front di orèlis pùris
sè che i còus pùrs a no pòsin fà di mancu.
Par fala curta, i ghi permèt di gòdisi
l'oportunitàt di èsi fals cun sè stes,
encja s'a no ghi la farà par tant timp.
Ti sòs zà ridušùt malamintri,
e, si ti pàris via cussì, i ti dovèntis mat
o brut e pauròus coma la fan.
Basta cussì!—La to fruta a stà sierada'n cjaša,
e a si sìnt coma scjafojada da la'ncertesa.
A no è pì buna da lasati fòu di mins,
a ti vòu un ben irešistìbil.
'L amòu to al vegneva prin fòu intaponàbil,
coma na roja cul disfasi da la nèif;
i ti ghi lu às sbicjàt in tal so còu,
e adès la rojuta a è di nòuf secja.
A mi pàr a mi che invensi di fà bacàn
in tal bosc il sioràt al farès tant miej
a fà contenta la puora simiotuta
cul dàjghi dut il so amòu!
Par ic il timp a nol pasa maj;
a stà pojada'n tal barcòn a vuardà
li nùlis imparzora daj murs da la sitàt.
"Oh se doma i fòs un usielùt!" a cjanta
dut il dì e fin a miešanòt.
Un puc ti la jòdis contenta, ma malinconica
o ca plàns il pì da li vòltis,
e dopo di nouf cujeta a pàr—
e sempri namorada!

Fàust
Sarpìnt! šarpìnt!

MEPHISTOPHELES (für sich):
Gelt! daß ich dich fange!

FAUST:
Verruchter! hebe dich von hinnen,
Und nenne nicht das schöne Weib!
Bring die Begier zu ihrem süßen Leib
Nicht wieder vor die halb verrückten Sinnen!

MEPHISTOPHELES:
Was soll es denn? Sie meint, du seist entflohn,
Und halb und halb bist du es schon.

FAUST:
Ich bin ihr nah, und wär ich noch so fern,
Ich kann sie nie vergessen, nie verlieren
Ja, ich beneide schon den Leib des Herrn,
Wenn ihre Lippen ihn indes berühren.

MEPHISTOPHELES:
Gar wohl, mein Freund! Ich hab Euch oft beneidet
Ums Zwillingspaar, das unter Rosen weidet.

FAUST:
Entfliehe, Kuppler!

MEPHISTOPHELES:
Schön! Ihr schimpft, und ich muß lachen.
Der Gott, der Bub' und Mädchen schuf,
Erkannte gleich den edelsten Beruf,
Auch selbst Gelegenheit zu machen.
Nur fort, es ist ein großer Jammer!
Ihr sollt in Eures Liebchens Kammer,
Nicht etwa in den Tod.

Mefistòfil, a sè stes
Và ben, basta ch'i ti cjapi!

Fàust
Mascalsòn! Và via di chì,
e nosta minsonà la biela fèmina!
Nosta mètimi di nòu'n ta la me mins
mata la voja pal so cuarp delisiòus!

Mefistòfil
Se susedaràja alora? A cròt ch'i ti sèdis
scjampàt, e, insoma, a è encja vera.

Fàust
I ghi soj visìn, ma se encja i ghi fòs lontàn,
i no podarès pì nè dismintiàla nè pièrdila.
I invidiej parfin il cuarp dal Signòu
cuant che i làvris sos a Lu tòcin!

Mefistòfil
Bravo, compaj me! I vi ài spes invidiàt
pa li zimulùtis ca pasculèjn fra li ròšis.

Fàust
Và via di chì, rufiàn!

Mefistòfil
Benòn! Vu i mi insultàis, e jò i rìt.
Diu, che fioj e frùtis al à creàt,
al saveva ben che'l pì nòbil mistej
al è chèl di savej creàsi l'ocašiòn.
Vìa, daj, cal è propit un grant pecjàt!
I zèis in ta la cjamara da la vustra ninuta,
miga a cjatà la muart!

FAUST:
Was ist die Himmels freud in ihren Armen?
Laß mich an ihrer Brust erwarmen!
Fühl ich nicht immer ihre Not?
Bin ich der Flüchtling nicht? der Unbehauste?
Der Unmensch ohne Zweck und Ruh,
Der wie ein Wassersturz von Fels zu Felsen brauste,
Begierig wütend nach dem Abgrund zu?
Und seitwärts sie, mit kindlich dumpfen Sinnen,
Im Hüttchen auf dem kleinen Alpenfeld,
Und all ihr häusliches Beginnen
Umfangen in der kleinen Welt.
Und ich, der Gottverhaßte,
Hatte nicht genug,
Daß ich die Felsen faßte
Und sie zu Trümmern schlug!
Sie, ihren Frieden mußt ich untergraben!
Du, Hölle, mußtest dieses Opfer haben.
Hilf, Teufel, mir die Zeit der Angst verkürzen.
Was muß geschehn, mag's gleich geschehn!
Mag ihr Geschick auf mich zusammenstürzen
Und sie mit mir zugrunde gehn!

MEPHISTOPHELES:
Wie's wieder siedet, wieder glüht!
Geh ein und tröste sie, du Tor!
Wo so ein Köpfchen keinen Ausgang sieht,
Stellt er sich gleich das Ende vor.
Es lebe, wer sich tapfer hält!
Du bist doch sonst so ziemlich eingeteufelt.
Nichts Abgeschmackters find ich auf der Welt
Als einen Teufel, der verzweifelt.

Fàust
Se eše la beatitùdin dal paradìs in taj so bras?
Se'n tal so pet i vaj a scjaldami,
i no sintaraju pur sempri il so dolòu?
I no soju jò chèl cal scjampa? chèl sensa cjaša?
chel dišumàn di omp sensa rašon e sensa pas?
chèl che coma na cascata al cola da scoj a scoj,
volìnt zì a finila rabiòus in tal abìs?
E ic, in banda, cul so spìrit da frututa,
in ta la so cjašuta e cjampùt in montagna,
indafarada cu li so robùtis di cjaša
ca sòn dut il so mont!
E a mi, 'l odiàt da Diu,
a no mi è bastàt
di cjapà sù li pièris
e fracasàlis:
encja la so 'nocensa i vuej soterà!
I vèvitu, infièr, da vej encja sta nocenta?
Vèn, diau, scùrtimi stu timp tormentàt!
Sè ca à da susedi, ca susedi a colp!
Che'l so destìn al coli su di me,
e che cun me a zedi'n tal abìs!

Mefistòfil
Jòt coma cal doventa rovàn!
Và a consolala, semo!
Cuant che un cjavùt a nol jòt coma zì fòu,
al cròt che dut a sedi finìt.
Al vìf chèl cal à'l coragju di vivi!
E sì che di sòlit i ti sòs na vura 'ndiaulàt.
I no ghi cjati nuja di pì vergognòus in tal mont
che un diau ca si dispera.

Gretchens Stube.

Gretchen (am Spinnrad, allein).

GRETCHEN:
Meine Ruh ist hin,
Mein Herz ist schwer;
Ich finde sie nimmer
und nimmermehr.

Wo ich ihn nicht hab,
Ist mir das Grab,
Die ganze Welt
Ist mir vergällt.

Mein armer Kopf
Ist mir verrückt,
Meiner armer Sinn
Ist mir zerstückt.

Meine Ruh ist hin,
Mein Herz ist schwer,
Ich finde sie nimmer
und nimmermehr.

Nach ihm nur schau ich
Zum Fenster hinaus,
Nach ihm nur geh ich
Aus dem Haus.

Sein hoher Gang,
Sein edle Gestalt,
Seines Mundes Lächeln,
Seiner Augen Gewalt,

La cjamara di Greta

Greta, besola, filànt

Greta
La me pas a è zuda,
al dòu il me còu,
i no la cjataraj maj pì,
oh, maj pì.

S'i no lu ài visìn
a no mi resta che murì,
masa , masa amàr
a mi è dut il mont.

Dut scumbusulàt
al è'l me puor cjaf,
e duta'nsiminida
i mi sìnt.

La me pas a è zuda,
al dòu il me còu,
i no la cjataraj maj pì,
oh, maj pì.

Doma par luj i vuardi
fòu da la barconela,
doma par luj i còr fòu
di cjaša.

Il so biel fà,
la nobiltàt da la so forma,
la so bocja ridìnt,
l'atrasiòn daj so vuj,

Und seiner Rede
 Zauberfluß,
 Sein Händedruck,
 Und ach! sein Kuß!

Meine Ruh ist hin,
Mein Herz ist schwer,
Ich finde sie nimmer
und nimmermehr.

Mein Busen drängt
Sich nach ihm hin,
Ach dürft ich fassen
Und halten ihn,

Und küssen ihn,
So wie ich wollt,
An seinen Küssen
Vergehen sollt!

Marthens Garten

Margarete. Faust.

 MARGARETE:
Versprich mir, Heinrich!

FAUST:
Was ich kann!

MARGARETE:
Nun sag, wie hast du's mit der Religion?
Du bist ein herzlich guter Mann,
Allein ich glaub, du hältst nicht viel davon.

e'l scori màgic
dal so tabajà,
e la caresa da la so man,
e oh i so busòns!

La me pas a è zuda,
al dòu il me còu,
i no la cjataraj maj pì,
oh, maj pì.

Il me sen al vòu doma vignì
da luj'mbrasàt.
Oh se doma i podès
imbrasalu

e di nòuf busalu
com'ca mi cola'còu di fà,
oh cun cuant gust ch'i zarès
a murì di busòns!

Il gjardìn di Marta

Margarita e Fàust

Margarita
Promètimi, Rico!

Fàust
    Sè ch'i pòl!

Margarita
Dìšimi: coma i sotu cu la religiòn?
Ti sòs un omp cussì bon,
doma ch'i cròt ca no ti 'mpuarti tant.

FAUST:
Laß das, mein Kind! Du fühlst, ich bin dir gut;
Für meine Lieben ließ' ich Leib und Blut,
Will niemand sein Gefühl und seine Kirche rauben.

MARGARETE:
Das ist nicht recht, man muß dran glauben.

FAUST:
Muß man?

MARGARETE:
Ach! wenn ich etwas auf dich konnte! Du ehrst auch nicht die heil'gen
Sakramente.

FAUST:
Ich ehre sie.

MARGARETE:
Doch ohne Verlangen. Zur Messe, zur Beichte bist du lange nicht gegangen.
Glaubst du an Gott?

FAUST:
Mein Liebchen, wer darf sagen: Ich glaub an Gott?
Magst Priester oder Weise fragen,
Und ihre Antwort scheint nur Spott
Über den Frager zu sein.

MARGARETE:
So glaubst du nicht?

FAUST:
Mißhör mich nicht, du holdes Angesicht!
Wer darf ihn nennen?

Fàust
Lasa stà, ninuta! Ti sàs che cun te i soj bon;
Par chej ch'i ghi vuej ben i daj sù'l me sanc;
i no ghi robaraj maj a nisùn i so sintimìns e la so glišia.

Margarita
Ma a no è just, a un a ghi tocja crodi!

Fàust
A ghi tocja?

Margarita
Ah se doma i podès fà alc par te!
I no ti onòris nencja i sacramìns sàcris.

Fàust
I'u onorej, sì.

Margarita
    Ma sensa praticaju!
A è tant timp ch'i no ti vàs a mesa o a confesati.
Ghi cròditu in Diu?

Faust
    Ninina, cuj'l pòsia diši:
In Diu i cròt?
Domàndighilu ai prèdis o ai sàvius,
e lòu a ti rispùndin cun alc ca somèa
cal cjoli inziru chèl cal domanda.

Margarita
    Alora i no ti cròdis?

Fàust
Nosta capimi mal, ninina me,
Cuj al eše bon da clamalu,

Und wer bekennen:
"Ich glaub ihn!"?
Wer empfinden,
Und sich unterwinden
Zu sagen: "Ich glaub ihn nicht!"?
Der Allumfasser,
Der Allerhalter,
Faßt und erhält er nicht
Dich, mich, sich selbst?
Wölbt sich der Himmel nicht da droben?
Liegt die Erde nicht hier unten fest?
Und steigen freundlich blickend
Ewige Sterne nicht herauf?
Schau ich nicht Aug in Auge dir,
Und drängt nicht alles
Nach Haupt und Herzen dir,
Und webt in ewigem Geheimnis
Unsichtbar sichtbar neben dir?
Erfüll davon dein Herz, so groß es ist,
Und wenn du ganz in dem Gefühle selig bist,
Nenn es dann, wie du willst,
Nenn's Glück! Herz! Liebe! Gott
Ich habe keinen Namen
Dafür! Gefühl ist alles;
Name ist Schall und Rauch,
Umnebelnd Himmelsglut.

MARGARETE:
Das ist alles recht schön und gut;
Ungefähr sagt das der Pfarrer auch,
Nur mit ein bißchen andern Worten.

FAUST:
Es sagen's allerorten
Alle Herzen unter dem himmlischen Tage,
Jedes in seiner Sprache;
Warum nicht ich in der meinen?

e cussì cognòsilu:
in luj i cròt!
Cuj ca lu sìnt
al eše bon da diši:
in luj i no cròt!
Chèl che dut al contèn,
chèl che dut al sostèn,
a nol contègnia e a nol sostègnia
te, me, se stes?
A nol eše coma un arco il cjèl lasù?
A no eše ben salda la cjera chì jù?
E a no vègninu fòu lu stèlis
sempri lušìnt par nu?
I no vuàrdiu cuj me vuj i to vuj,
e i no sìntiu dut me stes
in ta la to mins e'n tal to còu,
e'i no ti staju filànt dongja, višibil
e'nvišìbil in ta stu eterno misteri?
Di chèl 'mplenìsiti'l to còu, grant com'cal è,
e cuant che beàda ti ti sintaràs di chel sintimìnt,
clàmilu alora sè ch'i ti vòus:
beatitìdin! còu! amòu! Diu!
Jò i no ài nisùn nòn
par chèl! Il sintimìnt al è dut;
il nòn al è doma èco e fun
cal scurìs il lušou dal cjèl.

Margarita
Dut chistu al è bièl e bon;
encja'l predi al dìs pì o mancu'l stes,
doma no cu lu stèsis peràulis.

Fàust
A lu dìšin dapardùt
ducju i còus e ogni dì,
ognidùn in ta la so lenga:
parsè alora no jò in ta la me?

MARGARETE:
Wenn man's so hört, möcht's leidlich scheinen,
Steht aber doch immer schief darum;
Denn du hast kein Christentum.

FAUST:
Liebs Kind!

MARGARETE:
Es tut mir lange schon weh,
Daß ich dich in der Gesellschaft seh.

FAUST:
Wieso?

MARGARETE:
Der Mensch, den du da bei dir hast, Ist mir in tiefer innrer Seele verhaßt;
Es hat mir in meinem Leben
So nichts einen Stich ins Herz gegeben
Als des Menschen widrig Gesicht.

FAUST:
Liebe Puppe, fürcht ihn nicht!

MARGARETE:
Seine Gegenwart bewegt mir das Blut.
Ich bin sonst allen Menschen gut;
Aber wie ich mich sehne, dich zu schauen,
Hab ich vor dem Menschen ein heimlich Grauen,
Und halt ihn für einen Schelm dazu!
Gott verzeih mir's, wenn ich ihm unrecht tu!

FAUST:
Es muß auch solche Käuze geben.

MARGARETE:
Wollte nicht mit seinesgleichen leben!

Margarita
A sìntila cussì a pòl encja zì,
ma a mi pàr che alc a stona,
che tu i no ti sòs cristiàn.

Fàust
O ninina!

Margarita
         A è tant timp ca mi displàs
di jòditi in che compagnìa là.

Fàust
Parsè mo?

Margarita
Chel omp ch'i ti tèns insièmit cun te,
Oh, i lu odièi cussì tant!
Nisuna roba maj in vita me
a no mi à fàt sinti na lama'n tal còu
coma la muša schifoša di chel omp.

Fàust
Ah, ninuta, nosta vej poura di luj!

Margarita
La so prešensa a mi fà bulì il sanc.
Di sòlit a mi plàs duta la zent;
ma cun duta che voja ch'i ài di jòditi,
i sìnt na poura mata di chel omp,
e par chèl a mi pàr cal sedi un puc di bon!
Che Diu mi perdoni si ghi faj tuart!

Fàust
A tocja vej encja scju tramàis.

Margarita
I no vorès vivi cun zent coma luj!

Kommt er einmal zur Tür herein,
 Sieht er immer so spöttisch drein
 Und halb ergrimmt;
 Man sieht, daß er an nichts keinen Anteil nimmt;
 Es steht ihm an der Stirn geschrieben,
 Daß er nicht mag eine Seele lieben.
 Mir wird's so wohl in deinem Arm,
 So frei, so hingegeben warm,
 Und seine Gegenwart schnürt mir das Innre zu.

FAUST:
Du ahnungsvoller Engel du!

MARGARETE:
Das übermannt mich so sehr,
Daß, wo er nur mag zu uns treten,
Mein ich sogar, ich liebte dich nicht mehr.
Auch, wenn er da ist, könnt ich nimmer beten,
Und das frißt mir ins Herz hinein;
Dir, Heinrich, muß es auch so sein.

FAUST:
Du hast nun die Antipathie!

MARGARETE:
Ich muß nun fort.

FAUST:
Ach kann ich nie Ein Stündchen ruhig dir am Busen hängen
Und Brust an Brust und Seel in Seele drängen?

MARGARETE:
Ach wenn ich nur alleine schlief!
Ich ließ dir gern heut nacht den Riegel offen;
Doch meine Mutter schläft nicht tief,
Und würden wir von ihr betroffen,
Ich wär gleich auf der Stelle tot!

Ogni volta cal mèt piè'n ta la me puarta
al vuarda inziru cu na muša rota
e malèvula;
a si jòt ben ca no ghi'mpuarta di nuja.
A si ghi jòt sùbit in muša
ca no ghi vòu ben a nisuna ànima.
I mi sìnt cussì ben in taj to bras,
cussì sigura e cussì cjalduta,
e la so prešensa a mi fà tant 'ngrìsul.

Fàust
Anzulùt me, plena di pòuris!

Margarita
A mi scumbusulèa cusssì tant
ca basta ca ni vegni dongja
ca mi par di no volèiti pì ben!
E s'al è chì i no soj pì buna di preà,
e chistu a mi fà vignì un mal di còu;
encja cun te a è cussì, no, Rico?

Fàust
Ma a ti è pròpit antipàtic!

Margarita
A mi tocja zì.

Fàust
           Ah, i no podaraju maj
sta na oruta in taj to bras, e stati stret
 intòr, pet a pet, e ànima cun ànima?

Margarita
Ah, se doma i durmìs besola
stanòt i ti lasarès volentej il cjadenàs vièrt!
Ma me mari a à un durmì puc pešànt,
e se ic a vès da cjatani
i zarès a murì a colp!

FAUST:
Du Engel, das hat keine Not.
Hier ist ein Fläschchen!
Drei Tropfen nur In ihren Trank umhüllen
Mit tiefem Schlaf gefällig die Natur.

MARGARETE:
Was tu ich nicht um deinetwillen?
Es wird ihr hoffentlich nicht schaden!

FAUST:
Würd ich sonst, Liebchen, dir es raten?

MARGARETE:
Seh ich dich, bester Mann, nur an,
Weiß nicht, was mich nach deinem Willen treibt,
Ich habe schon so viel für dich getan,
Daß mir zu tun fast nichts mehr übrigbleibt.
(Ab.)

(Mephistopheles tritt auf.)

MEPHISTOPHELES:
Der Grasaff! ist er weg?

FAUST:
Hast wieder spioniert?

MEPHISTOPHELES:
Ich hab's ausführlich wohl vernommen,
Herr Doktor wurden da katechisiert;
Hoff, es soll Ihnen wohl bekommen.
Die Mädels sind doch sehr interessiert,
Ob einer fromm und schlicht nach altem Brauch.
Sie denken: duckt er da, folgt er uns eben auch.

Fàust
Oh, ànzul me, a n'ocòr ca sedi cussì.
Chì ch'i ài na butiliuta! Tre gotùtis
in ta la so bevanda e a durmirà
il sun pì profònt.

Margarita
Oh, se maj i no faraju par te?
I speri doma ca no ghi fedi mal!

Fàust
Ti lu consiliarèsiu, ninuta, s'a fòs cussì?

Margarita
Se doma i ti vuardi, ben me,
i no saj sè ch'i soj buna di fà par te;
i ài belzà fàt cussì tant par te,
ca mi resta ben puc di altri da fà.
A và fòu.

Mefistòfil al entra

Mefistòfil
La to simiuta—a eše zuda?

Fàust
Àtu spiàt di nòuf?

Mefistòfil
I ài sintùt ogni pì pìsul particulàr:
il Dotòr al à risevùt na biela lesiòn di dutrina!
I speri ca zedi a zovàivi.
A li fantasìnis a ghi 'mpuarta tant
che un al sedi bon e onèst e a la vecja.
A pènsin: s'al è cussì, a ni scolta encja nu.

FAUST:
Du Ungeheuer siehst nicht ein,
Wie diese treue liebe Seele
Von ihrem Glauben voll, der ganz allein
Ihr seligmachend ist, sich heilig quäle,
Daß sie den liebsten Mann verloren halten soll.

MEPHISTOPHELES:
Du übersinnlicher sinnlicher Freier,
Ein Mägdelein nasführet dich.

FAUST:
Du Spottgeburt von Dreck und Feuer!

MEPHISTOPHELES:
Und die Physiognomie versteht sie meisterlich:
In meiner Gegenwart wird's ihr, sie weiß nicht wie,
Mein Mäskchen da weissagt verborgnen Sinn;
Sie fühlt, daß ich ganz sicher ein Genie,
Vielleicht wohl gar der Teufel bin.
Nun, heute nacht-?

FAUST:
Was geht dich's an?

MEPHISTOPHELES:
Hab ich doch meine Freude dran!

Am Brunnen

Gretchen und Lieschen mit Krügen.

LIESCHEN:
Hast nichts von Bärbelchen gehört?

Fàust
Tu, mostru ch'i ti sòs, i no ti capìs
coma che st'ànima buna a ghi cròt
a la so fede cussì tant che'l pensej
che la beatitùdin so a vegni pierduda
par sempri dal so tant amàt omp a la tormenta.

Mefistòfil
O tu puòr spašimànt idealista e sensuàl—
coma ca ti mena inziru na madalenuta!

Fàust
Aburtìt dal fòuc i ti sòs, cragnòus!

Mefistòfil
E cuant ben ca cognòs la me fišonomìa!
Cuant ch'i ghi soj prešìnt a sìnt un no saj sè!
La me mascaruta a ghi rìnt prešìnt alc ca no capìs;
a sìnt ch'i soj na sorta di gènio,
ch'i soj adiritura il diau.—
Alora, sta nòt—?

Fàust
Se ti 'mpuàrtia a ti?

Mefistòfil
Encja jò i vuej divertimi, no?

A la fontana

Greta e Lišuta cuj bocaj

Lišuta
No àtu sintùt nuja di Barbarina?

GRETCHEN:
Kein Wort. Ich komm gar wenig unter Leute.

LIESCHEN:
Gewiß, Sibylle sagt' mir's heute:
Die hat sich endlich auch betört.
Das ist das Vornehmtun!

GRETCHEN:
Wieso?

LIESCHEN:
Es stinkt! Sie füttert zwei, wenn sie nun ißt und trinkt.

GRETCHEN:
Ach!

LIESCHEN:
So ist's ihr endlich recht ergangen.
Wie lange hat sie an dem Kerl gehangen!
Das war ein Spazieren,
Auf Dorf und Tanzplatz Führen,
Mußt überall die Erste sein,
Kurtesiert ihr immer mit Pastetchen und Wein;
Bildt sich was auf ihre Schönheit ein,
War doch so ehrlos, sich nicht zu schämen,
Geschenke von ihm anzunehmen.
War ein Gekos und ein Geschleck;
Da ist denn auch das Blümchen weg!

GRETCHEN:
Das arme Ding!

LIESCHEN:
Bedauerst sie noch gar!
Wenn unsereins am Spinnen war,
Uns nachts die Mutter nicht hinunterließ,
Stand sie bei ihrem Buhlen süß;

Greta
Nuja, po. I mi miscj' puc cu la zent.

Lišuta
A è vera, satu—a mi l'à dita vuej Sibila!
A la fin a è colada encja ic!
Cun dut il so fà da sioruta!

Greta
           Ma coma?
Lišuta
                  A fà 'nrisà'l nas!
Cun dut chel ca mangja ti pos ingošani dos.

Greta
Oh Signòu!

Lišuta
In fin daj cons a ghi stà pròpit ben.
Da cuant a eše ca ghi stà davòu a chel tipo!
Sempri a torzeòn insièmit,
cà e là pal paìs a balà,
volint èsi prima dapardùt,
cuj schifignošès ca ghi fà cun vin e pastùtis;
crodìnt di èsi cuj saja sè cu la so bielesa;
nisuna dignitàt, nisuna vergogna
in tal acetà regaj da luj.
Cun dut chel tichignà e palpà
al partìs encja il pì biel florùt!

Greta
Oh puareta!

Lišuta
        Se vatu—a compatila!
Cuant che nuàltris i filàvin,
e di nòt la mari no ni lasava zì jù,
ic a si la godeva a marošà;

Auf der Türbank und im dunkeln Gang
Ward ihnen keine Stunde zu lang.
Da mag sie denn sich ducken nun,
Im Sünderhemdchen Kirchbuß tun!

GRETCHEN:
Er nimmt sie gewiß zu seiner Frau.

LIESCHEN:
Er wär ein Narr! Ein flinker Jung
Hat anderwärts noch Luft genung.
Er ist auch fort.

GRETCHEN:
Das ist nicht schön!

LIESCHEN:
Kriegt sie ihn, soll's ihr übel gehn,
Das Kränzel reißen die Buben ihr,
Und Häckerling streuen wir vor die Tür!
(Ab.)

GRETCHEN: (nach Hause gehend):
Wie konnt ich sonst so tapfer schmälen,
Wenn tät ein armes Mägdlein fehlen!
Wie konnt ich über andrer Sünden
Nicht Worte gnug der Zunge finden!
Wie schien mir's schwarz, und schwärzt's noch gar,
Mir's immer doch nicht schwarz gnug war,
Und segnet mich und tat so groß,
Und bin nun selbst der Sünde bloß!
Doch- alles, was dazu mich trieb,
Gott! war so gut! ach, war so lieb!

a no ti la finìvin maj di stà'n ta
la bancja e'n tal scur da la straduta.
Adès a pòl ben tegni'l cjaf basùt
e zì'n glišia cul vel di pecjadora intòr.

Greta
A la maridarà, no?

Lišuta
Al sarès un mona! Un zòvin cussì
al à altri cjamps da darà.
Al è belzà partìt.

Greta
          Che mal cal à fàt!

Lišuta
Encja s'a ti lu cjapa, a no ghi zarà ben lo stes:
i fioj a ghi sbrindularàn la ghirlanda,
e nuàltris i ghi la sparnisarìn davànt da la puarta!
A và fòu

Greta, zìnt vièrs cjaša
Se pronta ch'i eri prin di cjola inziru,
cuant che na puora fruta a sbaliava!
Par criticà i pecjàs di n'altra i no cjatavi
maj asaj peràulis in ta la lenga!
Pì nèris ca mi parèvin, e sempri,
ma sempri pì nèris i'u volevi,
e i mi segnavi e i crodevi di èsi na santona,
e adès i soj jò stesa in pecjàt!
E pur...dut chèl ca mi à pocàt,
oh Diu, al era cussì bon! Oh, cussì dols!

Zwinger

In der Mauerhöhle ein Andachtsbild der Mater dolorosa,
Blumenkruge davor.

Gretchen steckt frische Blumen in die Kruge.

Ach neige,
 Du Schmerzenreiche,
 Dein Antlitz gnädig meiner Not!

Das Schwert im Herzen,
Mit tausend Schmerzen
Blickst auf zu deines Sohnes Tod.

Zum Vater blickst du,
Und Seufzer schickst du
Hinauf um sein' und deine Not.

Wer fühlet,
Wie wühlet
Der Schmerz mir im Gebein?
Was mein armes Herz hier banget,
Was es zittert, was verlanget,
Weißt nur du, nur du allein!

Wohin ich immer gehe
Wie weh, wie weh, wie wehe
Wird mir im Busen hier!
Ich bin, ach! kaum alleine,
Ich wein, ich wein, ich weine,
Das Herz zerbricht in mir.

Die Scherben vor meinem Fenster
Betaut ich mit Tränen, ach!
Als ich am frühen Morgen
Dir diese Blumen brach.

Dentri da li mùris

In ta un bušùt di un mur na imàgin di devosiòn da la Mater Doloroša; davànt di chè: vàs di flòus.

Greta, metìnt flòus frescs in taj vàs

Ah, sbasa jù,
Tu, doloroša,
il To vuli bon in tal me grant dolòu!

Cu na lama'n tal còu
e un dolòu sensa fin
ti vuàrdis tu'l to frut cal mòu.

Ti vòltis i to vuj al Pari
e suspirànt i ti lu prèis
pal So e pal To sufrì.

Cuj al sìntia
dut chèl sgarfà
dal dolòu in taj me vuès?
Dut il mal ch'i sìnt in tal còu,
ogni sò timòu e dešideri,
doma tu ti lu cognòs, doma tu!

No 'mpuarta 'ndà ch'i vaj,
oh cuant dolòu, cuant dolòu
ch'i sìnt dentri di me!
I soj jò, oh puora me, dut besola,
i plàns e i plàns, e'l me còu
a si ròmp dentri di me.

Cuant ch'i cjapavi sù scju florùs
di matina bunoruta, oh!
i bagnavi cu li me làgrimis
i vàs davànt dal me barcòn.

Schien hell in meine Kammer
 Die Sonne früh herauf,
 Saß ich in allem Jammer
 In meinem Bett schon auf.

Hilf! rette mich von Schmach und Tod!
Ach neige,
Du Schmerzenreiche,
Dein Antlitz gnädig meiner Not!

Nacht

Straße vor Gretchens Türe

Valentin, Soldat, Gretchens Bruder.
Wenn ich so saß bei einem Gelag,
Wo mancher sich berühmen mag,
Und die Gesellen mir den Flor
Der Mägdlein laut gepriesen vor,
Mit vollem Glas das Lob verschwemmt,
Den Ellenbogen aufgestemmt,
Saß ich in meiner sichern Ruh,
Hört all dem Schwadronieren zu
Und streiche lächelnd meinen Bart
Und kriege das volle Glas zur Hand
Und sage: "Alles nach seiner Art!
Aber ist eine im ganzen Land,
Die meiner trauten Gretel gleicht,
Die meiner Schwester das Wasser reicht?"
Topp! Topp! Kling! Klang! das ging herum;
Die einen schrieen: "Er hat recht,
Sie ist die Zier vom ganzen Geschlecht."
Da saßen alle die Lober stumm.
Und nun!- um's Haar sich auszuraufen
Und an den Wänden hinaufzulaufen!-

Bunoruta al luševa clar il soreli
in ta la me cjamara,
e jò i mi sintavi sù'n tal jèt
belzà plena di lamentèlis.

Jùdimi! Sàlvimi da la vergogna e da la muart!
Ah, sbasa jù,
Tu, doloroša,
il To vuli bon e jòt il me dolòu!

A è nòt

Strada davànt da la puarta di Greta

Valentìn, soldàt, fradi di Greta
Cuant ch'i mi sintavi a na fiesta
'ndà che di chej a'n d'era ca si dèvin àriis,
e'i compàis a plena vòus
a cjantàvin dal flòu da li frutàtis,
cuj gos sempri plens pa li làudis—
cuj comedons ben impostàs
i stevi lì sintàt sidìn e dut sigùr di me,
i scoltavi duti li so sbufulàdis,
e ridìnt i mi lisavi la barba,
e cjapànt in man un biel got plen
i diševi: Cal fedi ognùn com'cal vòu!
Ma an d'eše una in dut il mont
ca ghi somèa a la me buna Grètel
e che a me sòu a mèriti d'implenighi il got?
Dut un sglinghinà a si sinteva dapardùt,
e cualchidùn al sigava: Al à rašon, sì,
a è'l ornamìnt di duti li fèminis!
E dut sidìns a stèvin i cjantadòus.
E adès—roba da tirasi i cjaviej
e cori a sbati'l cjaf in tal mur!—

Mit Stichelreden, Naserümpfen
Soll jeder Schurke mich beschimpfen!
Soll wie ein böser Schuldner sitzen
Bei jedem Zufallswörtchen schwitzen!
Und möcht ich sie zusammenschmeißen
Könnt ich sie doch nicht Lügner heißen.

Was kommt heran? Was schleicht herbei?
Irr ich nicht, es sind ihrer zwei.
Ist er's, gleich pack ich ihn beim Felle
Soll nicht lebendig von der Stelle!

Faust. Mephistopheles.

FAUST:
Wie von dem Fenster dort der Sakristei
Aufwärts der Schein des Ew'gen Lämpchens flämmert
Und schwach und schwächer seitwärts dämmert,
Und Finsternis drängt ringsum bei!
So sieht's in meinem Busen nächtig.

MEPHISTOPHELES:
Und mir ist's wie dem Kätzlein schmächtig,
Das an den Feuerleitern schleicht,
Sich leis dann um die Mauern streicht;
Mir ist's ganz tugendlich dabei,
Ein bißchen Diebsgelüst, ein bißchen Rammelei.
So spukt mir schon durch alle Glieder
Die herrliche Walpurgisnacht.
Die kommt uns übermorgen wieder,
Da weiß man doch, warum man wacht.

FAUST:
Rückt wohl der Schatz indessen in die Höh,
Den ich dort hinten flimmern seh?

cun tontonàdis e 'nrisàdis di nas
al pòl ben cjòimi 'nziru cualsìasi furfànt!
A mi tocja stà sintàt coma un debitòu,
sudànt rabiòus a ogni peràula butada fòu a cašu!
E se ben ch'i vorès sberlotàju,
i no pòl clamàju bušiàrs.

Cuj vègnia dongja? cuj si stàja strisinànt uchì?
Si no mi sbaliej a sòn in doj.
S'al è luj i lu cjapi pa la cadopa
e di chì a no mi scjampa via vif!

Fàust e Mefistòfil

Fàust
Jòt com'che da la barconela da la sagristìa
a vèn fòu l'eterna flamuta
e sempri pì debula a lùs cà e là,
e dut atòr il scur a la siera!
Cussì a si fà nòt encja dentri di me.

Mefistòfil
E jò i mi sìnt coma un bièl gjat
cal vèn su pa la scjala antifòuc
e a si mèt dopo a rusasi sidìn cuntra i murs;
e cundipi i mi sìnt plen di virtùt,
cul gust cal cjapa'l lari o'l cotulàr.
Cussi i mi sìnt zà cori in tal sanc
la Nòt splendida di Valpùrgis,
che dopodomàn a ni torna'ndavòu,
e alora i savìn ben la rašòn da la nustra vèa.

Fàust
E 'ntànt al tornaràja su'n alt il tešoru
che jo'i jòt flameà la jù?

MEPHISTOPHELES:
Du kannst die Freude bald erleben,
Das Kesselchen herauszuheben.
Ich schielte neulich so hinein,
Sind herrliche Löwentaler drein.

FAUST:
Nicht ein Geschmeide, nicht ein Ring,
Meine liebe Buhle damit zu zieren?

MEPHISTOPHELES:
Ich sah dabei wohl so ein Ding,
Als wie eine Art von Perlenschnüren.

FAUST:
So ist es recht! Mir tut es weh,
Wenn ich ohne Geschenke zu ihr geh.

MEPHISTOPHELES:
Es sollt Euch eben nicht verdrießen,
Umsonst auch etwas zu genießen.
Jetzt, da der Himmel voller Sterne glüht,
Sollt Ihr ein wahres Kunststück hören:
Ich sing ihr ein moralisch Lied,
Um sie gewisser zu betören.

(Singt zur Zither.)

Was machst du mir
Vor Liebchens Tür,
Kathrinchen, hier
Bei frühem Tagesblicke?

Laß, laß es sein!
Er läßt dich ein
Als Mädchen ein,

Mefistòfil
Ti provaràs fra puc il gust
di tirati sù la fersora.
I ghi'ai apena jodùt dentri
tanti splèndidis monèdis di oru.

Fàust
Nencja un gjojelùt, nencja un anèl
par adornà la me compagnuta?

Mefistòfil
A mi pàr ben di vej jodùt na robuta,
na sorta di colana di pèrlis.

Fàust
Benòn cussì! I no mi sìnt ben
cuant ch'i vaj a cjatala sensa un regalùt.

Mefistòfil
A no varès da dàvi fastidi
di gòdivi alc, cussì, a la buna.
Adès che'l cjèl al stà lušint di stèlis,
vi faraj sinti alc di presiòus—di artìstic:
I ghi cjanti na cansòn plena di sintimìnt
ca la strearà par sigùr.

An cjanta al sun di na ghitara

        Ma se statu fašìnt
        uchì, Catinuta,
        cussì bunoruta,
        'n ta la puarta dal to baticòu?

        No, nosta falu!
        S'a ti lasa entrà,
        ninina i ti èntris,

Als Mädchen nicht zurücke.

Nehmt euch in acht!
Ist es vollbracht,
Dann gute Nacht'
Ihr armen, armen Dinger!

Habt ihr euch lieb,
Tut keinem Dieb
Nur nichts zulieb
Als mit dem Ring am Finger.

VALENTIN (tritt vor):
Wen lockst du hier? beim Element!
Vermaledeiter Rattenfänger!
Zum Teufel erst das Instrument!
Zum Teufel hinterdrein den Sänger!

MEPHISTOPHELES:
Die Zither ist entzwei! an der ist nichts zu halten.

VALENTIN:
Nun soll es an ein Schädelspalten!

MEPHISTOPHELES (zu Faust):
Herr Doktor, nicht gewichen! Frisch!
Hart an mich an, wie ich Euch führe.
Heraus mit Eurem Flederwisch!

ma maj pì no ti tòrnis ninina.[13]

Stèit atèntis, ninìnis!
Na volta fata,
bunanòt a vuàltris,
puori li me frutùtis!

Se ben i vi volèis,
a un lari no stèit maj
ufrighi'l vustri amòu
se'un anèl no vi mèt prin'n tal dèit.

Valentìn, a si fà indavànt
Pal demoni, cuj statu streànt, tu,
maladèt di cjapapantiànis!
Al infièr prin il strumìnt
e dopo al diau cul cjantadòu!

Mefistòfil
La me ghitara a è a tocs. Èco, nuja pì da fà.

Valentìn
Adès a è ora di zì a sclapà cjafs!

Mefistòfil, a Fàust
Siòr Dotòr, nuja poura! Coragju!
Tegnèivi dur, ch'i vi guidi jò!
Fòu cu la vustra frusta!

---

[13] I scometarès che Goethe al veva sta cansonuta da la puora Ofelia in mins cuant cal à scrìt sti rìghis:
To-morrow is Saint Valentine's day,
All in the morning betime,
And I a maid at your window,
To be your Valentine.
Then up he rose, and donn'd his clothes,
And dupp'd the chamber-door;
Let in the maid, that out a maid
Never departed more. (Hamlet. IV.v.)

Nur zugestoßen! ich pariere.
VALENTIN:
Pariere den!

MEPHISTOPHELES:
Warum denn nicht?

VALENTIN:
Auch den!

MEPHISTOPHELES:
Gewiß!

VALENTIN:
Ich glaub, der Teufel ficht! Was ist denn das?
Schon wird die Hand mir lahm.

MEPHISTOPHELES (zu Faust):
Stoß zu!

VALENTIN (fällt):
O weh!

MEPHISTOPHELES:
Nun ist der Lümmel zahm! Nun aber fort!
Wir müssen gleich verschwinden
Denn schon entsteht ein mörderlich Geschrei.
Ich weiß mich trefflich mit der Polizei,
Doch mit dem Blutbann schlecht mich abzufinden.

MARTHE (am Fenster):
Heraus! Heraus!

GRETCHEN (am Fenster):
Herbei ein Licht!

Frustàit pur, che jò i pari ben!
Valentìn
Para alora!

Mefistòfil
    Parsè no?

Valentìn
     E chista!

Mefistòfil
Sigùr!

Valentìn
    Ma al eše'l diau stu chì!
Sè susèdia? La man—i no pòl movi la man!

Mefistòfil, a Fàust
Dàighi davòu!

Valentìn, al cola
    Oh, Diu me!

Mefistòfil
     Èco cal è domàt, stu semo!
Ma adès via! a ni tocja sparì a la svelta;
che chì a salta fòu un cašìn di cunfušiòn!
I mi rangj ben jò cu la polisìa,
ma no cun condànis a muart.

Marta, in tal barcòn
Fòu! Là di fòu!

Greta, in tal barcòn
    Fèit lustri uchì!

MARTHE (wie oben):
Man schilt und rauft, man schreit und ficht.

VOLK:
Da liegt schon einer tot!

MARTHE (heraustretend):
Die Mörder, sind sie denn entflohn?

GRETCHEN (heraustretend):
Wer liegt hier?

VOLK:
Deiner Mutter Sohn.

GRETCHEN:
Allmächtiger! welche Not!

VALENTIN:
Ich sterbe! das ist bald gesagt
Und balder noch getan.
Was steht ihr Weiber, heult und klagt?
Kommt her und hört mich an!
(Alle treten um ihn.)
Mein Gretchen, sieh! du bist noch jung,
Bist gar noch nicht gescheit genung,
Machst deine Sachen schlecht.
Ich sag dir's im Vertrauen nur:
Du bist doch nun einmal eine Hur,
So sei's auch eben recht!

GRETCHEN:
Mein Bruder! Gott! Was soll mir das?

VALENTIN:
Laß unsern Herrgott aus dem Spaß!
Geschehn ist leider nun geschehn
Und wie es gehn kann, so wird's gehn.

Marta, coma pì'n sù
A si insùltin e a si barufejn, a sìghin e a si lòtin!

La zent
Èco lì un muart in cjera!

Marta, vignìnt fòu
I sasìns—a soni belzà scjampàs?

Greta, vignìnt fòu
      Cuj al eše stu chì in cjera?

La zent
Il fì di to mari!

Greta
Diu onipotènt! Se disgràsia!

Valentìn
I mòu. A si stà puc a dìšilu
e mancu encjamò a falu.
Se fèišu chì, fèminis, cul vustri planzi e lamentà?
Vegnèit chì e scoltàimi.
Dùcjus a ghi vàn dongja.
Jòt chì, la me Greta! Ti sòs encjamò zòvina,
i no ti cognòs encjamò tant ben li ròbis,
e chès i ti li fàs malamintri.
I ti dìs doma chistu in cunfidensa:
ti sòs doventada na putana;
e alora fà ben il to mistej!

Greta
Fradi me! Diu, ma se mi dìšitu?

Valentìn
Lasa il Signòu fòu dal nustri zòuc!
Purtròp chèl cal è fàt al è fàt,
e chèl cal susedarà al susedarà.

Du fingst mit einem heimlich an
Bald kommen ihrer mehre dran,
Und wenn dich erst ein Dutzend hat,
So hat dich auch die ganze Stadt.

Wenn erst die Schande wird geboren,
Wird sie heimlich zur Welt gebracht,
Und man zieht den Schleier der Nacht
Ihr über Kopf und Ohren;
Ja, man möchte sie gern ermorden.
Wächst sie aber und macht sich groß,
Dann geht sie auch bei Tage bloß
Und ist doch nicht schöner geworden.
Je häßlicher wird ihr Gesicht,
Je mehr sucht sie des Tages Licht.

Ich seh wahrhaftig schon die Zeit,
Daß alle brave Bürgersleut,
Wie von einer angesteckten Leichen,
Von dir, du Metze! seitab weichen.
Dir soll das Herz im Leib verzagen,
Wenn sie dir in die Augen sehn!
Sollst keine goldne Kette mehr tragen!
In der Kirche nicht mehr am Altar stehn!
In einem schönen Spitzenkragen
Dich nicht beim Tanze wohlbehagen!
In eine finstre Jammerecken
Unter Bettler und Krüppel dich verstecken,
Und, wenn dir dann auch Gott verzeiht,
Auf Erden sein vermaledeit!

MARTHE:
Befehlt Eure Seele Gott zu Gnaden!
Wollt Ihr noch Lästrung auf Euch laden?

Cun un ti às tacàt a la platada via,
fra puc àltris a ti vegnaràn atòr,
e cuant che na dušina a ti varàn vùt,
a ti varà dopo duta la sitàt.

Cuant ca taca a nasi la vergogna,
a vèn tegnuda platada dal mont,
e'n tal so cjaf e'n ta li orèlis
a ghi vèn tiràt sù il vel da la nòt;
a vegnarès pì volentej copada.
Ma s'a crès e a si fà pì granda,
alora a si la jòt encja in plen dì,
ma a no doventa par nuja pì biela.
Pì bruta ca doventa di muša,
e pì a zarà in sercja dal soreli.

I jòt belzà rivà'l dì, pardabòn,
cuant che duta la buna zent dal país
a si tirarà in banda di te, sporcacjona,
coma ch'i ti fòs un cadàvar impestàt.
Dentri di te il còu a ti dolarà da disperàt
cuant ca ti vuardaràn in taj vuj!
I no ti partaràs pì na cjadenuta di oru!
In glišia i no ti staràs pì dongja dal altàr!
A balà i no ti zaràs maj pì
cul biel golèt a puntina!
In taj ànguj pì scurs e mišeràbils
ti zaràs a platati, cuj pitòcs e i sturpiàs,
e encja se Diu al vès da perdonati
in tal mont i ti saràs maladeta!

Marta
Racomandàit la vustra ànima a Diu
invensi di cargà sta puareta di bestèmis.

VALENTIN:
Könnt ich dir nur an den dürren Leib,
Du schändlich kupplerisches Weib!
Da hofft ich aller meiner Sünden
Vergebung reiche Maß zu finden.

GRETCHEN:
Mein Bruder! Welche Höllenpein!

VALENTIN:
Ich sage, laß die Tränen sein!
Da du dich sprachst der Ehre los,
Gabst mir den schwersten Herzensstoß.
Ich gehe durch den Todesschlaf
Zu Gott ein als Soldat und brav.
(Stirbt.)

Dom

Amt, Orgel und Gesang. Gretchen unter vielem Volke. Böser Geist hinter Gretchen.

BÖSER GEIST:
Wie anders, Gretchen, war dir's,
Als du noch voll Unschuld
Hier zum Altar tratst
Aus dem vergriffnen Büchelchen
Gebete lalltest,
Halb Kinderspiele,
Halb Gott im Herzen!
Gretchen!
Wo steht dein Kopf?
In deinem Herzen
Welche Missetat?

Valentìn
Si podès doma 'mbrincà il to striminzìt di cuarp,
tu, fèmina svergognada e rufiana!
Alora sì ch'i podarès sperà di vej
ducju i me pecjàs perdonàs.

Greta
Fradi me! Se pènis dal infièr!

Valentìn
Finìsila—lasa stà li làgrimis!
Cuant ch'i ti às dàt via'l to onòu,
il colp pì brut ti mi às dàt dal còu.
Il sun da la muart a mi parta adès
a Diu, da soldàt e da bravo omp.
Al mòu.

Il Duomo

*Duràtn una funsiòn; a si sint sunà un òrgano e cjantà
Greta fra tanta zent. Davòu di ic un spìrit malìn.*

Spìrit malìn
Cuant diferènt ca era, Greta,
cuant che tu, plena di 'nocensa
ti vegnèvis chì al altàr
e'i ti preusàvis
da un librùt dut frovàt,
cul curišìn lišej,
miès Diu e miès matieri!
Greta!
Indulà i àtu'l cjaf?
Cuala porcarìa
in tal còu?

Betst du für deiner Mutter Seele, die
  Durch dich zur langen, langen Pein hinüberschlief?
  Auf deiner Schwelle wessen Blut?
  - Und unter deinem Herzen
  Regt sich's nicht quillend schon
  Und ängstet dich und sich
  Mit ahnungsvoller Gegenwart?

GRETCHEN:
Weh! Weh!
Wär ich der Gedanken los,
Die mir herüber und hinüber gehen
Wider mich!

CHOR:
Dies irae, dies illa
Solvet saeclum in favilla.
(Orgelton.)

BÖSER GEIST:
Grimm faßt dich!
Die Posaune tönt!
Die Gräber beben!
Und dein Herz,
Aus Aschenruh
Zu Flammenqualen
Wieder aufgeschaffen,
Bebt auf!

GRETCHEN:
Wär ich hier weg!
Mir ist, als ob die Orgel mir
Den Atem versetzte,
Gesang mein Herz
Im Tiefsten löste.

I prèitu par l'ànima di to mari, che par causa to
a durmirà par tant tant timp un sun plen di dolòu?
E 'l sanc in ta la to entrada—di cuj cal è?
E sot dal to còu
a no si mòvia belzà
alc di amondi brut
cal tribulèa altritànt di te?

Greta
Oh guài, guài!
Oh se doma a mi zèsin via scju pensèis
ca vàn e vègnin
cuntra di me!

Coru
Dies irae, dies illa
solvet saeclum in favilla.

Al suna il òrgano

Spìrit malìn
A t'imbrinca la fùria!
A suna la tromba!
A trèmin li tòmbis!
E encja il to còu
sveàt di nòuf
da la siniša
al trema davànt
dal turmìnt da li flàmis!

Greta
Se doma i fòs via di chì!
A è coma se 'l òrgano
a mi fès mancjà 'l flat,
e sprofondà il còu
il cjantà!

CHOR:
Judex ergo cum sedebit,
Quidquid latet adparebit,
Nil inultum remanebit.

GRETCHEN:
Mir wird so eng!
Die Mauernpfeiler
Befangen mich!
Das Gewölbe
Drängt mich!- Luft!

BÖSER GEIST:
Verbirg dich! Sünd und Schande
Bleibt nicht verborgen.
Luft? Licht?
Weh dir!

CHOR:
Quid sum miser tunc dicturus?
Quem patronum rogaturus?
Cum vix justus sit securus.

BÖSER GEIST:
Ihr Antlitz wenden
Verklärte von dir ab.
Die Hände dir zu reichen,
Schauert's den Reinen.
Weh!

CHOR:
Quid sum miser tunc dicturus?

GRETCHEN:
Nachbarin! Euer Fläschchen!
(Sie fällt in Ohnmacht.)

Coru
Judex ergo cum sedebit,
quidquid latet adperebit,
nil inultum remanebit.

Greta
I mi sìnt scjafojada!
I pilàstris a si sièrin
atòr di me.
La navada
a mi cola 'ntòr!—Aria!

Spìrit malìn
Plàtiti! Il pecjàt e la vergogna
a no rèstin platàs.
Aria? Lus?
Guaj a tì!

Coru
Quid sum miser tunc dicturus?
Quem patronum rogaturus,
cum vix justus sit securus?

Spìrit malìn
I beàs a ti stàn
voltànt la schena.
Ai purs di spìrit a ghi vèn ingrìsul
a ufriti la man.
Guaj! guaj!

Coru
Quid sum miser tunc dicturus?

Greta
Visina! La to butiliuta!—
A cola jù, in svanimìnt.

Walpurgisnacht

Harzgebirg Gegend von Schierke und Elend
Faust. Mephistopheles.

MEPHISTOPHELES:
Verlangst du nicht nach einem Besenstiele?
Ich wünschte mir den allerderbsten Bock.
Auf diesem Weg sind wir noch weit vom Ziele.

FAUST:
Solang ich mich noch frisch auf meinen Beinen fühle,
Genügt mir dieser Knotenstock.
Was hilft's, daß man den Weg verkürzt!-
Im Labyrinth der Täler hinzuschleichen,
Dann diesen Felsen zu ersteigen,
Von dem der Quell sich ewig sprudelnd stürzt,
Das ist die Lust, die solche Pfade würzt!
Der Frühling webt schon in den Birken,
Und selbst die Fichte fühlt ihn schon;
Sollt er nicht auch auf unsre Glieder wirken?

MEPHISTOPHELES:
Fürwahr, ich spüre nichts davon!
Mir ist es winterlich im Leibe,
Ich wünschte Schnee und Frost auf meiner Bahn.
Wie traurig steigt die unvollkommne Scheibe
Des roten Monds mit später Glut heran
Und leuchtet schlecht, daß man bei jedem Schritte
Vor einen Baum, vor einen Felsen rennt!
Erlaub, daß ich ein Irrlicht bitte!
Dort seh ich eins, das eben lustig brennt.
Heda! mein Freund! darf ich dich zu uns fodern?
Was willst du so vergebens lodern?
Sei doch so gut und leucht uns da hinauf!

La nòt di Valpurga

Montagna dal Harz. Regiòn di Schierke e Elend
Fàust, Mefistòfil

Mefistòfil
No ti vègnia voja di un mani di scova?
Jò i vorès vej un cjavròn daj pì murbinòus.
In ta stu troj chì i sìn encjamò lontàns dal post.

Fàust
Fìn ch'i pari via a sìntimi fresc di gjamba
a mi và ben encja stu bastòn plen di grops.
Se zòvia a zì a scurtà la strada!
Strisinasi in tal labirìnt di sti valàdis,
zì sù e jù par chiscju scòis
da'ndà cha ti sclipigna eterna na fontana,
al è chistu'l gust ca si cjapa'n ta stu troj!
La primavera a è belzà ca sofla'n taj bedoj
e daj avedìns pur a è sintuda;
i no varèsinu alora da sìntila encja nu?

Mefistòfil
Par cont me, i no sìnt nuja di chèl!
Dentri invensi i sìnt 'l unvièr,
i vorès vej davànt doma frèit e nèif.
Se bruta siera ca à la luna,
rosastra di colòu e bigulota,
e cussì puc a lùs che a ogni pas
al và un a sbati o ta'un àrbul o'n ta na piera!
Lasa ch'i clami un foghùt da simiteri!
Là ch'i'n jòt un cal stà ardìnt lustri e clar.
Ejlà, compaj me! Postu vignì chì cun nu?
Parsè i statu sflameànt par nuja?
Fà'l bravo e luminèjni la strada par zì'n sù.

IRRLICHT:
Aus Ehrfurcht, hoff ich, soll es mir gelingen,
Mein leichtes Naturell zu zwingen;
Nur zickzack geht gewöhnlich unser Lauf.

MEPHISTOPHELES:
Ei! Ei! Er denkt's den Menschen nachzuahmen.
Geh Er nur grad, in 's Teufels Namen!
Sonst blas ich ihm sein Flackerleben aus.

IRRLICHT:
Ich merke wohl, Ihr seid der Herr vom Haus,
Und will mich gern nach Euch bequemen.
Allein bedenkt! der Berg ist heute zaubertoll
Und wenn ein Irrlicht Euch die Wege weisen soll
So müßt Ihr's so genau nicht nehmen.

FAUST, MEPHISTOPHELES, IRRLICHT
(im Wechselgesang):

In die Traum- und Zaubersphäre
Sind wir, scheint es, eingegangen.
Führ uns gut und mach dir Ehre
Daß wir vorwärts bald gelangen
In den weiten, öden Räumen!

Seh die Bäume hinter Bäumen,
  Wie sie schnell vorüberrücken,
  Und die Klippen, die sich bücken,
  Und die langen Felsennasen,
  Wie sie schnarchen, wie sie blasen!

Durch die Steine, durch den Rasen
Eilet Bach und Bächlein nieder.
Hör ich Rauschen? hör ich Lieder?
Hör ich holde Liebesklage,
Stimmen jener Himmelstage?

Fogùt da simiteri
I speri che par rispièt i sedi bon
di luši coma ca no mi è naturàl di luši:
di sòlit nuàltris i si movìn a zichetezàc.

Mefistòfil
Jòt tu! Al vòu mètisi a imità i òmis.
A è miej cal pari via dret, in nòn dal diau,
sinò i ghi sofli via la so flama!

Fogùt da simiteri
I jòt ben, jò, ch'i sèis il paròn di cjaša,
e i faraj volentej sè ch'i volèis.
Ma atensiòn: vuej la montagna a è streàda da mat,
e se un fòuc da simiteri a vi fà jodi
la strada, no stèi cjapàvila da pignoj.

Fàust, Mefistòfil, Fogùt da simiteri
a cjàntin alternànt vòus

In ta un mont di suns e streamìns
a somèa ch'i sini capitàs.
Guìdini ben e cun onòu,
ch'i podini zì svels indavànt
e rivà in ta poscj' vuèis e scunfinàs.

Jòt com'che àrbul dopo àrbul
a ni pasa svelt in banda,
e jòt com'ca si sbàsin i scòis
e com'che i spis dai pieròns
a si sglònfin e a sbòrfin.

Fra li pièris, fra i pras
roja e rojuta a còr jù.
I sìntiu'l bušinà? i sìntiu'l cjantà?
i sìntiu'l gemi dols dal amòu,
il sun di chej dis da paradìs?

Was wir hoffen, was wir lieben!
Und das Echo, wie die Sage
Alter Zeiten, hallet wider.

"Uhu! Schuhu!" tönt es näher,
Kauz und Kiebitz und der Häher,
Sind sie alle wach geblieben?
Sind das Molche durchs Gesträuche?
Lange Beine, dicke Bäuche!
Und die Wurzeln, wie die Schlangen,
Winden sich aus Fels und Sande,
Strecken wunderliche Bande,
Uns zu schrecken, uns zu fangen;
Aus belebten derben Masern
Strecken sie Polypenfasern
Nach dem Wandrer. Und die Mäuse
Tausendfärbig, scharenweise,
Durch das Moos und durch die Heide!
Und die Funkenwürmer fliegen
Mit gedrängten Schwärmezügen
Zum verwirrenden Geleite.

Aber sag mir, ob wir stehen
Oder ob wir weitergehen?
Alles, alles scheint zu drehen,
Fels und Bäume, die Gesichter
Schneiden, und die irren Lichter,
Die sich mehren, die sich blähen.
MEPHISTOPHELES:
Fasse wacker meinen Zipfel!
Hier ist so ein Mittelgipfel
Wo man mit Erstaunen sieht,
Wie im Berg der Mammon glüht.

FAUST:
Wie seltsam glimmert durch die Gründe
Ein morgenrötlich trüber Schein!

Chèl ch'i speràn, chèl ch'i amàn!
E èco che'l èco al rispùnt,
com'la saga daj timps pasàs.

"Uh-u! Shu-hu!" al siga visìn:
pavonùs, gjàis e suvitùtis,
a soni dùtis encjamò sveàdis?
Li salamàndris, a soni in taj bars
cu li so gjàmbis lùngis e pànsis gròsis?
E li radìs coma madràs
a s'intorgolèjn atòr daj claps
in taj cjamps, lasànt strìchis strànis
par insiminini e spaventani:
E li dùris venadùris daj troncs
a si slùngin vièrs il torzeòn
coma i tentàcuj daj pòlips. E surìs
di mil colòus a corusèjn a trùpis
in tal muscju e'n ta li erbàtis!
E li lušìgnis a ti svualasèjn
a scjaps cussì fis
da cunfùndini la strada.

Ma dìšmi tu si vìn da restà fers
o parà via a zì 'ndavànt!
Dut, dut a somèa ca ni ziri atòr,
claps e àrbuj, e ca ni fèdin
bocjàtis, e i fòucs salvàdis—
sempri di pì an d'è e sempri pì sglonfs.

Mefistòfil
Tenti ben dur ta la me mània!
Chì ch'i sìn in ta'un scoj a mieša strada,
da 'ndà che jodi si pòl cun maravèa
il luši di Màmon in ta la montagna.

Fàust
Jòt cuant stran cal è'n ta sta valada
il luši stran di sta pàlida aurora

Und selbst bis in die tiefen Schlünde
Des Abgrunds wittert er hinein.
Da steigt ein Dampf, dort ziehen Schwaden,
Hier leuchtet Glut aus Dunst und Flor
Dann schleicht sie wie ein zarter Faden
Dann bricht sie wie ein Quell hervor.
Hier schlingt sie eine ganze Strecke
Mit hundert Adern sich durchs Tal,
Und hier in der gedrängten Ecke
Vereinzelt sie sich auf einmal.
Da sprühen Funken in der Nähe
Wie ausgestreuter goldner Sand.
Doch schau! in ihrer ganzen Höhe
Entzündet sich die Felsenwand.

MEPHISTOPHELES:
Erleuchtet nicht zu diesem Feste
Herr Mammon prächtig den Palast?
Ein Glück, daß du's gesehen hast,
Ich spüre schon die ungestümen Gäste.

FAUST:
Wie rast die Windsbraut durch die Luft!
Mit welchen Schlägen trifft sie meinen Nacken!

MEPHISTOPHELES:
Du mußt des Felsens alte Rippen packen
Sonst stürzt sie dich hinab in dieser Schlünde Gruft.
Ein Nebel verdichtet die Nacht.
Höre, wie's durch die Wälder kracht!
Aufgescheucht fliegen die Eulen.
Hör, es splittern die Säulen
Ewig grüner Paläste.
Girren und Brechen der Äste!
Der Stämme mächtiges Dröhnen!
Der Wurzeln Knarren und Gähnen!

che lamps a manda fin jù'n ta li gòlis
pì profòndis dal abìs!
Vapòu al vèn sù par chì, fun par là,
e dut un miasma al flurìs dal font in bora;
e la so lus a si jòt sbrisà coma na strica finuta
che coma na fontana a si la jòt dopo sclapisà.
Uchì coma sent madràs a si strisina
par un bièl toc in ta la val,
doma par rifasi di nòuf una
in ta na gola streta streta.
Là visìn il sprusà di sintìlis
al somèa'l spandi doràt di savolòn.
Ma jòt, jòt! in duta la so altesa
a s'impìja'l mur di rocja!

Mefistòfil
In ocašiòn di sta fiesta a nol eše'n gamba
Màmon a luminà'l palàs?
Na furtuna ch'i ti lu às jodùt.
I sìnt belzà'l pestasà daj invidàs.

Fàust
Se rabiòus cal è'l vint!
Se colps ca mi dà'n ta la cadopa!

Mefistòfil
Ti'as di 'ngrimpati'n ta sti ròcis
si no ti vòus finila la jù'n tal buròn.
Un caligu fis al scurìs la nòt.
Sìnt dut chel fracàs in tal bosc!
Li suvìtis a svuàlin via spaurìdis.
Sìnt ca si ròmpin li colònis
di scju palàs semprivèrs!
A si spàchin li bràghis!
Il rumòu pauròus daj troncs!
Il scrisulà di radìs ca si sclàpin!

Im fürchterlich verworrenen Falle
Übereinander krachen sie alle
Und durch die übertrümmerten Klüfte
Zischen und heulen die Lüfte.
Hörst du Stimmen in der Höhe?
In der Ferne, in der Nähe?
Ja, den ganzen Berg entlang
Strömt ein wütender Zaubergesang!

HEXEN (im Chor):
Die Hexen zu dem Brocken ziehn,
Die Stoppel ist gelb, die Saat ist grün.
Dort sammelt sich der große Hauf,
Herr Urian sitzt oben auf.
So geht es über Stein und Stock,
Es farzt die Hexe, es stinkt der Bock.

STIMME:
Die alte Baubo kommt allein,
Sie reitet auf einem Mutterschwein.

CHOR:
So Ehre denn, wem Ehre gebührt!
Frau Baubo vor! und angeführt!
Ein tüchtig Schwein und Mutter drauf,
Da folgt der ganze Hexenhauf.

STIMME:
Welchen Weg kommst du her?

STIMME:
                Übern Ilsenstein!
Da guckt ich der Eule ins Nest hinein,
Die macht ein Paar Augen!

STIMME:
                O fahre zur Hölle!
Was reitst du so schnelle!

A ti còlin intòr 'l un dal altri
in ta un intorgolamìnt spaventòus,
e fra li spacadùris a si sìnt
sigà e fiscjà il vint.
Sìntitu vòus lasù in tal alt?
Da lontàn? Da visìn?
Èco, par duta la montagna
un cjantà rabiòus e streàt.

Li strèis in coru
                Li strèis a vàn al Brocken,
                i stocs a sòn zaj, il furmìnt vert.
                Ulà di chel grun grant e gros
                il siòr Urian al stà sintàt insima.
                Sìnt cussì in ta brùsis e fosaj
                il coreà di na strèa, la spusa di un cjavròn.

Na vòus
La vecja Baubo a vèn chì besola,
a cavalòt di na mari scrofa.

Il coru
                Onoràit chel cal mèrita di vignì onoràt!
                E alora ca ni meni la siora Baubo!
                Na scrofa insima di un bravo pursìt,
                cun davòu duta la briga da li strèis.

La vòus
Da'ndulà i vèntu?

N'altra vòus
                Da la piera di Isel
indà che sbircjàt i'ai'n tal nit da la suvita,
ca mi à fàt un par di vuj cussì!

Na vòus
                O và al infièr!
Parsè i còritu cussì a la svelta?

STIMME:
 Mich hat sie geschunden,
 Da sieh nur die Wunden!

HEXEN, CHOR:
Der Weg ist breit, der Weg ist lang,
Was ist das für ein toller Drang?
Die Gabel sticht, der Besen kratzt,
Das Kind erstickt, die Mutter platzt.

HEXENMEISTER, HALBER CHOR:
Wir schleichen wie die Schneck im Haus,
Die Weiber alle sind voraus.
Denn, geht es zu des Bösen Haus,
Das Weib hat tausend Schritt voraus.

ANDERE HÄLFTE:
Wir nehmen das nicht so genau,
Mit tausend Schritten macht's die Frau;
Doch wie sie sich auch eilen kann,
Mit einem Sprunge macht's der Mann.

STIMME (oben):
Kommt mit, kommt mit, vom Felsensee!

STIMMEN (von unten):
Wir möchten gerne mit in die Höh.
Wir waschen, und blank sind wir ganz und gar;
Aber auch ewig unfruchtbar.

BEIDE CHÖRE:
Es schweigt der Wind, es flieht der Stern,
Der trübe Mond verbirgt sich gern.
Im Sausen sprüht das Zauberchor
Viel tausend Feuerfunken hervor.

N'altra vòus
A mi à spelàt:
jòt chì li sgrifàdis!

Li strèis in coru
    Il troj al è larc, il troj al è lunc,
    jòt se rasa di fùria mata!
    Il piròn al spùns, la scova a scravagna,
    il nini a si scjafoèa, la mari a scòpia.

I streòns. Semicoru
    I si strisinàn coma lacàis cu li crèpis,
    li fèminis a sòn dùtis indavànt.
    Par zì'n ta la cjaša dal demoni,
    la fèmina a è pì 'ndavànt di mil pas.

Chel altri semicoru
    No stìn èsi masa pignòi:
    li fèminis a ghi la fàn in mil pas;
    ma par cuant svèltis ca sèdin,
    'l omp a ghi la fà'n ta'un salt.

Na vòus dal alt
Vegnèit, vegnèit dal lac daj scòis!

Vòus dal bas
I vegnarèsin volentej cun chès in alt.
Cul pì lavasi i risplendìn,
se ben ch'i restàn par sempri stèrilis.

I doj còurus
    Il vint al tàs, la stela a scjampa,
    la luna 'nturbidida a si plata volentej.
    Subulànt il coru streàt al sfavilèa
    mil e mil sintìlis di fòuc.

STIMME (von unten):
Halte! Haltet

STIMME (oben):
Wer ruft da aus der Felsenspalte?

STIMME (von unten):
Nehmt mich mit! Nehmt mich mit!
Ich steige schon dreihundert Jahr,
Und kann den Gipfel nicht erreichen
Ich wäre gern bei meinesgleichen.

BEIDE CHÖRE:
Es trägt der Besen, trägt der Stock
Die Gabel trägt, es trägt der Bock
Wer heute sich nicht heben kann
Ist ewig ein verlorner Mann.

HALBHEXE (unten):
Ich tripple nach, so lange Zeit;
Wie sind die andern schon so weit!
Ich hab zu Hause keine Ruh
Und komme hier doch nicht dazu.

CHOR DER HEXEN:
Die Salbe gibt den Hexen Mut,
Ein Lumpen ist zum Segel gut
Ein gutes Schiff ist jeder Trog
Der flieget nie, der heut nicht flog.

BEIDE CHÖRE:
Und wenn wir um den Gipfel ziehn,
So streichet an dem Boden hin
Und deckt die Heide weit und breit
Mit eurem Schwarm der Hexenheit
(Sie lassen sich nieder.)

Vòus dal bas
Fermàivi! Fermàivi!

Vòus dal alt
Cuj ni clàmia da che sfeša'n ta la rocja?

Vòus dal bas
Partàimi cun vuàltris! Partàimi cun vuàltris!
A sòn trešinta àis ch'i staj zìnt in sù
e i no rivi maj in pica.
I varès tant gust di èsi cuj mes.

I doj còrus
        A ni parta la scova, a ni parta'l bastòn,
        la forcja a ni parta, a ni parta'l cjavròn;
        chèl che vuej a nol pòl zì'n sù,
        pierdùt al sarà par l'eternitàt.

Na mieša strèa, da bas
A è da un toc ch'i staj saltusànt;
parsè a soni che àltris cussì lontànis!
A cjaša i no ài maj nisuna pas,
e a no mi và ben nencja uchì.

Coru di strèis
        A si ònzin li strèis par stà ben,
        na pesota a ghi fà da vela
        e na vasca da buna naf:
        chèl che vuej a nol svuala, maj pì nol svualarà!

I doj còrus
        E cuant ch'i sarìn insima,
        distiràivi a colp par cjera
        e zèit a scjaps a cujerzi
        la marsura'n lunc e'n larc.
A si làsin colà jù

MEPHISTOPHELES:
Das drängt und stößt, das ruscht und klappert!
Das zischt und quirlt, das zieht und plappert!
Das leuchtet, sprüht und stinkt und brennt!
Ein wahres Hexenelement!
Nur fest an mir! sonst sind wir gleich getrennt.
Wo bist du?

FAUST (in der Ferne):
Hier!

MEPHISTOPHELES:
Was! dort schon hingerissen?
Da werd ich Hausrecht brauchen müssen.
Platz! Junker Voland kommt. Platz! süßer Pöbel, Platz!
Hier, Doktor, fasse mich! und nun in einem Satz
Laß uns aus dem Gedräng entweichen;
Es ist zu toll, sogar für meinesgleichen.
Dortneben leuchtet was mit ganz besondrem Schein,
Es zieht mich was nach jenen Sträuchen.
Komm, komm! wir schlupfen da hinein.

FAUST:
Du Geist des Widerspruchs! Nur zu! du magst mich führen.
Ich denke doch, das war recht klug gemacht:
Zum Brocken wandeln wir in der Walpurgisnacht,
Um uns beliebig nun hieselbst zu isolieren.

MEPHISTOPHELES:
Da sieh nur, welche bunten Flammen!
Es ist ein muntrer Klub beisammen.
Im Kleinen ist man nicht allein.

FAUST:
Doch droben möcht ich lieber sein!
Schon seh ich Glut und Wirbelrauch.

Mefistòfil
Uchì a è dut un tira e mola e un sbateculà!
Dut un subulà, un sbušighès, un mulineà!
Par dut falìscjs, sprus, spusa e flameà!
Na vera tana di strèis!
Stami dongja, che sinò i vegnarìn separàs!
Indulà i sotu?

Fàust da lontàn
Uchì!

Mefistòfil
Sè! Belzà strisinàt ulà?
A mi tocja impònimi chì e tegni un pu' di òrdin.
Via! Èco'l scudièr Voland. Via, buna zinìa—via!
Uchì, profesòu, ingrìmpimi! E adès cun un salt
scjampàn via da chista marmaja:
A è masa cašìn uchì, encja par un coma me!
Ulà a stà lušìnt alc di straordinari,
alc ca mi stà tiràrnt dongja di chej bars:
Vèn vèn, ch'i zìn a platasi dentri di lòu.

Fàust
Daj, spìrit da la contradisiòn, daj—guìdimi!
A si pòs falu—no?—cu na scaja di inzèn:
zì fin a Brocken in ta la nòt di Valpurga
cjapànt gust di zì là a išolasi!

Mefistòfil
Ma jòt là che flàmis coloràdis!
Al è un club plen di legrìa ca si cjata insièmit.
Nencja in pus a no si è besoj.

Fàust
Lo stes i varès miej èsi lasù!
I jòt belzà'l lušòu e'l mulinèl dal fun.

Dort strömt die Menge zu dem Bösen;
Da muß sich manches Rätsel lösen.

MEPHISTOPHELES:
Doch manches Rätsel knüpft sich auch.
Laß du die große Welt nur sausen,
Wir wollen hier im stillen hausen.
Es ist doch lange hergebracht,
Daß in der großen Welt man kleine Welten macht.
Da seh ich junge Hexchen, nackt und bloß,
Und alte, die sich klug verhüllen.
Seid freundlich, nur um meinetwillen;
Die Müh ist klein, der Spaß ist groß.
Ich höre was von Instrumenten tönen!
Verflucht Geschnarr! Man muß sich dran gewohnen.
Komm mit! Komm mit! Es kann nicht anders sein,
Ich tret heran und führe dich herein,
Und ich verbinde dich aufs neue.
Was sagst du, Freund? das ist kein kleiner Raum.
Da sieh nur hin! du siehst das Ende kaum.
Ein Hundert Feuer brennen in der Reihe
Man tanzt, man schwatzt, man kocht, man trinkt, man liebt
Nun sage mir, wo es was Bessers gibt?

FAUST:
Willst du dich nun, um uns hier einzuführen,
Als Zaubrer oder Teufel produzieren?

MEPHISTOPHELES:
Zwar bin ich sehr gewohnt, inkognito zu gehn,
Doch läßt am Galatag man seinen Orden sehn.
Ein Knieband zeichnet mich nicht aus,
Doch ist der Pferdefuß hier ehrenvoll zu Haus.
Siehst du die Schnecke da? sie kommt herangekrochen;
Mit ihrem tastenden Gesicht
Hat sie mir schon was abgerochen.
Wenn ich auch will, verleugn ich hier mich nicht.

Là che la zinìa a ghi và davòu dal Malìn;
cualchi incrošamìnt al zarà a sclarisi.

Mefistòfil
E cualchidùn altri al zarà a'ngropasi!
Cal taramotej pur il mont intej,
ch'i volìn stà chì sidìns sidìns.
A si à sempri savùt che'n tal mont grant
ogni un a si crèa il so pisulùt di mont.
Èco là ch'i jòt strèis zovinùtis e nùdis,
e vècis cul judisi di tègnisi cujerzùdis.
Vuardàit di èsi gentìl, fèjlu par me!
Il sfuars al à pìsul; il godi, grant.
I sìnt che i strumìns a sùnin alc!
Cašìn maladèt! A tocja fà'l caj e basta.
Vèn, vèn cun me! Nuja da fà ormaj:
I vaj dentri e i ti meni cun me,
e i ti mi saràs encjamò di pì obligàt.—
Se distu, amigo? Miga pìsul stu post:
Jòt pur dentri, che la fin no ti rìvis a jodi!
Sent fòucs a stàn brušànt ducju 'n fila.
Uchì a si bala, a si tabàja, a si cuej, a si tracana,
a si tacona—indà a si cjàtia alc di miej?

Fàust
Par partani dentri chì, i ti faratu jodi
coma un magu o coma un diau?

Mefistòfil
I soj abituàt, jò, a zì dentri incognito;
ma'n taj dis di gala un al fà jodi'l so Òrdin.
La zenoglera a no mi rišalta tant ben;
uchì la sata di cjavàl a mi rìnt pì onorèvul.
Jòjtu chel lacaj là? A si visina strisinànt;
Cu la so muša ca pindulèa
a mi à belzà ben našàt:
i no podarès rinegami nencja si vorès.

Komm nur! von Feuer gehen wir zu Feuer,
Ich bin der Werber, und du bist der Freier.
(Zu einigen, die um verglimmende Kohlen sitzen:)
Ihr alten Herrn, was macht ihr hier am Ende?
Ich lobt euch, wenn ich euch hübsch in der Mitte fände,
Von Saus umzirkt und Jugendbraus;
Genug allein ist jeder ja zu Haus.

GENERAL:
Wer mag auf Nationen trauen!
Man habe noch so viel für sie getan;
Denn bei dem Volk wie bei den Frauen
Steht immerfort die Jugend oben an.

MINISTER:
Jetzt ist man von dem Rechten allzu weit,
Ich lobe mir die guten Alten;
Denn freilich, da wir alles galten,
Da war die rechte goldne Zeit.

PARVENÜ:
Wir waren wahrlich auch nicht dumm
Und taten oft, was wir nicht sollten;
Doch jetzo kehrt sich alles um und um,
Und eben da wir's fest erhalten wollten.

AUTOR:
Wer mag wohl überhaupt jetzt eine Schrift
Von mäßig klugem Inhalt lesen!
Und was das liebe junge Volk betrifft,
Das ist noch nie so naseweis gewesen.

MEPHISTOPHELES (der auf einmal sehr alt erscheint):
Zum Jüngsten Tag fühl ich das Volk gereift,
Da ich zum letztenmal den Hexenberg ersteige,
Und weil mein Fäßchen trübe läuft,
So ist die Welt auch auf der Neige.

Vèn, sù! ch'i zarìn da fòuc a fòuc:
jò'i saraj'l rufiàn, e tu 'l amànt.
A un pus di lòu ca stàn sintàs dongja di bòris
Vuàltris siòrs, se fèjšu chì'n ta stu cjantòn?
Vi laudarès se biej i vi cjatàs in tal miès,
fašìnt baldòria cu la zoventùt;
un al stà encja masa besòu cuant cal è a cjaša.

Il Generàl
Cuj'l pòsia fidasi da la nasiòn,
encja cuant cal à fàt tant par chè!
Cul pòpul e cu li fèminis a è pròpit cussì,
che pì di dut a vàl sempri la zoventùt.

Il Ministro
Vuej a si è tant lontàns dal just,
jò i dis ben doma daj timps di na volta;
che, jodìn, cuant che nu i comandàvin,
che sì, po, ca era l'etàt dal oru.

Il Parvenu
E i no èrin pròpit stùpis,
e spes i ti li cumbinàvin gròsis;
adès invensi dut al và cussì cussì,
encja cuant ch'i vorèsin che dut a zès benòn.

Il Scritòu
Cuj pì a vòlia il dì di vuej leši
cualchicjusa di inteligènt e ben scrìt?
E si vuardàn i nustri bravo zòvins,
i jodìn che doma bòis da 'nrisà'l nas a sòn!

Mefistòfil, che dut ta'un colp al somèa invecjàt
I sìnt ben, jò, che'l pòpul al è pront pal Ùltin Judìsi,
e che jò'i vaj sù'n tal Mont da li štrèis par l'ultima volta;
e se'l me fiàsc al sà doma di fangu,
il mont stes al stà zìnt a remengo.

TRÖDELHEXE:
Ihr Herren, geht nicht so vorbei!
Laßt die Gelegenheit nicht fahren!
Aufmerksam blickt nach meinen Waren,
Es steht dahier gar mancherlei.
Und doch ist nichts in meinem Laden,
Dem keiner auf der Erde gleicht,
Das nicht einmal zum tücht'gen Schaden
Der Menschen und der Welt gereicht.
Kein Dolch ist hier, von dem nicht Blut geflossen,
Kein Kelch, aus dem sich nicht in ganz gesunden Leib
Verzehrend heißes Gift ergossen,
Kein Schmuck, der nicht ein liebenswürdig Weib
Verführt, kein Schwert, das nicht den Bund gebrochen,
Nicht etwa hinterrücks den Gegenmann durchstochen.

MEPHISTOPHELES:
Frau Muhme! Sie versteht mir schlecht die Zeiten.
Getan, geschehn! Geschehn, getan!
Verleg Sie sich auf Neuigkeiten!
Nur Neuigkeiten ziehn uns an.

FAUST:
Daß ich mich nur nicht selbst vergesse!
Heiß ich mir das doch eine Messe!

MEPHISTOPHELES:
Der ganze Strudel strebt nach oben;
Du glaubst zu schieben, und du wirst geschoben.

FAUST:
Wer ist denn das?

MEPHISTOPHELES:
Betrachte sie genau! Lilith ist das.

FAUST:
Wer?

La strèa sìngara
Siòrs, no stèit pasami'n banda cussì!
No stèit pierdi sta buna ocašiòn!
Dèighi na buna ocjada a la me mercansìa:
jodèit chì ch'i'ai un pu' di dut.
E i no ài nuja fra li me ròbis
ca'n sedi n'altra compagna'n ta la cjera
che almancu na volta a no ghi vedi fàt
grant dan a la zent o al mont intej.
Nisùn curtisàt i'ai chì ca nol vedi spandùt sanc,
nisùn cjàlis ca nol vedi spandùt un velèn
mortàl in ta un cuarp dal dut san,
nisùn gjojèl ca nol vedi na buna fèmina
sedušùt, nè na spada ca no vedi distrušut na uniòn,
nè nuja ca no vedi impiràt un aversari par davòu.

Mefistòfil
La me buna agna, ca capìs puc i timps:
aga pasada a è aga pasada, sù!
Ca si dedi 'nvensi a li nuvitàs!
Doma li nuvitàs a n'interèsin.

Fàust
Tant par ch'i no mi dismintièj di me stes,
na sagra i clami chista—na sagra!

Mefistòfil
Un mulinèl al è cal zira'n alt;
ti cròdis di pocalu e i ti vèns pocàt.

Fàust
Cuj a eše sta chì?

Mefistòfil
Vuàrdila benòn! A è Lilith.

Fàust
Cuj?

MEPHISTOPHELES:
Adams erste Frau.
Nimm dich in acht vor ihren schönen Haaren,
Vor diesem Schmuck, mit dem sie einzig prangt.
Wenn sie damit den jungen Mann erlangt,
So läßt sie ihn so bald nicht wieder fahren.

FAUST:
Da sitzen zwei, die Alte mit der Jungen;
Die haben schon was Rechts gesprungen!

MEPHISTOPHELES:
Das hat nun heute keine Ruh.
Es geht zum neuen Tanz, nun komm! wir greifen zu.

FAUST (mit der Jungen tanzend):
Einst hatt ich einen schönen Traum
Da sah ich einen Apfelbaum,
Zwei schöne Äpfel glänzten dran,
Sie reizten mich, ich stieg hinan.

DIE SCHÖNE:
Der Äpfelchen begehrt ihr sehr,
Und schon vom Paradiese her.
Von Freuden fühl ich mich bewegt,
Daß auch mein Garten solche trägt.

MEPHISTOPHELES (mit der Alten):
Einst hatt ich einen wüsten Traum
Da sah ich einen gespaltnen Baum,
Der hatt ein ungeheures Loch;
So groß es war, gefiel mir's doch.

DIE ALTE:
Ich biete meinen besten Gruß
Dem Ritter mit dem Pferdefuß!
Halt Er einen rechten Pfropf bereit,
Wenn Er das große Loch nicht scheut.

Mefistòfil
La prima fèmina di Adàm.
Stà atènt da la so biela cjavielada,
di stu ornamìnt che a chèl tant a ghi tèn!
Cuant che cun chèl a ti cuca un zòvin,
a no ti lu lasa pì scjampà, cussì, a li bùnis.

Fàust
Là ca sòn dos sintàdis, la vecja cu na zovina,
ca àn apena finìt di balusà da màtis!

Mefistòfil
Vuej, chì, a no si ripoša nisùn.
Al taca n'altri bal: daj, metinsi encja nu!

Fàust, balànt cu la zòvina
Na volta i' ai fàt un biel sun:
i ài jodùt un milusàr
cun doj biej milùs ca lušèvin;
a mi fèvin gola e cussì i soj montàt sù.

La biela
Paj milusùs i vèis vùt na voja mata
dal dì dal paradìs in cà.
Oh i soj cussì contenta
ch'an sedi encja in tal me ort.

Mefistòfil cu la vecja
Na volta i'a vut un brut sun:
jodùt i vevi un àrbul sclapàt
cal veva un grant sclap;
ma al era cussì grant ca mi plaševa lo stes.

La vecja
I saludi miej di dut
il cavalièr cul piè di cjavàl!
Cal tegni pront un biel tapòn
s'a nol à poura di un bus cussì grant.

PROKTOPHANTASMIST:
Verfluchtes Volk! was untersteht ihr euch?
Hat man euch lange nicht bewiesen:
Ein Geist steht nie auf ordentlichen Füßen?
Nun tanzt ihr gar, uns andern Menschen gleich!

DIE SCHÖNE (tanzend):
Was will denn der auf unserm Ball?

FAUST (tanzend):
Ei! der ist eben überall.
Was andre tanzen, muß er schätzen.
Kann er nicht jeden Schritt beschwätzen,
So ist der Schritt so gut als nicht geschehn.
Am meisten ärgert ihn, sobald wir vorwärts gehn.
Wenn ihr euch so im Kreise drehen wolltet,
Wie er's in seiner alten Mühle tut
Das hieß' er allenfalls noch gut
Besonders wenn ihr ihn darum begrüßen solltet.

PROKTOPHANTASMIST:
Ihr seid noch immer da! nein, das ist unerhört.
Verschwindet doch! Wir haben ja aufgeklärt!
Das Teufelspack, es fragt nach keiner Regel
Wir sind so klug, und dennoch spukt's in Tegel.
Wie lange hab ich nicht am Wahn hinausgekehrt,
Und nie wird's rein; das ist doch unerhört!

DIE SCHÖNE:
So hört doch auf, uns hier zu ennuyieren!

PROKTOPHANTASMIST:
Ich sag's euch Geistern ins Gesicht:
Den Geistesdespotismus leid ich nicht;
Mein Geist kann ihn nicht exerzieren.
(Es wird fortgetanzt.)

Il proctofantasmista
Zinìa maladeta! Se fèišu sù?
A no vi eše maj stàt dimostràt
che un spirt a no si tèn maj sù'n ta piè normaj?
Balàit alora coma duta la zent!

La biela, balànt
Ma se'l vòlia duncja dal nustri balà?

Fàust, balànt
Ma jòt tu, cal è dapardùt.
Al cjacarèa, luj, su chej ca bàlin.
Criticòn al è di ogni pas,
com'che ogni pas a nol fòs nencja fàt.
Fastidi a ghi dà ogni ziru ch'i fin.
Si volèis fà cualchi ziravòlt,
com'cal fà luj tal so mulìn antìc,
chèl sì cal è in gamba,
màsima si ghi dèis il bundì e la bunanòt.

Il proctofantasmista
I sèis encjamò chì! Daj, chistu no ca nol và.
Via di chì! I vìn belzà dut sclarìt!—
Marmaja dal diau, ca no ghi và davòu a règulis.
Tant sàvius i sìn ca ni sàltin fòu di nòuf a Tegel.
Cuanti vòltis ch'i ghi'ai voltàt la schena
sensa maj fàju sparì! Ma adès basta!

La biela
Finìsila pitòst tu di dani fastidi!

Il protofantasmista
I vi lu dìs in muša a vuàltris spirs:
i no pòl sufrì che i spirs a sèdin despòtics!
Il me spìrit a no ju sopuarta.
Al parà via il balà

Heut, seh ich, will mir nichts gelingen;
  Doch eine Reise nehm ich immer mit
  Und hoffe noch vor meinem letzten Schritt
  Die Teufel und die Dichter zu bezwingen.

MEPHISTOPHELES:
Er wird sich gleich in eine Pfütze setzen,
Das ist die Art, wie er sich soulagiert,
Und wenn Blutegel sich an seinem Steiß ergetzen,
Ist er von Geistern und von Geist kuriert.
(Zu Faust, der aus dem Tanz getreten ist.)
Was lässest du das schöne Mädchen fahren,
Das dir zum Tanz so lieblich sang?

FAUST:
Ach! mitten im Gesange sprang
Ein rotes Mäuschen ihr aus dem Munde.

MEPHISTOPHELES:
Das ist was Rechts! das nimmt man nicht genau;
Genug, die Maus war doch nicht grau.
Wer fragt darnach in einer Schäferstunde?

FAUST:
Dann sah ich-

MEPHISTOPHELES:
Was?

FAUST:
Mephisto, siehst du dort Ein blasses, schönes Kind allein und ferne stehen?
  Sie schiebt sich langsam nur vom Ort,
  Sie scheint mit geschloßnen Füßen zu gehen.
  Ich muß bekennen, daß mir deucht,
  Daß sie dem guten Gretchen gleicht.

Vuej, po, a no mi'n và ben una,
ma i rivaraj pur a fà un viàs,
e prin, i speri, dal me ùltin pas
di vej domàt diàus e poètas.

Mefistòfil
Al è bon da zì a sintasi'n ta na posa:
a è cussì ca si la spasa.
E cuant che i supasàncs a ghi vàn sù pal cul
al vèn curàt daj spirs e dal spìrit stes.
A Fàust, ca si à tiràt in banda dal bal.
Parsè i làsitu zì la biela fiola
che balànt a ti cjantava cussì dolsa?

Fàust
Ah! Pròpit n tal miès dal so cjantà èco
ca ghi salta fòu da la bocja na surišuta rosa!

Mefistòfil
A si capìs! No cjapàtila cussì;
la surìs a no era griša, dopodùt!
A cuj ghi'mpuàrtia, cuant cal è'mpipinotàt?

Fàust
I'ai pur jodùt—

Mefistòfil
     Sè?

Fàust
     Mefisto, jòitu là, lontana,
na biela frututa, pàlida e besoluta?
A si poca via plan planìn dal post,
a somèa ca si movi cuj piè pešàns pešàns.
A mi tocja confesà ca mi par
ca ghi somej tant a la me Greta.

MEPHISTOPHELES:
Laß das nur stehn! dabei wird's niemand wohl.
Es ist ein Zauberbild, ist leblos, ein Idol.
Ihm zu begegnen, ist nicht gut:
Vom starren Blick erstarrt des Menschen Blut,
Und er wird fast in Stein verkehrt;
Von der Meduse hast du ja gehört.

FAUST:
Fürwahr, es sind die Augen einer Toten,
Die eine liebende Hand nicht schloß.
Das ist die Brust, die Gretchen mir geboten,
Das ist der süße Leib, den ich genoß.

MEPHISTOPHELES:
Das ist die Zauberei, du leicht verführter Tor!
Denn jedem kommt sie wie sein Liebchen vor.

FAUST:
Welch eine Wonne! welch ein Leiden!
Ich kann von diesem Blick nicht scheiden.
Wie sonderbar muß diesen schönen Hals
Ein einzig rotes Schnürchen schmücken,
Nicht breiter als ein Messerrücken!

MEPHISTOPHELES:
Ganz recht! ich seh es ebenfalls.
Sie kann das Haupt auch unterm Arme tragen,
Denn Perseus hat's ihr abgeschlagen.
Nur immer diese Lust zum Wahn!
Komm doch das Hügelchen heran,
Hier ist's so lustig wie im Prater
Und hat man mir's nicht angetan,
So seh ich wahrlich ein Theater.
Was gibt's denn da?

Mefistòfil
Lasa stà! A è miej no pensàighi.
E è na figura màgica, sensa vita, da idolatrìa.
Zighi cuntra, a no và ben par nuja:
si ti la vuàrdis a ti fà gelà'l sanc
e i ti vèns tramutàt in piera:
da la Meduša ti'as ben sintùt tabajà.

Fàust
A sòn par sigùr i vuj di un muart
ca no sòn stàs sieràs da na buna man!
Chistu chì al è'l sen che ufrìt mi veva Greta,
chistu al è'l dols cuarp ch'i'ai godùt!

Mefistòfil
Chistu al è un streamìnt, insiminìt di omp!
Ogni un uchì al jòt la ninina dal so còu.

Fàust
Cuanta delìsia! cuant sufrì!
I no pòl fà di mancu di jodi dut chistu.
Se stran che stu biel cuèl chì
al sedi adornàt doma da un nastro ros
no pì grant dal davòu di un curtìs!

Mefistòfil
Vera, po! Encja jo i la jòt benòn.
A pòl fin partà'l cjaf sotbràs
dal momènt che Perseo ghi lu à tajàt.
Sempri sta smània pa li chimèris!—
Ma vèn dongja di sta culinuta:
uchì a si stà ben coma là dal Prater,
e se'l me vuli a nol è stàt streàt,
i jòt un teatro adiritura!
Se stani fašìnt?

SERVIBILIS:
Gleich fängt man wieder an.
Ein neues Stück, das letzte Stück von sieben.
So viel zu geben ist allhier der Brauch,
Ein Dilettant hat es geschrieben
Und Dilettanten spielen's auch.
Verzeiht, ihr Herrn, wenn ich verschwinde
Mich dilettiert's, den Vorhang aufzuziehn.

MEPHISTOPHELES:
Wenn ich euch auf dem Blocksberg finde,
Das find ich gut; denn da gehört ihr hin.

Walpurgisnachtstraum
oder Oberons und Titanias goldne Hochzeit
Intermezzo

THEATERMEISTER:
Heute ruhen wir einmal,
Miedings wackre Söhne.
Alter Berg und feuchtes Tal,
Das ist die ganze Szene!

HEROLD:
Daß die Hochzeit golden sei,
Solln funfzig Jahr sein vorüber;
Aber ist der Streit vorbei,
Das golden ist mir lieber.

OBERON:
Seid ihr Geister, wo ich bin,
So zeigt's in diesen Stunden;
König und die Königin,
Sie sind aufs neu verbunden.

Servibilis
        Al taca sùbit di nòuf:
na comèdia nova, l'ùltima di sièt;
a è l'abitùdin, chì, di ufrìni tàntis.
A è stada scrita da un diletànt,
e a vèn encja raprešentada da diletàns.
Scušàimi, siòrs, si sparìs:
i mi la gòt, jò, a tirà sù'l sipari.

Mefistòfil
Si vi cjati in tal Blocksberg, po,
a vòu diši ca è just ch'i sèdis lì.

Il sun da la nòt di Valpurga
o li nòsis di oru di Oberon e Titània
Intermezzo

Scenògrafo
Vuej i si ripošàn,
bràvos fioj di Mieding:
na montagna vecja e na ùmida val—
èco lì la nustra scena!

Aràlt
Se chìstis a sòn li nòsis di oru,
sincuanta àis a sòn pasàs;
ma cul barufà dut pasàt,
a mi plàs tant di pì il oru.

Oberon
Si sèis uchì encja vuàltris, spìris,
alora fèinilu jodi adès!
Il re e la vustra regina
a si sòn di nòuf unìs.

PUCK:
Kommt der Puck und dreht sich quer
Und schleift den Fuß im Reihen;
Hundert kommen hinterher,
Sich auch mit ihm zu freuen.

ARIEL:
Ariel bewegt den Sang
In himmlisch reinen Tönen;
Viele Fratzen lockt sein Klang,
Doch lockt er auch die Schönen.

OBERON:
Gatten, die sich vertragen wollen,
Lernen's von uns beiden!
Wenn sich zweie lieben sollen,
Braucht man sie nur zu scheiden.

TITANIA:
Schmollt der Mann und grillt die Frau,
So faßt sie nur behende,
Führt mir nach dem Mittag sie,
Und ihn an Nordens Ende.

ORCHESTER TUTTI (Fortissimo):
Fliegenschnauz und Mückennas
Mit ihren Anverwandten,
Frosch im Laub und Grill im Gras,
Das sind die Musikanten!

SOLO:
Seht, da kommt der Dudelsack!
Es ist die Seifenblase.
Hört den Schneckeschnickeschnack
Durch seine stumpfe Nase

Puck
Al riva Puck fašìnt ziravòls
e saltusànt cà e là;
sentenàrs a ghi vègnin davòu,
e ogni un di lòu a si la gòt.

Ariel
Ariel al indulsìs il cjànt
cu na puresa celestiàl;
al fà voltà tanti bruti mùšis,
ma encja tanti ninìnis.

Oberon
Spòšus, si volèis zì d'acordu,
imparàit da nuàltris doj!
Par che doj a si vòlin ben
a basta tègniu separàs.

Titània
S'al bruntula luj, e a fà monàdis ic,
alora cucàila ben
e partàila, ic, a Misdì,
e luj lasù'n tal Nort.

Duta l'orchestra. Fortissimo
Mušu di moscja e nas di muscjn
cun duta la parentela,
rana'n ta l'erbata e gri'n ta l'erba,
èco lì i vustri mušicàns.

Solista
Èco cal riva chèl dal pìfar,
na bola di savòn.
Sìnt il so sustachì e sustalà
dal so nas a siriša.

GEIST, DER SICH ERST BILDET:
Spinnenfuß und Krötenbauch
Und Flügelchen dem Wichtchen!
Zwar ein Tierchen gibt es nicht,
Doch gibt es ein Gedichtchen.

EIN PÄRCHEN:
Kleiner Schritt und hoher Sprung
Durch Honigtau und Düfte
Zwar du trippelst mir genung,
Doch geh's nicht in die Lüfte.

NEUGIERIGER REISENDER:
Ist das nicht Maskeradenspott?
Soll ich den Augen trauen,
Oberon, den schönen Gott,
Auch heute hier zu schauen?

ORTHODOX:
Keine Klauen, keinen Schwanz!
Doch bleibt es außer Zweifel:
So wie die Götter Griechenlands,
So ist auch er ein Teufel.

NORDISCHER KÜNSTLER:
Was ich ergreife, das ist heut
Fürwahr nur skizzenweise;
Doch ich bereite mich beizeit
Zur italien'schen Reise.

PURIST:
Ach! mein Unglück führt mich her:
Wie wird nicht hier geludert!
Und von dem ganzen Hexenheer
Sind zweie nur gepudert.

Un spirit ca si stà fašìnt
Piè di raj, pansa di cros
e alùtis a la creaturùta!
Encja na besteùta
a pòl èsi na poešiùta.

Na copiùta
Pasùt pìsul e salt pì alt
in ta la rušada di mièl e profùns!
Se ben ch'i ti mi fàs saltusà,
i no ti cjàpis maj il volo.

Un viandànt curiòus
Soju capitàt in ta un bal in màscara?
Si ài da cròdighi ai me vuj,
il biel diu Oberon uchì
al vèn vuej a fasi jodi di dì.

Un ortodòs
Nisuna sgrinfa, nisuna coda!
Ma a no resta nisùn dùbit:
cussì, coma i dèos da la Grecja,
cussì, po, al è encja luj un diau.

Un artista dal nord
A mi pàr di jodi che uchì
vuej i vìn doma scarabocès,
ma i mi prepari in timp
pal me viàs in Italia.

Il purista
Ah, a mi mena chì la sfurtuna,
indà ca è dut 'ncašinàt!
In ta dut stu regimìnt di strèis,
doma dos a son incipriàdis.

JUNGE HEXE
  Der Puder ist so wie der Rock
  Für alt' und graue Weibchen,
  Drum sitz ich nackt auf meinem Bock
  Und zeig ein derbes Leibchen.

MATRONE:
Wir haben zu viel Lebensart
Um hier mit euch zu maulen!
Doch hoff ich, sollt ihr jung und zart
So wie ihr seid, verfaulen.

KAPELLMEISTER:
Fliegenschnauz und Mückennas
Umschwärmt mir nicht die Nackte!
Frosch im Laub und Grill im Gras,
So bleibt doch auch im Takte!

WINDFAHNE (nach der einen Seite):
Gesellschaft, wie man wünschen kann:
Wahrhaftig lauter Bräute!
Und Junggesellen, Mann für Mann,
Die hoffnungsvollsten Leute!

WINDFAHNE (nach der andern Seite):
Und tut sich nicht der Boden auf,
Sie alle zu verschlingen,
So will ich mit behendem Lauf
Gleich in die Hölle springen.

XENIEN:
Als Insekten sind wir da,
Mit kleinen scharfen Scheren,
Satan, unsern Herrn Papa,
Nach Würden zu verehren.

Na strèa zòvina
La cìpria coma la còtula
a è roba par na grišuta;
par chèl jò chì nuda cul me cjavròn
i mèt in mostra'l me bièl cuarpùt.

La comari
I savìn masa di stu mont
par lagnasi uchì cun vuàltris,
i speri doma che si sèis zòvinis e frèscjs
i zèdis in puc timp a marsivi.

Condutòu di orchestra
Mušu di moscja e nas di muscjn,
a la nuda no stèit zighi atòr a scjaps!
Rana'n ta l'erbata e gri'n ta l'erba,
paràit via cul vustri cjantusà.

La bandarola, voltada par na banda
Compagnìa da'nsumiàsi:
li pì puri ninùtis!
e fantasòns da jodi,
zent plena di speransa!

La bandarola, voltada par che altra banda
E se la cjera a no si vièrs
 par inglutìju dùcjus,
i cor jò a butami
svelta in tal infièr.

Li xàniis
Coma insès i sìn uchì,
cu li pinsetùtis ben spuntìdis,
e tant onòu i volìn fàjghi
al nustri siòr pari Satana.

HENNINGS:
Seht, wie sie in gedrängter Schar
Naiv zusammen scherzen!
Am Ende sagen sie noch gar,
Sie hätten gute Herzen.

MUSAGET:
Ich mag in diesem Hexenheer
Mich gar zu gern verlieren;
Denn freilich diese wüßt ich eh'r
Als Musen anzuführen.

CI-DEVANT GENIUS DER ZEIT:
Mit rechten Leuten wird man was.
Komm, fasse meinen Zipfel!
Der Blocksberg, wie der deutsche Parnaß,
Hat gar einen breiten Gipfel.

NEUGIERIGER REISENDER:
Sagt, wie heißt der steife Mann?
Er geht mit stolzen Schritten.
Er schnopert, was er schnopern kann.
"Er spürt nach Jesuiten."

KRANICH:
In dem klaren mag ich gern
Und auch im trüben fischen;
Darum seht ihr den frommen Herrn
Sich auch mit Teufeln mischen.

WELTKIND:
Ja, für die Frommen, glaubet mir,
Ist alles ein Vehikel,
Sie bilden auf dem Blocksberg hier
Gar manches Konventikel.

TÄNZER:
Da kommt ja wohl ein neues Chor?

Hennings
Jòt coma che a scjaps
a si la gòdin a schersà!
A la fin a sòn bùnis da diši
ca sòn di bon còu.

Il Musagèt
In ta stu ešèrcit di strèis
i mi pierdarès volentej;
che chìstis i savarès miej jò
guidà che li Mùšis stèsis.

Ci-devant: Il genio dal timp pasàt
Cu la zent justa un al doventa alc.
Su, ingrimpa la me mània!
In tal Blocksberg, coma'n tal Parnàs daj todescs,
no ti cjàtis na miej pica.

Il torzeòn curiòus
Dišèit, mo: cuj'l eše chel omp dur là?
Plen di rogansa'l somèa;
al naša par cà e par là.—
"Al và'n sercja daj Gešuìs."

La gru
Ca sedi l'aga clara o tòrgula,
a mi plàs lo stes pescjà;
il omp devòt i jodèis par chistu
che cuj diàus a s'inmiscjèa.

Fì dal mont
Pa la zent pìa, crodèimi,
dut al è un veìcul;
uchì in tal Blocksberg
a ti fàn sù tancju conventicuj.

Il balarìn
Èco—al rìvia n'altri coru?

Ich höre ferne Trommeln.
"Nur ungestört! es sind im Rohr
Die unisonen Dommeln."

TANZMEISTER:
Wie jeder doch die Beine lupft!
Sich, wie er kann, herauszieht!
Der Krumme springt, der Plumpe hupft
Und fragt nicht, wie es aussieht.

FIEDLER:
Das haßt sich schwer, das Lumpenpack,
Und gäb sich gern das Restchen;
Es eint sie hier der Dudelsack,
Wie Orpheus' Leier die Bestjen.

DOGMATIKER:
Ich lasse mich nicht irre schrein,
Nicht durch Kritik noch Zweifel.
Der Teufel muß doch etwas sein;
Wie gäb's denn sonst auch Teufel?

IDEALIST:
Die Phantasie in meinem Sinn
Ist diesmal gar zu herrisch.
Fürwahr, wenn ich das alles bin,
So bin ich heute närrisch.

REALIST:
Das Wesen ist mir recht zur Qual
Und muß mich baß verdrießen;
Ich stehe hier zum erstenmal
Nicht fest auf meinen Füßen.

SUPERNATURALIST:
Mit viel Vergnügen bin ich da
Und freue mich mit diesen;

I'ai gust di sinti'l sun daj tambùrs.—
Ma fèr! a sòn cjànis cargànis
ca sbatusèjn insièmit.

Il maestri di bal
Coma ca ti scjàsin li gjàmbis
saltusànt pì ca pòsin!
Il cjump al salta, il pindulòn encja,
e puc gh'impuarta di no fà figura!

Il violinista
A si odièjn, chej cjastròns,
e volentej si lasarèsin zì a remengo.
La cuarnamuša a ju tèn chì unìs,
coma li bèstis la lira dal òrfèo.

Il dogmàtic
I no mi lasi cunfundi,
nè da un crìtic nè da un dùbit.
Il diau alc al sarà;
sinò parsè a eše diàus in tal mont?

Il idealista
Stavolta la me fantašia
a è un puc masa.
Se pròpit i soj dut chistu
alora vuej un soj un puc ziràt!

Il realista
Il Èsi a mi tormenta
e a no mi dà altri che fastidi;
uchì pa la prima volta
i no mi sìnt pì saldu'n taj me piè.

Il supernaturalista
I ài gust a èsi chì
e'i mi la gòt cun chìscjus,

Denn von den Teufeln kann ich ja
Auf gute Geister schließen.

SKEPTIKER:
Sie gehn den Flämmchen auf der Spur
Und glaubn sich nah dem Schatze.
Auf Teufel reimt der Zweifel nur;
Da bin ich recht am Platze.

KAPELLMEISTER:
Frosch im Laub und Grill im Gras,
Verfluchte Dilettanten!
Fliegenschnauz und Mückennas,
Ihr seid doch Musikanten!

DIE GEWANDTEN:
Sanssouci, so heißt das Heer
Von lustigen Geschöpfen;
Auf den Füßen geht's nicht mehr,
Drum gehn wir auf den Köpfen.

DIE UNBEHILFLICHEN:
Sonst haben wir manchen Bissen erschranzt,
Nun aber Gott befohlen!
Unsere Schuhe sind durchgetanzt,
Wir laufen auf nackten Sohlen.

IRRLICHTER:
Von dem Sumpfe kommen wir,
Woraus wir erst entstanden;
Doch sind wir gleich im Reihen hier
Die glänzenden Galanten.

STERNSCHNUPPE:
Aus der Höhe schoß ich her
Im Stern- und Feuerscheine,
Liege nun im Grase quer-

che jò cuant ch'i jòt i diàus
i cognòs ben i spìris bòis.

Il scètic
A ghi vàn davòu da li flamùtis
crodìnt di visinasi al tešoru.
Ma se'l diau d'acordu al và cul dùbit,
alora'n tal post just i soj.

Condutòu di orchestra
Rana'n ta l'erbata e gri'n ta l'erba,
maladès di diletàns!
Mušu di moscja e nas di muscjn,
e'i sarèsis i sunadòus!

I furbus
Sans-souci, cussì a si clama
st'armada di stracontèns;
s'a no si pòl pì zì a piè,
i zarìn cuj nustri cjafs.

I sturpiàs
I sìn rivàs a vej daj biej boconùs,
ma adès a è coma che Diu al vòu!
Li nustri scàrpis a àn masa balàt,
e i corìn adès discòls.

I fòucs salvàdis
Da la palùt i vegnìn,
ca ni à apena generàt;
e chì ch'i sìn in bieli rìghis,
brilànt di galantarìa.

Na steluta ca cola
Da lasù'n alt i coli jù,
cul lustri di na stela'nflamada,
adès i soj pojada'n ta l'erba;

Wer hilft mir auf die Beine?

DIE MASSIVEN:
Platz und Platz! und ringsherum!
So gehn die Gräschen nieder.
Geister kommen, Geister auch,
Sie haben plumpe Glieder.

PUCK:
Tretet nicht so mastig auf
Wie Elefantenkälber,
Und der plumpst' an diesem Tag
Sei Puck, der derbe, selber.

ARIEL:
Gab die liebende Natur,
Gab der Geist euch Flügel,
Folget meiner leichten Spur,
Auf zum Rosenhügel!

ORCHESTER (Pianissimo):
Wolkenzug und Nebelflor
Erhellen sich von oben.
Luft im Laub und Wind im Rohr,
Und alles ist zerstoben.

Trüber Tag. Feld

Faust. Mephistopheles.

FAUST:
Im Elend! Verzweifelnd! Erbärmlich auf der Erde lange verirrt und nun
 gefangen! Als Missetäterin Im Kerker zu entsetzlichen Qualen eingesperrt,

cuj mi jùdia a tornà'n piè?

I pieròns
Fèit post, sù, fèit post dut atòr!
A è cussì ca si pòjn jù li erbùtis;
I spirs a vègnin, encja i spirs,
cun gjàmbis grasòtis.

Puck
No stèit cjaminà pešàns,
com'elefàns in voja di fà fiesta!
E'l pì rotònt in ta stu dì
al è chel ludro di Puck.

Àriel
Se'l benvolej e'l spirt stes
 da la natura àlis a vi à dàt,
vegnèit davòu da li me òlmis
in ta la culina da li ròšis!

L'orchestra, pianissimo
Li nùlis e'l caligu
a si sclarìsin lasù'n alt.
L'aria'n tal fueàn e'l vint in ta li cjànis,
e dùt a sparìs.

Na zornada scura – un post in cjampagna

Fàust, Mefistòfil

Fàust
In ta la mišeria pì plena! Disperada! Da tant timp, plena di
cunfušiòn sta puareta a pelandròn a và'n ta sta cjera e adès a

das holde unselige Geschöpf! Bis dahin! dahin!- Verräterischer, nichtswürdiger Geist, und das hast du mir verheimlicht!- Steh nur, steh!
wälze die teuflischen Augen ingrimmend im Kopf herum! Steh und trutze mir
durch deine unerträgliche Gegenwart! Gefangen! Im unwiederbringlichen
Elend! Bösen Geistern übergeben und der richtenden gefühllosen Menschheit!
Und mich wiegst du indes in abgeschmackten Zerstreuungen, verbirgst mir
ihren wachsenden Jammer und lässest sie hilflos verderben!

MEPHISTOPHELES:
Sie ist die erste nicht.

FAUST:
Hund! abscheuliches Untier!- Wandle ihn, du unendlicher Geist! wandle den
Wurm wieder in seine Hundsgestalt, wie er sich oft nächtlicherweile gefiel,
vor mir herzutrotten, dem harmlosen Wandrer vor die Füße zu kollern und
sich dem niederstürzenden auf die Schultern zu hängen. Wandl' ihn wieder in
seine Lieblingsbildung, daß er vor mir im Sand auf dem Bauch krieche, ich
ihn mit Füßen trete, den Verworfnen!- "Die erste nicht!"- Jammer! Jammer!
von keiner Menschenseele zu fassen, daß mehr als ein Geschöpf in die Tiefe
dieses Elendes versank, daß nicht das erste genugtat für die Schuld aller
übrigen in seiner windenden Todesnot vor den Augen des ewig Verzeihenden!
Mir wühlt es Mark und Leben durch, das Elend dieser einzigen- du grinsest

prešonera! Coma na sìngara, adès, sta dolsa, sfurtunada creatura a è sierada'n galera indulà ca stà sufrìnt i turmìns pì brus! Fin lì! Fin lì! Spìrit traditòu e indèn, e chistu ti mi às tegnùt platàt! Stà fèr, adès, stà fer! Zira pur in tal cjaf i to vuj diabòlics! Vèn chì e sfidimi pur cu la to prešensa insopuartàbil!—Prešonera! In ta na mišeria sensa rimedi! Bandonada ai spirs pì triscj' e a na umanitàt sensa còu e doma buna da gjudicà!—E i ti làsis intànt che jò i mi cocolej in taj pasatìmps pì stùpis, pì insìpis, tegnìnt platàt il so sufrì, cal doventa sempri pešu, e i ti làsis ca si ruvini, besola!

Mefistòfil
A no è la prima!

Fàust
Cjàn! Spòrcja di na bèstia!—Trasfòrmilu, tu, spirt infinìt! Trasfòrmilu di nòuf in ta la so figura di cjan, che spes di nòt a ghi plaševa vignì a cjatami, saltusànt, e rodolasi ai piè di un viandànt bonari, e saltàjghi'n ta li spàlis s'al colava! Càmbilu di nòuf in ta la so forma preferida, che jò i lu jodi strisinasi'n cjera davànt di me, e che jò i posi pestasalu sot di me, stu danàt!—No il prin!—Sufrì! Doma sufrì! che nisun' ànima umana a pòl concepì che pì di na creatura a si vedi sprofondàt in ta sta mišeria, che'n ta la so agonìa la prima a no vedi fàt abastansa pa la colpa di dùcjus davànt di chèl che sempri al perdona! Jò i mi sìnt scumbusulàt fin a la medola daj me vuès da la mišeria di sta puorànima, mentri

gelassen über das Schicksal von Tausenden hin!

MEPHISTOPHELES:
Nun sind wir schon wieder an der Grenze unsres Witzes, da, wo euch Menschen
der Sinn überschnappt. Warum machst du Gemeinschaft mit uns wenn du sie
nicht durchführen kannst? Willst fliegen und bist vorm Schwindel nicht
sicher? Drangen wir uns dir auf, oder du dich uns?

FAUST:
Fletsche deine gefräßigen Zähne mir nicht so entgegen! Mir ekelt's!-
Großer, herrlicher Geist, der du mir zu erscheinen würdigtest, der du mein
Herz kennest und meine Seele, warum an den Schandgesellen mich schmieden,
der sich am Schaden weidet und am Verderben sich letzt?

MEPHISTOPHELES:
Endigst du?

FAUST:
Rette sie! oder weh dir! Den gräßlichsten Fluch über dich auf Jahrtausende!

MEPHISTOPHELES:
Ich kann die Bande des Rächers nicht lösen, seine Riegel nicht öffnen.-
"Rette sie!" Wer war's, der sie ins Verderben stürzte? Ich oder du?
(Faust blickt wild umher.)
Greifst du nach dem Donner? Wohl, daß er euch elenden Sterblichen nicht
gegeben ward! Den unschuldig Entgegnenden zu zerschmettern, das ist so
Tyrannenart, sich in Verlegenheiten Luft zu machen.

che tu i ti ghi rìs davòu di miàrs coma ic!

Mefistòfil
Adès, po, i sìn tornàs indavòu fin al lìmit da la nustra siora comprensiòn, indulà che'l sarvièl di vuàltris òmis al doventa fertàja. Parsè i ti sotu metùt cun nu si no ti sòs dispòst a zì fin in font? Ti vòus svualà ma i ti às poura da li altèsis? I sinu vegnùs nuàltris in sercja di te, o tu di nuàltris?

Fàust
Nosta 'ncrustami cussi i to dincj' afamàs! Ti mi fàs schifo!—
Spirit splèndit e grant che a mi degnàt ti ti sòs di vignì a fati jodi, tu che'l me còu i ti cognòs e la me ànima, parsè in ta la me vergogna i sotu zùt a fòndimi cun un galeòt coma chistu ca si nudrìs dal sufrì daj àltris e a si la gòt di jodi ca si ruvìnin?

Mefistòfil
I l'atu finida?

Fàust
Sàlvila! Che sinò guaj! Sinò ca ti vegni la pešu maledisiòn par mil e mil àis!

Mefistòfil
I no pòl, jò, molà i cordòns dal Vendicatòu, o vierzi i so cjadenàs.—Salvala!—Cuj al eše chel ca l'à ruvinada, jò o tu?

Fàust, a si vuarda atòr coma na bestia salvàdia

Mefistòfil
I pòsitu tu 'ngrimpà il lamp? Mancu mal che di fà chèl a no ghi è stàt dàt a vuàltris puòrs mortaj! Chè di mètisi a pestasà i nocèns ca ghi vàn cuntra a è sè cal fà'l tiràn par liberasi dal imbaràs.

FAUST:
Bringe mich hin! Sie soll frei sein!

MEPHISTOPHELES:
Und die Gefahr, der du dich aussetzest? Wisse, noch liegt auf der Stadt
  Blutschuld von deiner Hand. Über des Erschlagenen Stätte schweben rächende
  Geister und lauern auf den wiederkehrenden Mörder.

FAUST:
Noch das von dir? Mord und Tod einer Welt über dich Ungeheuer! Führe mich hin, sag ich, und befrei sie.

MEPHISTOPHELES:
Ich führe dich, und was ich tun kann, höre! Habe ich alle Macht im Himmel
  und auf Erden? Des Türners Sinne will ich umnebeln, bemächtige dich der
  Schlüssel und führe sie heraus mit Menschenhand! Ich wache, die
  Zauberpferde sind bereit, ich entführe euch. Das vermag ich.

FAUST:
Auf und davon!

Nacht, offen Feld

Faust, Mephistopheles, auf schwarzen Pferden daherbrausend.

FAUST:
Was weben die dort um den Rabenstein?

Fàust
Mènimi ulà! A à da vignì metuda in libertàt!

Mefistòfil
E'l perìcul ch'i ti ghi vàs dongja? Nosta dismintiàti che'n ta la sitàt a e encjamò viva la colpa di sanc spandùt da la to man! Imparzora dal post dal puòr muart a svualasèjn i spirs da la vendeta ca l'àn encjamò sù cul sasìn cal stà tornànt.

Fàust
Encjamò chistu da te? Ca ti vegni un colp, mostri ch'i no ti sòs altri! Mènimi ulà, i'ai dita, e liberèjla!

Mefistòfil
I ti parti alora, e scolta ben sè ch'i pòl fà. I àju jò duta la potensa dal cjèl e da la cjera? I ghi'nnularaj, jò, la mins dal vuardiàn, e cjòjghi tu li clafs e mènila fòu par man di omp! Jò i staraj di vuàrdia. I cjavaj streàs a sòn prons e i vi menaraj via jò. Chistu i pòl fà.

Fàust
Alora zìn!

Nòt. In ta un cjamp.

Fàust e Mefistòfil, galopànt sù cjavaj nèris

Fàust
Se stani filànt là atòr dal patìbul?

MEPHISTOPHELES:
Weiß nicht, was sie kochen und schaffen.

FAUST:
Schweben auf, schweben ab, neigen sich, beugen sich.

MEPHISTOPHELES:
Eine Hexenzunft.

FAUST:
Sie streuen und weihen.

MEPHISTOPHELES:
Vorbei! Vorbei!

Kerker

Faust mit einem Bund Schlüssel und einer Lampe, vor einem eisernen Türchen.

Mich faßt ein längst entwohnter Schauer,
Der Menschheit ganzer Jammer faßt mich an
Hier wohnt sie hinter dieser feuchten Mauer
Und ihr Verbrechen war ein guter Wahn
Du zauderst, zu ihr zu gehen!
Du fürchtest, sie wiederzusehen!
Fort! dein Zagen zögert den Tod heran.
(Er ergreift das Schloß. Es singt inwendig.)

Meine Mutter, die Hur
  Die mich umgebracht hat!
  Mein Vater, der Schelm
  Der mich gessen hat!
  Mein Schwesterlein klein
  Hub auf die Bein
  An einem kühlen Ort;

Mefistòfil
Sàju jò se ca stàn cunsànt sù!

Fàust
A si plèjn sù e jù, a si sbàsin, a si cùrvin.

Mefistòfil
Na cumbrìcula di strèis!

Fàust
A stàn consacrànt alc.

Mefistòfil
Vìa, zìn vìa!

Galera

Fàust, cun un anèl di clafs e un lampiòn davànt di na puartuta di fièr

A mi vèn na tremarola ca è tant ch'i no la sìnt,
a mi 'ngrimpa dut il turmìnt da l'umanitàt.
A vìf uchì, davòu di stu mur ùmit,
e 'l so delìt al è stàt chel di vej vut un bièl sun!
Sè spètitu par zì lì di ic?
Àtu timòu di jòdila di nòuf?
Sù, la to poura a tira dongja la muart.

Al mèt la man tal cjadenàs. Dentri a si sìnt cjantà:

> Me mari, la putana,
> ic a è ca mi à copàt!
> Me pari, mascalsòn,
> ca mi à mangjàt!
> Me sòu picinina,
> a pojava i me vuès
> in ta un postut al fresc.—

Da ward ich ein schönes Waldvögelein;
Fliege fort, fliege fort!

FAUST (aufschließend):
Sie ahnet nicht, daß der Geliebte lauscht,
Die Ketten klirren hört, das Stroh, das rauscht.
(Er tritt ein.)

MARGARETE (sich auf dem Lager verbergend):
Weh! Weh! Sie kommen. Bittrer Tod!

FAUST (leise):
Still! Still! ich komme, dich zu befreien.

MARGARETE (sich vor ihn hinwälzend):
Bist du ein Mensch, so fühle meine Not.

FAUST:
Du wirst die Wächter aus dem Schlafe schreien!
(Er faßt die Ketten, sie aufzuschließen.)

MARGARETE (auf den Knien):
Wer hat dir Henker diese Macht
Über mich gegeben!
Du holst mich schon um Mitternacht.
Erbarme dich und laß mich leben!
Ist's morgen früh nicht zeitig genung?
(Sie steht auf.)
Bin ich doch noch so jung, so jung!
Und soll schon sterben!
Schön war ich auch, und das war mein Verderben.
Nah war der Freund, nun ist er weit;
Zerrissen liegt der Kranz, die Blumen zerstreut.
Fasse mich nicht so gewaltsam an!
Schone mich! Was hab ich dir getan?
Laß mich nicht vergebens flehen,
Hab ich dich doch mein Tage nicht gesehen!

Alora doventada i eri un usielùt di bosc;
svuala via, svuala via!

Fàust, vierzìnt
A no sà ic che'l amàt so a la stà scoltànt.
A sìnt il sglinghinà da li cjadènis e'l scrisulà da la paja.
Al và dentri

Margarita, ca si plata in ta la so cova
Ah puora me, a vègnin! Muart amara!

Fàust, a vòus basa
Sidina! Sidina! I vèn a liberati.

Margarita, a si ghi mèt davànt
Si ti sòs un omp, sìnt il me sufrì!

Fàust
Ti vàs a sveà i vuardiàns cul to sigà!
Al cjapa sù li cjadènis par molàlis

Margarita, in zenoglòn
Cuj, boja, ti àja dàt
stu podej su di me?
Ti vèns a cjòimi a miešanòt!
Si ti às pietàt di me lasa ch'i vivi!
A no si pòsia spetà fin domàn di matina?
A si leva sù
I soj 'ncjamò zòvina, cussì tant zòvina!
E belzà a mi tocja murì!
Encja biela i eri, e che a era la me ruvina.
Il me compaj a mi era visìn, adès al è lontàn;
La ghirlanda a è sbregada, i flòus sparnisàs.
Nosta 'ngrimpami cussì a fuart!
Làsimi stà! Se ti àju fàt jò?
Nosta fami suplicà 'nvàn!
I no ti ài maj jodùt in vita me!

FAUST:
Werd ich den Jammer überstehen!

MARGARETE:
Ich bin nun ganz in deiner Macht.
Laß mich nur erst das Kind noch tränken.
Ich herzt es diese ganze Nacht;
Sie nahmen mir's, um mich zu kränken,
Und sagen nun, ich hätt es umgebracht.
Und niemals werd ich wieder froh..
Sie singen Lieder auf mich! Es ist bös von den Leuten!
Ein altes Märchen endigt so,
Wer heißt sie's deuten?

FAUST (wirft sich nieder):
Ein Liebender liegt dir zu Füßen,
Die Jammerknechtschaft aufzuschließen.

MARGARETE (wirft sich zu ihm):
O laß uns knien, die Heil'gen anzurufen!
Sieh! unter diesen Stufen,
Unter der Schwelle
Siedet die Hölle!
Der Böse,
Mit furchtbarem Grimme,
Macht ein Getöse!

FAUST (laut):
Gretchen! Gretchen!

MARGARETE (aufmerksam):
Das war des Freundes Stimme!
(Sie springt auf. Die Ketten fallen ab.)
Wo ist er? ich hab ihn rufen hören.
Ich bin frei! mir soll niemand wehren.
An seinen Hals will ich fliegen,
An seinem Busen liegen!

Fàust
Coma i fàju, jò, cun dut stu sufrì?

Margarita
Adès i soj duta 'n ta li to mans.
Lasa ch'i ghi dedi prin da tetà a stu ninùt!
I mi lu'ai tegnùt stret in tal còu duta la nòt;
a mi lu'an cjòlt par tormentami,
e adès a dìšin ch'i lu ài copàt,
e ch'i no tronaraj maj pì contenta.
A mi cjòlin inziru cul so cjantà! Cuant trista ca è la zent!
A è na fiaba vecja ca finìs cussì—
cuj ghi àja dita ca parla di me?

Fàust, a si buta jù
Ai to piè ti'as un omp ca ti vòu ben,
e cal vòu partati via da sta prešòn di turmìns.

Margarita, a ghi còr dongja
Oh, metinsi 'n zenoglòn a preà i sans!
Jòt, sot di scju scjalìns,
sot di sta entrada,
al bulìs il infièr!
Il demoni,
cu la fùria pì tremenda
al fà dut un fracàs!

Fàust, a fuart
Greta! Greta!

Margarita, scoltànt atenta
Chista a era la vòus dal me bon compaj!
A salta sù. Li cjadènis a còlin jù.
Indulà cal è? I'ai sintùt cal clama!
I soj lìbara! Nisùn a mi fermarà.
I còr a 'mbrasalu,
i mi bandonaraj al so pet!

Er rief Gretchen! Er stand auf der Schwelle.
Mitten durchs Heulen und Klappen der Hölle,
Durch den grimmigen, teuflischen Hohn
Erkannt ich den süßen, den liebenden Ton.

FAUST:
Ich bin's!

MARGARETE:
Du bist's! O sag es noch einmal!
(Ihn fassend.)
Er ist's! Er ist's! Wohin ist alle Qual?
Wohin die Angst des Kerkers? der Ketten?
Du bist's! Kommst, mich zu retten.
Ich bin gerettet!
Schon ist die Straße wieder da
Auf der ich dich zum ersten Male sah
Und der heitere Garten'
Wo ich und Marthe deiner warten

FAUST (fortstrebend):
Komm mit! Komm mit!

MARGARETE:
O weile Weil ich doch so gern, wo du weilest.
(Liebkosend.)

FAUST:
Eile!
Wenn du nicht eilest
Werden wir's teuer büßen müssen.

MARGARETE:
Wie? du kannst nicht mehr küssen?
Mein Freund, so kurz von mir entfernt
Und hast's Küssen verlernt?
Warum wird mir an deinem Halse so bang?

Al à clamàt: Greta! Al è lì da l'entrada!
In taj sigòns e'l sglinghinà dal infièr!
Fra'l disprès orìbil daj demònis
Oh cuant dolsa ca mi è la so vòus!

Fàust
I soj jò!

Margarita
Ti sòs tu! Oh, dìšilu n'altra volta!
A lu imbrasa.
Al è luj! al è luj! Indulà al eše dut il turmìnt?
Indulà dut il patì da la galera? da li cjadènis?
Ti sòs tu! Ti vèns a salvami!
I soj salva!—
Èco là di nòuf la strada
indulà ch'i ti'ai jodùt pa la prima volta,
e'l bièl gjardìn
indulà che jò e Marta i ti spetàvin.

Fàust, provànt a partala via
Vèn, vèn cun me!

Margarita
O, resta chì! Jo'i staj cussì ben chì cun te!
A lu caresa.

Fàust
Fà svelta!
Si no ti fàs a la svelta
i zìn a pajala cjara!

Margarita
Coma? I no sotu pì bon da busà?
Ben me, a è cussì puc ch'i ti mi sòs lontàn
e belzà no ti sàs pì busà?
Parsè i'àju cussì tanta poura di stàti'n tal cuèl

Wenn sonst von deinen Worten, deinen Blicken
  Ein ganzer Himmel mich überdrang
  Und du mich küßtest, als wolltest du mich ersticken.
  Küsse mich!
  Sonst küß ich dich! (Sie umfaßt ihn.)
  O weh! deine Lippen sind kalt,
  Sind stumm.
  Wo ist dein Lieben
  Geblieben?
  Wer brachte mich drum?
(Sie wendet sich von ihm.)

  FAUST:
  Komm! Folge mir! Liebchen, fasse Mut!
  Ich herze dich mit tausendfacher Glut
  Nur folge mir! Ich bitte dich nur dies!

  MARGARETE (zu ihm gewendet):
  Und bist du's denn? Und bist du's auch gewiß?

  FAUST:
  Ich bin's! Komm mit!

  MARGARETE:
  Du machst die Fesseln los, nimmst wieder mich in deinen Schoß.
  Wie kommt es, daß du dich vor mir nicht scheust?
  Und weißt du denn, mein Freund, wen du befreist?

  FAUST:
  Komm! komm! schon weicht die tiefe Nacht.

  MARGARETE:
  Meine Mutter hab ich umgebracht,
  Mein Kind hab ich ertränkt.
  War es nicht dir und mir geschenkt?
  Dir auch.- Du bist's! ich glaub es kaum.
  Gib deine Hand! Es ist kein Traum!
  Deine liebe Hand!- Ach, aber sie ist feucht!

cuant che da li to peràulis, daj to vuj,
un paradìs a mi si vierzeva,
e tu i ti mi busàvis ca mi pareva di scjafojàmi?
Bùsimi!
Sinò i ti busi jò! *A lu imbrasa*
O Signòu! I to làvris a sòn frèis,
a sòn mus!
Indulà al eše'l to amòu,
ben me?
Cuj mi l'àja partàt via?
A ghi volta la schena

Fàust
Vèn! vègnimi davòu!, Dati coràgju, ninina!
I ti volaraj mil vòltis pì ben;
ma vèn, su! Doma chistu i vuej!

Margarita, a si volta vièrs di luj
Ma i sotu tu? I sotu pròpit tu?

Fàust
I soj jò, sì! Vèn cun me.

Margarita
Ti fàs colà li cjadènis, e i ti mi risèifs di nòuf in taj to bras.
Com'a eše ch'i no ti às nisùna poura di me?
E i satu tu, ben me, cuj ch'i ti stàs liberànt?

Fàust
Vèn! vèn! la nòt a si stà 'mpalidìnt.

Margarita
Me mari, i'ai copàt me mari,
e'l me frut i'ai 'nnegàt!
A no ghi èria stàt dàt a ti e a mi?
Encja a ti!—Ti sòs tu.I no pòl cròdilu.
Dami la man! A nol è un sun!
La to man adorada!—Oh, ma a è bagnada!

Wische sie ab! Wie mich deucht,
Ist Blut dran.
Ach Gott! was hast du getan!
Stecke den Degen ein,
Ich bitte dich drum!

FAUST:
Laß das Vergangne vergangen sein,
Du bringst mich um.

MARGARETE:
Nein, du mußt übrigbleiben!
Ich will dir die Gräber beschreiben,
Für die mußt du sorgen
Gleich morgen;
Der Mutter den besten Platz geben,
Meinen Bruder sogleich darneben,
Mich ein wenig beiseit',
Nur nicht gar zu weit!
Und das Kleine mir an die rechte Brust.
Niemand wird sonst bei mir liegen!-
Mich an deine Seite zu schmiegen,
Das war ein süßes, ein holdes Glück!
Aber es will mir nicht mehr gelingen;
Mir ist's, als müßt ich mich zu dir zwingen,
Als stießest du mich von dir zurück;
Und doch bist du's und blickst so gut, so fromm.

FAUST:
Fühlst du, daß ich es bin, so komm!

MARGARETE:
Dahinaus?

FAUST:
Ins Freie.

MARGARETE:
Ist das Grab drauß, Lauert der Tod, so komm!

Sùjla sù! A mi par
ca è bagnada di sanc!
Ah, Diu, se àtu fàt!
Mèt via la spada,
ti prej, to prej.

Fàust
Lasa che'l pasàt al sedi pasàt!
Ti mi stàs copànt.

Margarita
No, tu i ti as da restà!
Ti contaraj jò da li tòmbis,
che par chès ti varàs da rangjati
tacànt da domàn di matina:
par me mari il miej post,
par me fradi il post dongja di ic,
jò un puc in banda,
ma no masa lontàn!
E'l me ninùt a la me destra!
I no vuej nisùn altri dongja di me!—
Di stati visinuta,
oh se bièl, se dols ca mi sarès!
ma i no podaraj maj pì:
a è coma che se jò i mi tiràs dongja di te
e tu i ti mi pocàs sempri 'ndavòu;
e pur i ti sòs e i ti somèis cussì tant bon.

Fàust
Si ti sìns ch'i soj jò, alora vèn!

Margarita
Là di fòu?

Fàust
A la libertàt!
Margarita
Là di fòu a è la tomba, a speta la muart. Vèn tu!

Von hier ins ewige Ruhebett
 Und weiter keinen Schritt
 Du gehst nun fort? O Heinrich, könnt ich mit!

FAUST:
Du kannst! So wolle nur! Die Tür steht offen!

MARGARETE:
Ich darf nicht fort; für mich ist nichts zu hoffen.
Was hilft es, fliehn? Sie lauern doch mir auf.
Es ist so elend, betteln zu müssen
Und noch dazu mit bösem Gewissen!
Es ist so elend, in der Fremde schweifen
Und sie werden mich doch ergreifen!

FAUST:
Ich bleibe bei dir

MARGARETE:
Geschwind! Geschwind!
Rette dein armes Kind!
Fort! immer den Weg
Am Bach hinauf,
Über den Steg,
In den Wald hinein,
Links, wo die Planke steht,
Im Teich.
Faß es nur gleich!
Es will sich heben,
Es zappelt noch!
Rette! rette!

FAUST:
Besinne dich doch!
Nur einen Schritt, so bist du frei!

Da chì in tal jèt da la pas eterna
sensa pì fà un pas!—
I vatu via? O Rico me, se doma i podès vignì!

Fàust
I ti pòdis, sù! La puarta a è vierta.

Margarita
I no pòl zì fòu; par me a no è pì speransa.
Se zòvia scjampà? A spètin par brincami!
A è cussì brut zì a lemòšina,
e pešu encjamò cu la cosiensa sporcja!
Zì a pelandròn in ta poscj' ca no si cognòs,
e lo stes a mi cjaparèsin!

Fàust
I resti cun te.

Margarita
Svelt! Svelt!
Salva'l to puòr frutùt!
Còr via! Tenti sempri
dongja da la roja,
fin tal bosc
in ta che altra banda dal punt,
tenti a sinistra, là dal pontìl
da la posa!
Cjàpilu chì adès!
Al vòu levà sù!
A si stà movìnt!
Sàlvilu! Sàlvilu!

Fàust
Ma se distu!
Doma un pas e i ti sòs libera!

MARGARETE:
 Wären wir nur den Berg vorbei!
 Da sitzt meine Mutter auf einem Stein,
 Es faßt mich kalt beim Schopfe!
 Da sitzt meine Mutter auf einem Stein
 Und wackelt mit dem Kopfe
 Sie winkt nicht, sie nickt nicht, der Kopf ist ihr schwer,
 Sie schlief so lange, sie wacht nicht mehr.
 Sie schlief, damit wir uns freuten.
 Es waren glückliche Zeiten!

FAUST:
 Hilft hier kein Flehen, hilft kein Sagen,
 So wag ich's, dich hinwegzutragen.

MARGARETE:
 Laß mich! Nein, ich leide keine Gewalt!
 Fasse mich nicht so mörderisch an!
 Sonst hab ich dir ja alles zulieb getan.

FAUST:
 Der Tag graut! Liebchen! Liebchen!

MARGARETE:
 Tag! Ja, es wird Tag! der letzte Tag dringt herein;
 Mein Hochzeittag sollt es sein!
 Sag niemand, daß du schon bei Gretchen warst.
 Weh meinem Kranze!
 Es ist eben geschehn!
 Wir werden uns wiedersehn;
 Aber nicht beim Tanze.
 Die Menge drängt sich, man hört sie nicht.
 Der Platz, die Gassen
 Können sie nicht fassen.
 Die Glocke ruft, das Stäbchen bricht.
 Wie sie mich binden und packen!
 Zum Blutstuhl bin ich schon entrückt.

Margarita
Se doma i fòsin di là da la montagna!
Ulà me mari a è sintada'n ta na piera,
I sìnt tant frèit in tal cjaf!
Ulà me mari a è sintada'n ta na piera
e a stà scjasànt il cjaf sù e jù:
a no fà sen, a no fà motu, a ghi peša tant il cjaf,
a à tant durmìt, a no si svèa pì—
a durmìs parsè ch'i sìn contèns!
Se biej timps ca èrin!

Fàust
Se chì a no zova implorà, a no zova diši nuja,
i mi riscj' di partati via.

Margarita
Làsimi! No, i no pòl sufrì la violensa!
Nosta 'ngrimpami coma un sasìn!
Jò i'ai fàt dut, jò, pal ben ch'i ti volevi.

Fàust
A si fà lustri! Ninina me! Ninina me!

Margarita
Dì! Sì, a si stà fašìnt dì! Al riva 'l ùltin dì!
Al veva da èsi il dì da li me nòsis!
Nosta dišghilu a nisùn ch'i ti èris cun Greta!
Ah, la me corona di florùs!
Belzà a è dut susedùt!
I si rijodarìn—
ma no a un bal.
A riva la marmaja, a no si la sìnt.
Nè la plasa nè li stràdis
a pòsin tègnila duta.
La cjampana a clama, la bacheta a è rota.
Coma ca mi strènzin, coma ca mi lèjn!
A mi strisìnin belzà al patìbul.

Schon zuckt nach jedem Nacken
  Die Schärfe, die nach meinem zückt.
  Stumm liegt die Welt wie das Grab!

FAUST:
O wär ich nie geboren!

MEPHISTOPHELES (erscheint draußen):
Auf! oder ihr seid verloren.
Unnützes Zagen! Zaudern und Plaudern!
Mein Pferde schaudern,
Der Morgen dämmert auf.

MARGARETE:
Was steigt aus dem Boden herauf?
Der! der! Schick ihn fort!
Was will der an dem heiligen Ort?
Er will mich!

FAUST:
Du sollst leben!

MARGARETE:
Gericht Gottes! dir hab ich mich übergeben!

MEPHISTOPHELES (zu Faust):
Komm! komm! Ich lasse dich mit ihr im Stich.

MARGARETE:
Dein bin ich, Vater! Rette mich!
Ihr Engel! Ihr heiligen Scharen,
Lagert euch umher, mich zu bewahren!
Heinrich! Mir graut's vor dir.

MEPHISTOPHELES:
Sie ist gerichtet!

Belzà a cola'n ta ogni cuèl
la lama 'ngusada ca cola'n tal me.
Sidìn al è'l mont coma la tomba!

Fàust
Oh, ch'i no fòs nencja maj nasùt!

Mefistòfil, fašinsi jodi dal difòu
Via! Sinò i sèis pierdùs.
Inùtili làgnis, nàinis e cjàcaris!
I me cjavaj a trèmin,
e a si stà fašìnt lustri.

Margarita
Se vègnia fòu da la cjera?
Luj! Luj! Scòrsilu via!
Se'l vòlia vej'n ta stu post sant?
Al vòu vèjmi me!

Fàust
Ti vivaràs!

Margarita
Gjustìsia di Diu! I soj in ta li to mans!

Mefistòfil, a Fàust
Vèn! Vèn! O i ti bandoni chì cun ic!

Margarita
I soj to, Pari me! Sàlvimi!
Ànzuj, schièris sàntis,
stèimi atòr par protèšimi!—
Rico! Ti mi fàs ingrìsul!

Mefistòfil
A è condanada!

STIMME (von oben):
 Ist gerettet!

MEPHISTOPHELES (zu Faust):
 Her zu mir!
 (Verschwindet mit Faust.)

STIMME (von innen, verhallend):
 Heinrich! Heinrich!

Na vòus dal alt
>A è salvada!

Mefistòfil, a Fàust
>Uchì, cun me!

Al sparìs cun Fàust.

Na vòus dal interno, ca mòu plan plan.
Rico! Rico!

www.ingramcontent.com/pod-product-compliance
Lightning Source LLC
Chambersburg PA
CBHW021957160426
43197CB00007B/163